本书为国家社科基金青年项目 "海南少数民族地区教育移民研究"
最终结项成果（编号13CMZ063）。

教育移民政策与
海南民族地区实践

谢君君　著

人民出版社

目　　录

绪　　论

　　我国是一个统一的多民族国家,以汉族为主体的各民族"大杂居"、"小聚居"和"普遍散居",呈现相互交错、普遍融合的基本格局。从民族的空间分布来看,呈现出既分布广泛又相对集中的态势:汉民族遍及全国,但主要集中在东部、中部及东南沿海各省市;55个少数民族分布也很广泛,但又主要呈"C"字形分布,从东北内蒙古到新疆、西藏至云、贵、川、两广、海南、台湾这一占中国国土面积62.5%的广阔地域,其主要集中在中国的东北、西北和西南。少数民族地区一般地域广大,人口稀少,许多少数民族集中居住在山区、高原、牧区和森林地区,也有些位于我国的边疆。由于历史上多次的民族迁徙、移民戍边和朝代更迭等原因,导致民族地区的发展相对滞后。近年来,由于我国东西部区域经济发展增速的差距,加大了我国各民族地区经济社会发展的不平衡以及分享文明发展程度的不同。在教育发展的程度上,也呈现出极大的差距,不仅表现在东西部省份的教育资源差距,还体现在同一省份城市与民族农村地区教育资源投入的差距,教育资源效率与教育公平的矛盾在少数民族地区显得尤为突出。在这样的历史背景下,我们有必要对少数民族地区教育发展倾注更多的关注。海南省自2005年试图通过教育扶贫的方式改变落后贫困地区,通过几年的试点经验,于2008年开始在全省推行教育移民政策,几年以来,海南省的教育移民政策已经取得了可喜的成绩,并产生了积极的社会效益。作为少数民族地区教育发展的一种实践模式,教育移民政策为我们探讨少数民族落后地区教育发展的理论与实践路径提供可供田野观察的实验场,但是更让笔者感兴趣的是,教育移民政策是在什么样的历史背景下发生的,又是遵循着怎样的实践逻辑,还存在哪些有待完善的地方,是否可以适用于我国少数民族的其他地区。这些问题成为笔者研究的出发点。

一、研究的缘起

关于对落后地区教育发展路径的探索,我国学术界自 20 世纪 80 年代开始逐步关注,随着我国市场化改革步伐的加快,原有计划经济体制逐步向市场经济体制转型;在转型过程中,教育利益格局和利益配置方式势必影响主体的行为方式和制度安排,并引起教育场域中不同主体的结构关系变化;社会性结构变化必然导致不同利益群体和利益格局发生适应性的重组和调整。对于教育而言,它不仅是不同群体通过教育实现自我发展并向上流动的重要渠道;其本身也具有社会分层和筛选的功能;在受国家政治、经济、文化外部环境的影响下,教育资源的配置方式和制度安排也将影响到教育场域社会结构关系的调整;同时,不同利益群体对于教育发展需求的理解也存在差异,特别是对处于不同社会地位、不同区域、不同经济发展水平的群体而言,难以做到需求目标的一致。因此,教育政策的价值研究凸显出来,从主体需求而言,教育政策的价值实现依赖于教育场域中不同利益主体的价值实现程度,以确保目的性和规律性的统一;从客体属性而言,教育政策的价值实现依赖于主体对教育政策客体功能的选择与重构,从实践的层面而言,教育政策的价值实现在于不同利益主体之间的互动关系以及利益冲突和契合的实践程度。因此,教育发展的政策研究不应该是主体自我意愿的主观表达,也是不游离在现实世界之外的主观遐想,而应该参与到生动的社会现实,深切体验和解读社会主体之间的互动关系。

目前,学界在思考落后地区教育跨越式发展路径的同时,也在对教育效率与公平的背离进行批判性的反思。由于少数民族地区特点和发展程度的快慢不同,当地政府、民众对教育政策的改革意愿,直接影响到教育发展的方式和路径,因此,加快少数民族地区教育发展的理想意愿与现实实践难以达到预期的统一。我们所谈论的教育,是一个隐含在文化和政治权力关系之中的领域,教育发展在某种程度上只能在国家经济和文化的复杂结构关系中寻求自己适当的生存空间。教育政策是统治阶级意识的直接反映,也是统治关系中文化权力关系的博弈结果。统治关系本质上是基于日常的社会和文化关系以及实践的完整体系,它取决于领导权的确立以及合法性的认同,也部分取决于统治者和被统治者之间道义上的约束力,这种约束力并不仅仅意味着接受事实,而且也为统治关系提供了辩护的理由并界定合法统治关系的界限。[①] 也就是说,教育发展的路径选择取决于占统治关系中文化权力关系的博弈,教育政策的制定是统治地位文化权力的意志表达,当然,占统治地位与被统治者之间有道义上的约束力,这种约束力在一定程度上影响教育政策,也限定统治关系的合理界限。

同时,市场经济也影响到教育发展的程度,并对意识形态产生重要的影响。近年来,随着我国市场经济的不断发展,对教育的投入日渐增多,但由于区域发展的不均衡,以及劳动人口和教育资源日益向发达地区转移,导致东西部地区的教育差距越来越大,市场化进程中显现的城乡贫富分化的日益加剧,迫切期待经济结构和政策的调整。1998 年,中共十五届三中全会通过《中共中央关于农业和农村工作若干重大问题的决定》,提出城镇化战略,并驱使少数民族地区和农村地区的人口逐步向城镇转移,乡村学校由于生源的不足开始撤点并校,基础教育逐步整体上移,加速了乡村教育资源的效益整合;市场化的经济效益越发突出,乡村教育发展的策略功利主义取向日益浮现。致使学校教育的社会和文化功能出现新的理解,突出教育资源的效率,兼顾教育公平的理念成为主旋律,基础教育的传统功能服从于教育资源效率,不同层次的学校教育也成为"消费者"的合理选择。

从教育场域中的结构关系来看,地区教育发展受政治、经济和文化多重关系的影响。在批评性教育和文化的研究当中,教育与权力的关系聚焦在"细微层面"的政治行为或者政策之下,教育政策的关注点拓展到政府与教育主体的关系框架之中,占统治地位的政治目标与教育主体消费行为的政治性与实践性之间是否存在着不可调和或者难以消泯的关系冲突,是本书想详细论述的问题。当然,简单把教育场域的结构性关系进行

---

① ［美］迈克尔·W.阿普尔:《教育与权力》(第二版),曲囡囡、刘明堂译,华东师范大学出版社 2008 年版,第 10 页。

研究,有一种建立在宏大叙事的结构中解决单一目标下一切事务的嫌疑,因为每一种情境之下都存在"宏观"和"微观"层面上多样矛盾的权力关系;因此本书基于对教育的自我批判性的结构理解之上,采用实际个案研究的方法,对单个地区教育政策发展的来龙去脉进行细致调查;注重政策实施过程的发展脉络,试图分析海南省少数民族地区教育移民政策的现实实践路径,厘清教育移民政策的主要结构关系,并分析该教育场域中各主体之间的互动关系,引申出教育政策与权力的复杂现实以及存在的种种问题,在结构性的情境中,围绕教育移民政策的结构性关系和价值冲突,来发现这些情境之中存在的漏洞,并以此来寻找批评性行动的活动空间,其主要的落脚点是分析教育移民政策模式对民族地区教育发展的可行性,包括其行动的实践意义,为海南省少数民族地区教育移民政策的完善提供参考建议。

二、研究的目的与意义

目前,全国已有部分地区尝试通过移民来解决落后贫困地区的深度贫困问题,如内蒙古的牧区移民,贵州和广西的生态移民,以及青藏三江源地区的生态教育移民等,但在实施的过程中也存在着很多亟待解决的问题,如何契合当地经济社会发展的现实条件,探索一条符合各方利益的教育发展路径,是本研究的出发点。把海南省教育移民政策作为本研究的目的,是想通过对现实案例的翔实调查,阐释在特定区域中教育场域中不同政策主体之间的结构性关系,厘清影响教育政策理念与执行过程中的现实偏差;分析不同利益主体在教育场域中的互动关系,对教育政策模式的目标与现实偏差之间寻求可以契合的路径。

其理论意义在于,海南省教育移民的实施,不仅丰富了民族教育发展理论,同时也为实现民族地区教育公平、整合城乡教育资源作了有益的尝试。我国民族地区由于历史的原因,存在着经济和社会发展的不平衡,教育资源短缺、基础设施条件差、师资水平低等问题。对海南省少数民族地区教育移民的研究,为进一步认识民族教育的特殊性,发展民族教育具有重要的作用。

从实践的意义来看,海南省的教育移民,不仅仅是把少数民族地区的孩子集中到县城上学,而且把教育结构中的基础教育、职业教育和高等教育衔接起来,使学生能够实现在城里就业和生活,改变以往的代际贫困循环;同时,在全国引进优质师资,解决教育场域中"关键人"的问题,重抓教育质量的提升;通过加大对教育的投入力度,提升基础教育的设施水平。可以说,教育移民政策对社会公共教育资源进行了权宜性的分配和整合,改善了贫困地区的受教育条件,提高少数民族地区的教育水平,这不仅使贫困地区学生享受与城镇学生同等的教育条件,同样促进了地区的稳定和可持续发展。因此,对海南少数民族教育移民政策研究可以为全国其他地区教育移民政策的实践提供了经验参考,也对改善少数民族落后地区教育水平的跨越发展有着重要的实践意义。

三、核心概念

1. 移民,通常指跨域空间的长期性移动人口,主要指在原常住地(一般为出生地或户籍所在地)以外居住超过 12 个月的人。国际上,对移民的定义一般指以其他国家定居为目的而跨域国境的流动人口,即国际移民,包括技术移民、劳动移民、家庭移民、政治移民、教育移民等。国际上的教育移民概念是指到其他国家以教育学习为目的的跨域国境的流动人口。权威辞海中对移民概念的释义为:(1)迁往国外某一地区永久居住的人;(2)较大数量、有组织的人口迁徙。[①] 葛剑雄在《中国移民史》中把移民定义为具有一定数量、一定距离,在迁入地居住一定时间的迁移人口[②]。可见,移民应该是具有一定的时间、空间和数量的概念内涵。本书所涉及的移民概念与国际上的移民概念,以及辞海中的移民概念有本质的不同;即区别主要有:(1)海南教育移民是在本国一定行政区域范围内进行跨空间流动的长期性人口移动;(2)移民群体主要是一定数量的学生群体有空间的跨越,也有时间内涵,但学生并没有改变其户籍而移民到其他地区生存,而是跨一定的空间区域学习;其家庭并没有离开原有的生活区域;这是其与移民概念的本质不同。

---

① 辞海编委会:《辞海》,上海辞书出版社 2001 年版,第 2115 页。
② 吴永章:《黎族史》,广东人民出版社 1997 年版,第 2 页。

2.从移民学的角度来看,海南省的教育移民并不是真正意义的迁移,它既不属于由于重大生态工程而产生的被动移民,如三峡移民;也不属于因生态环境恶劣而产生的移民,如宁夏吊庄移民。其移民的主体是贫困地区教育条件落后的少数民族学生,但并没有改变其家庭赖以生存的环境,实现真正的人口迁移,而是政府为了改变其教育资源的不平等,提高少数民族地区的学生的教育质量,使其享受跟县城学生同等的教育条件而实施的教育政策。其目的是想通过教育移民政策的手段,让贫困地区学生可以实现外向型的迁移就业,纾解贫困地区因资源不足导致的人口压力,达到教育扶贫的目标。

3.本书所研究的"教育移民"概念,源自海南省政府的政策文本表述①,是系列配套的教育政策举措。其主要政策内涵是:根据本地区的贫困现状,利用教育的扶贫功能,实行扶贫先扶智的策略;加大对贫困地区的教育投入,通过教育资源整合,把贫困地区或生态环境恶劣地区的学生整体搬迁到条件较好的城镇就学,缩小城乡教育的差距,以期提高当地人口的教育水平和综合素质,使贫困地区的青少年学有一技之长,实现在城镇就业和生活,并最终实现脱贫致富的教育政策。因海南省的深度贫困地区主要集中于少数民族地区,因此教育移民政策有规模、成系统地推进也主要集中在民族地区,并实行定点施策;非民族地区主要侧重于中小学布局结构的调整和教育资源效率整合,民族地区的政策实施还包括移民村的整体搬迁安置、中小学的布局结构调整、移民家庭的生态补偿、移民学生的生活补贴以及移民学生基础教育和职业教育的相互衔接等内容。从政策参与的不同主体来说,包括省市各级教育主管部门、移民学校和老师、乡村移民学生、移民村及学生家长。

4.教育移民政策的空间外延覆盖了海南省 14 个少数民族市县,其中少数民族自治县 6 个,还有 8 个含有少数民族聚居区的县市。从时间跨

---

① "教育移民"在海南省政府政策文本中称为"教育扶贫(移民)工程"实施方案(见附件1),也简称"教育移民"政策。该政策是在全省推进城镇化战略的背景下,针对海南省贫困地区的具体状况,借用教育扶贫的功能,试图通过提升教育质量的提高阻隔贫困地区的代际传递。其政策内容包括少数民族地区的学生的整体移民、中小学的布局结构调整、思源学校的建设、师资的引进、移民学生的补贴等配套教育政策,为避免概念混淆,本书统称"教育移民"政策。

度上延续达 10 年之久,其中教育移民基础项目从 2008—2012 年分三期
实施,一期包括了海南省仅有的 6 个少数民族自治县和 4 个含有少数民
族聚居区的贫困县(包括海南省陵水黎族自治县、保亭黎族苗族自治县、
琼中黎族苗族自治县、白沙黎族自治县、五指山 5 个国家扶贫开发重点县
(市)和昌江黎族自治县、乐东黎族自治县、屯昌、定安、东方 5 个省扶贫
开发工作重点县),二期增加了含少数民族聚居区的儋州、澄迈和万宁三
县市;三期仅增加了含少数民族聚居区的省级贫困县临高县。从教育移
民政策的实施过程来看,其教育政策的主要着力点在贫困地区,并在总结
经验的基础上从民族地区向非民族地区推广。因海南省的贫困地区基本
都集中在少数民族聚居区,该政策涉及的移民学生也大部分属于少数民
族或贫困家庭学生,非民族地区因贫困人口和教育资源相对集中基本不
实行整体移民政策①,但涉及中小学布局结构调整和教育资源整合;从政
策执行的力度和效果来看,其针对少数民族贫困地区和贫困地区少数民
族聚居区的政策影响力明显大于非民族地区,因此调研的重点主要集中
在少数民族地区。

　　总的来说,教育移民政策是指海南省针对本地区实际情况而实施的
一项重要教育政策,从实施的效果来看,它不仅实现了贫困地区人口的外
向型移民,也促进了民族地区的教育跨越式发展。它所指的学生移民并
不是真正意义上的移民学概念,其移民主体主要是贫困地区的学生,但他
并不改变其原有地的户籍,实施的主要目的是实现少数民族学生的教育
公平,改善其受教育的环境,提高其教学质量而进行的教育移民政策,并
由此产生的学生群体外向型移民现象。因该政策主要的着力点在贫困地
区的少数民族聚居区,因此本书重点研究教育移民政策给海南省少数民
族地区产生的深远影响。

四、国内外相关文献综述

　　由于本书中的教育移民概念区别于国外的教育移民概念,其本身也

---

　　①　海南省教育移民政策因非民族地区人口相对集中,且大多不在生态功能保护区,在布局结
构调整中,基本都保留了 1—3 年级的教学点,不实行整体的移民搬迁。

并不属于真正意义上的移民概念,因官方文本上以"教育移民工程"命名,遂引用作为新的代名词。而国外学术界对我国这种实践模式关注度较少,相关的研究寥寥无几。因此,笔者重点对本国的相关研究成果进行梳理。通过在知网(CNKI)上检索,笔者将近十几年对海南教育移民情况的调研和相关文献进行梳理;从已有的研究成果来看,研究的角度和思路比较单一,较为系统地研究教育移民现象的更是鲜有表述。通过笔者近几年的深入调研,认为海南教育移民是在城镇化战略背景下实施的一项教育政策,它以教育的扶贫功能为统领,涵盖了生态贫困地区的整体移民搬迁、城乡教育的一体化和中小学布局结构调整、民族教育的跨越式发展以及多层级教育的相互衔接等多重的社会功能。在教育移民政策场域中,它涉及教育领域中不同主体的权力互动关系、教育资源的分配、移民学生的教育机会和公平等各方面。因此,为了能从宏观和微观层面全方位地理解相关领域的研究进展,我将从以下几个方面对目前学界的相关研究进行系统阐述。

(一)海南民族地区教育实践背景的研究

本书通过知网对关键字"海南少数民族教育"进行检索,相关的学术论文仅有三十余篇。通过到海南省图书馆和海南师范大学图书馆检索,还发现了 6 本关于海南黎族教育研究的相关专著。从研究的时间区间来看,基本可以分为三个时间段,第一个时间段是 1950 年海南岛解放之前的教育发展;第二个时间段是 1950 年至 1988 年海南建省期间的教育发展;第三个时间段是 1988 年至今的教育发展。从研究内容来看,其主要涵盖以下几个方面:

1. 海南少数民族教育发展史的研究

海南自建省以来,民族教育事业的发展速度逐步加快。相关学者对黎族教育史、教育学和心理学的相关研究成果开始出现。而关于 1950 年之前海南少数民族教育发展的研究成果直到 20 世纪 90 年代才慢慢出现,比较有代表性的有:1994 年出版的《中国黎族大辞典》①曾对黎族教

---

① 苏英博、韦经照、梁定基等:《中国黎族大辞典》,中山大学出版社 1994 年版,第 121 页。

育的相关内容有过十多条目介绍。1997 年吴永章撰写的《黎族史》①对海南黎族的发展历史有过较为翔实的介绍,其中对各个历史时期的教育发展都有较为全面的介绍,是一部了解海南历史发展的重要著作。同年,邢大胜主编的《黎族教育备忘录》②共收录了 57 篇关于黎族教育方面的学术论文,涉及黎族教育理论研究、黎族教育状况扫描、黎族教育方法探析及黎族教育人事写真等方面的内容,是一部较为全面了解海南黎族教育发展的重要著作。1998 年出版的《中国少数民族教育史》第三卷③中有一个专门关于黎族教育发展史的重要章节,主编麻风鸣较为系统地阐述了黎族从原始社会、古代社会、近代社会到现代社会教育产生、发展的历程,全面叙述了黎族教育在各个历史时期的概况,该著作较为系统地介绍了黎族教育发展的历程,填补了我国黎族教育史的空白。还有许士杰主编的《当代中国的海南》④对当代海南少数民族教育的特殊政策和民族地区 9 个市县的中小学教育发展情况进行了相关概述;对了解海南当代少数民族地区基础教育的情况有重要的帮助。2005 年,琼州学院的齐见龙、范高庆等主编的《五指山基业——海南少数民族教育探究》⑤,该书主要在已有历史研究的基础上,从近代开始对海南少数民族教育发展研究进行了延续,对海南民族教育各个不同时期的不同层次的教育进行了概述,并系统论述了海南民族教育发展的主要内容和呈现的主要特点;为了解近代海南民族教育发展有重要的参考作用。

2. 海南民族地区教育政策研究

海南省少数民族人口占到全省人口的 17%,从 1950 年至 1988 年建省,民族教育从零开始,基础相对薄弱,发展也较为滞后,海南省民族教育事业在曲折中不断发展,从 20 世纪 50 年代开始,各层次的民族教育开始

---

① 吴永章:《黎族史》,广东人民出版社 1997 年版,第 46 页。
② 邢大胜主编:《黎族教育备忘录》,南海出版公司 1997 年版,第 72 页。
③ 韩达:《中国少数民族教育史》(第三卷),广西教育出版社 1998 年版,第 87 页。
④ 许士杰主编:《当代中国的海南》(上、下卷),当代中国出版社 1993 年版,第 43 页。
⑤ 齐见龙、范高庆等主编:《五指山基业——海南少数民族教育探究》,吉林人民出版社 2005 年版,第 23 页。

兴起,并创办了 10 所普通高中、46 所普通中学、256 所小学,初步形成了初等和中等教育体系;到 60 年代先后建立了乐东师范学校、东方师范学校、琼州师范学校以及海南黎族苗族自治区初等师范学校,民族教育政策的研究还处于起步阶段①。"文革"期间,海南民族教育事业一度陷入瘫痪状态;十一届三中全会后,民族教育事业开始恢复,到 1988 年建省,民族教育迎来了新的发展期。在这期间,民族教育政策与地区经济社会发展紧密联系起来。部分学者也提出要进一步完善教育政策,促进教育事业迅速发展。相关的政策研究成果也相应涌现出来,比较有代表性的有:琼州大学改革与发展调研室针对琼南民族地区人力资源开发的现状,提出如何充分利用人力资本的优势把海南的资源优势转变为经济优势,提出要加强民族地区的政策倾斜,优先发展民族地区教育事业②。同时,也对琼南民族地区的师资队伍情况进行了调研分析,发现琼南民族地区的师资队伍情况让人堪忧,首先是师资队伍整体的素质不高,学历合格率偏低,大部分是代课老师;其次是师资队伍极不稳定,由于教育经费、师资待遇差,很多反映不错的教师因为生计选择了外出打工,教师的生存状态堪忧;最后是教师整体教学业务水平不高,提出要加强师资队伍的长效培训机制和制度保障③。海南民宗厅的王亚保在 20 世纪 90 年代,针对海南民族教育的现状,提出要加快民族教育的发展,必须坚持党的教育方针和民族政策,明确办学方向,把普及义务教育作为重点,加大基础教育投入,大力发展职业教育、成人教育、高等教育,全面提高民族地区劳动者的整体素质。建议加强师资队伍建设、加大教育经费的投入;积极开展教育扶贫和支边活动,鼓励学校因地制宜,灵活办学等政策措施④。琼州学院的陈立浩教授概述了海南建省后 20 年的发展历程,建议海南在大力发展基础教育的同时,要兼顾职业教育、幼儿教育和特殊教育的发展,注重民族教

---

① 黄德珍:《跨越历史的丰碑——海南民族教育五十年》,《中国民族教育》1999 年第 5 期,第 14—16 页。

② 琼州大学改革与发展调研室:《琼南民族地区师资队伍建设论析》,《琼州学院学报》1999 年第 1 期,第 36—40 页。

③ 琼州大学改革与发展调研室:《琼南民族地区师资队伍建设论析》,《琼州学院学报》1999 年第 1 期,第 36—40 页。

④ 王亚保:《加快海南民族教育发展的思考》,《新东方》1996 年第 5 期,第 71—74 页。

育的均衡发展,突出公平,兼顾效益①。海口华侨中学校长潘财军2001年在亚洲人才战略与海南人才高地论坛上提出要发展海南经济社会,重点是人才培养,而人才培养的重点是师资队伍的建设,通过对海南教育现状的分析,他认为海南教师队伍思想素质和知识水平都有待提高,特别是民族地区,应该要加强师德师风的建设,充分发挥教育体制中的激励和竞争机制,完善教师的继续教育制度②。中国热带科学院副院长王文光认为海南少数民族地区人口教育观念落后,文盲和半文盲状况较为严重,年均收入水平低,无法负担基本的教育成本;各层次教育的升学率较低,失学率和辍学率却相对较高。同时,民族教育办学条件差、合格的教师比例低,教师经费有限,待遇偏低,教师队伍极不稳定,这些因素制约了少数民族教育的良性发展③。从20世纪90年代到21世纪初,海南民族教育在政府的大力支持下保持稳步发展,办学条件得到改善,办学规模也逐步扩大,师资队伍整体素质和教学质量也有所提高,2002年海南通过国家的“两基”④验收,小学、中学的入学也得到了极大的提高。但也存在着一些问题,教育数量和规模扩张后,教育质量还存在明显不足。首先基础教育经费投入不足,危房改造资金缺口大,学生的辍学情况仍有反弹,师资水平亟待改善,教师队伍不稳定,流失较为严重。琼州学院调研组根据实际调研情况提出,优先发展海南民族教育,务必本着城乡统筹发展的原则,尽快调整民族地区的学校布局和人才结构,解决基础教育系统中学校规模小、布点散、效益低的问题;同时,部分乡村人口的大量外流,基础教育系统中不断出现的“麻雀”学校、“空巢”学校占据教育资源,严重影响教育质量和效率。建议整合教育资源,加强师资队伍建设,多渠道解决教育经费等政策措施⑤。经过几十

① 陈立浩:《民族教育开拓新局面社会和谐展现新面貌——海南建省20年来民族教育快速发展推动和谐社会建设》,《琼州学院学报》2008年第3期,第230—241页。
② 潘财军:《提高教师素质是培养人才的关键——浅谈海南教育现状及出路》,《亚洲人才战略与海南人才高地——海南省人才战略论坛文库》,2001年12月1日。
③ 王文光:《少数民族教育与海南经济发展》,《亚洲人才战略与海南人才高地——海南省人才战略论坛文库》,2001年12月1日。
④ 两基是指基本实施九年义务教育和基本扫除青壮年文盲的简称。
⑤ 琼州大学“海南民族教育探究”课题组:《海南少数民族地区基础教育现状及其发展思路》,《琼州大学学报》2004年第1期。

年的发展,海南民族教育基本形成了不同层次的教育结构体系,教育规模和效益也得到极大地提高,高等教育事业也得到了快速发展。如华南热带农业科学院、海南大学、海南师范大学、海南医学院、琼州大学对海南经济社会发展提供了有力的人才支撑。

3.多角度对海南民族地区教育发展实践路径的研究

近年来,对海南民族地区教育发展的研究越来越深入,不再仅仅局限于民族教育的基础发展上,而是更多地延伸到实践路径探索上。如中国石油大学的袁春竹提出海南民族教育应突出内涵建设,在国际旅游岛建设的背景下,需要从教育方式上进行创新,提出从文化自觉、民族教育课程开发、双语教学师资的定向培养、降低少数民族文化特长学生的入学条件,建立少数民族文化继承人保障机制、建立民族教育评估和监督体系等方面来推动海南地方少数民族文化建设[①]。学者谢君君通过对海南民族文化传承的现状分析,提出从民族教育的视角做好民族文化的传承,包括民族教育课程开发、双语教学师资的定向培养、降低民族文化特长学生的入学条件,建立少数民族文化继承人保障机制,以及建立民族教育评估和监督体系等方面来保障少数民族传统文化的传承和发展[②]。琼州学院的张西爱尤为关注海南的农村教育,她认为建设社会主义新农村,发展海南民族教育事业,重点应该放在农村教育领域;海南教育事业的发展不能仅仅着眼于城镇,而应该更多地关注农村,城乡教育水平差距的拉大,不仅会影响到经济社会的和谐稳定,也会导致贫困地区教育陷入恶性循环的境地,教育将不再成为人上升的重要阶梯,而成为制造不同层次阶层的机器。海南农村教育的基础薄弱,教育投入、师资队伍、基础设施条件等都有待政府的积极关注和投入[③]。海南教育研究培训院分析了 2000 年至 2010 年海南义务教育经费投入变化,自 2000 年来,海南教育经费的投入大幅增加,截至 2011 年,海南财政教育经费占 GDP 比例突破到 5.13%,

---

①　袁春竹:《海南少数民族教育方式与文化建设研究》,《中华民族复兴与民族哲学发展研究——2013 年中国少数民族哲学及社会思想史学年会中国石油大学(华东)60 周年校庆学术研讨会文集》,2013 年 7 月 23 日。

②　谢君君:《海南少数民族教育发展与文化传承》,《教育评论》2011 年第 3 期。

③　张西爱、王李雄:《发展海南民族教育重在发展农村教育——"建设社会主义新农村"背景下的海南民族地区教育研究》,《洛阳师范学院学报》2008 年第 6 期。

达 129.02 亿元;反映了政府对教育投入的重视,但从农村教育经费投入远低于全省的平均水平,城乡教育资源的差距较大,从 2007 年起,农村教育经费开始超出平均水平,但城乡生均教育公共经费仍存在一定的差距,城乡教育资源的差距是影响义务教育均衡发展的重要瓶颈,认为政府要继续加大对农村基础教育的投入①。海南大学的姚小艳从英语学习的角度对海南基础教育过程中的家庭教育观念、学生和学校三方面进行细致的调研,对海南少数民族地区的英语教学存在的问题进行了分析,认为少数民族地区农民家庭对孩子的教育期望值不高,对教育重视程度不够;同时由于方言影响,学生在语言学习上发音不标准,兴趣不高,信心不足;学校的师资力量不足,课程教学创新不够,基础设施不完善等都影响到学生的英语学习;她从三方面分析影响少数民族学生英语学习能力的提高,也从侧面反映了民族基础教育的薄弱②。

总体而言,关于海南民族教育的研究论文近几年呈现发展的趋势,学者关注度不断增强,但论文质量总体不高,研究的角度较为宽泛,系统研究某个问题的成果较少,特别是对民族教育的内涵发展上没有方向,大多是对实践经验的总结,研究成果也不能反哺于教育实践。从民族教育发展的角度来看,民族性、多元文化角度、双语教学,以及民族基础教育的跨越式发展路径等方面,海南民族教育还有很长的一段路要走,还需要学者多方面的关注和深入研究。

(二)国内教育移民政策的相关研究

国内有关教育移民的相关研究都涉及的贫困发生机理及反贫困理论,其大致经历了从贫困文化理论、资源要素理论、人力素质贫困理论、系统贫困理论到结构贫困理论的发展;并从经济、文化、社会、人力资本、社会结构等多重角度提出了相应的扶贫方式。从 20 世纪 60 年代,国内外学者开始关注教育的反贫困功能,认为教育具有隔断贫困发生链条的反贫困功能,但其不能独善其身地反贫困,需要社会内外机制的配合。正是

---

① 姚锐、曾纪灵:《海南农村义务教育均衡发展的经费保障状况——基于对生均教育经费支出变化的分析》,《新教育》2014 年第 1 期。
② 姚小艳:《海南少数民族地区中学生英语学习成绩学习动机与家庭背景关系研究》,海南大学硕士学位论文,2014 年。

在此理论的预设下,目前国内学界大多从教育的反贫困功能角度去构建教育移民模式。

1."生态+教育移民"模式

所谓的生态移民是指居住在自然保护区、生态环境严重恶化区、生态环境脆弱区人口,由于环境恶劣导致人类生存的承载力不足而向其他条件较好地区的搬迁移民,其主要是由于生态环境的内生推力导致的移民。与此类似的还有库区移民、牧区移民①。库区移民指政府为满足人民生活和经济发展的需求,发展大型水利工程建设,导致居住在工程周边地区的生存环境变化,不足以满足居民的生存需求而产生的外向型移民,如我国的三峡库区移民等。生态移民的模式大多是基于国外的资源要素理论,比较有代表的有马尔萨斯(T.R.Malthus)的土地报酬递减理论、纳克斯(R.Nurkse)的贫困的恶性循环理论、莱本斯坦(H.Leibonstein)的临界最小努力理论②。我国学者姜德华曾经对中国区域性贫困类型进行分析,把全国 664 个贫困县归纳为 6 个集中连片的区域类型:黄土高原丘陵沟壑贫困、东西部接壤地带贫困、西南喀斯特山区贫困、东部丘陵山区贫困、青藏高原贫困、蒙新干旱区贫困等类型。通过对中国区域性贫困进行分类和描述,认为区域性贫困原因主要有两类,一类认为贫困是由于资金缺乏、交通、通信、能源等基础设施严重落后导致贫困;另一类认为贫困是由于资源状况先天性的恶劣,由于土地等资源结构的不合理导致贫困。经济学者认为贫困是贫困者对生产要素——土地、资金和劳动力不能进行有效配置的结果。我国学者沈红认为,贫困地区农户能够控制的生产要素主要是劳动力,因此通过不断增加劳动投入来维持土地和物质再生产,以保证生活消费的基本需求,由于贫困地区技术条件的限制,小农通过增加劳动时间或者劳动人口的方式来提高生产,但人口的增加直接降低了生活水平,使得资金和土地等生产要素达不到正常的经济积累,贫困地区陷入了生产要素的恶性循环或低水平资源配置均衡,导致贫困无法缓解③。因此,有学者从人力资源素质和贫困文化理论视角提出"生

① 王林静、修长柏:《内蒙古牧区移民城镇化的微观分析》,《中国软科学》2014 年第 3 期。

② 谢君君:《教育扶贫研究述评》,《复旦教育论坛》2012 年第 3 期。

③ 沈红:《中国贫困研究的社会学评述》,《社会学研究》2000 年第 2 期。

态+教育移民"模式来完善以往的反贫困模式,从模式的发展来看,大致经历了三个模式,第一个模式是在 20 世纪 90 年代由于大型水利设施建设产生的库区移民和因生态环境的内生推动导致的移民,这种库区移民是一种被动的移民形式,但由于移民后续的生存和发展并不能根本上予以解决,也出现了一定程度的"返乡潮",如三峡移民[①]和三江源藏区生态移民[②]。因此在政府意志的政策主导下通过教育来提高移民的生存技能和就业途径是一种创新的模式。第二个模式是针对连片贫困地区实行的中、高职教育移民,即通过沿海发达地区的中职教育到中西部的贫困地区进行招生,吸引贫困地区的学生到沿海发达地区进行就业,既提高了贫困地区青年的技能素质,又实现了贫困地区的外向型移民。如武陵山区[③]和滇黔桂石漠化地区[④]。第三个模式应该就是 2005 年海南省昌江少数民族地区探索的教育移民模式,即把贫困地区学生集中搬迁到城镇就读,免费就读职业教育,最终实现到城镇就业生活。该模式自试行以来就得到了多方的关注,到 2010 年左右,贵州省[⑤]和广西壮族自治区也开始借鉴推广海南教育移民模式[⑥]。该模式的主要内涵是通过减轻生态贫困区的人口承载压力,以教育移民政策提升贫困地区人口的综合文化素质,反哺贫困家庭的可持续发展能力,实现人与环境系统的和谐共生。

　　2."扶贫+教育移民"模式

　　教育扶贫移民模式是在系统贫困和结构贫困理论的基础上去延伸和实践的。印度著名学者阿玛蒂亚·森认为要理解普遍存在的贫困,不仅要关注所有权模式和交换权利,还要关注隐藏在它们背后的因素,包括生

---

① 韩定慧、李超:《三峡库区教育移民若干问题的思考》,《党政干部论坛》1997 年第 4 期。

② 束锡红、聂君等:《三江源藏族生态移民社会融入实证研究——以青海省泽库县和日村为个案》,《中南民族大学学报(人文社会科学版)》2017 年第 4 期。

③ 参见张大维:《生计资本视角下连片特困区的现状与治理——以集中连片特困地区武陵山区为对象》,《华中师范大学学报(人文社会科学版)》2011 年第 4 期。

④ 参见梁银湘:《完善生态教育模式推动贫困山区人口"出山入城"——广西 8 县实施生态教育移民的调研报告》,《西南民族大学学报(人文社会科学版)》2013 年第 3 期。

⑤ 参见张毅、杨俊:《贵州扶贫开发中的制度创新思考——基于连片特困区的自我发展能力培育》,《贵阳市委党校学报》2012 年第 5 期。

⑥ 参见袁祖浩:《"生态教育移民"扶贫模式探析——以广西石漠化区为例》,《桂海论丛》2012 年第 5 期。

产方式、经济等级结构以及它们之间的相互关系。① 他认为贫困的根源是人的能力的缺乏,一个人避免贫困的能力依赖于他的所有权,以及他面临的交换权利,而交换权利取决于他在社会经济等级结构中的地位以及经济中的生产方式,同时也依赖于市场交换和国家提供的社会保障,因此他主张改变以往以个人收入和经济资源占有的多少作为衡量贫富的依据,应引入关于能力的参数来衡量人们的生活质量,其核心的意义是考察个人在实现自我价值功能方面的实际能力,因为能力的不足才是导致贫困的真正根源②。要想解决贫困,就必须要加强个人的能力素质培养,提升他的知识技能水平。自此,教育扶贫模式开始从文化和结构解释范式中延伸出来,并作为反贫困的重要方式被学界所关注。

我国学者林乘东自 1997 年提出教育扶贫论,他认为贫困地区存在着一种恶性贫困循环,这种恶性贫困循环的根源是贫困人口的综合素质较低,对生活缺乏进取心,适应经济环境能力差,无法胜任持久、紧张的劳动,劳动效率较低。要改变这种状况要打破贫困的循环链条,需要社会体制的变革,改善宏观经济的运行状况,还必须对贫困人口进行综合素质改造,割断贫困恶性循环的链条。同时,他也提出教育不能独善其身,需要同时具备四项条件:(1)提高贫困人口的综合素质;(2)建立分配相对公平的经济制度;(3)优化劳动力配置机制,保证经济计划的公平竞争,提高贫困人口劳动力与其他生产要素的结合效率;(4)保持经济的高效增长,为反贫困提供雄厚的物质基础,增加资本积累,创造更多的就业机会③。教育扶贫论的提出改变了以往我们单纯依靠政府主导的扶贫模式,开始把贫困主体嵌入到扶贫的模式中来,强调贫困群体的参与,贫困群体应该是发展的主体,贫困群体所认同的地方性文化、民族文化不应被忽视,学界认为中国以政府为主体的反贫困战略,应积极发挥贫困者自身的能力,使其由原来的救济式扶贫改为自救性的扶贫。重点是要改变其

---

① [印]阿玛蒂亚·森:《以自由看待发展》,任赜、于真译,中国人民大学出版社 2002 年版,第 62 页。

② 周丽莎:《基于阿玛蒂亚·森理论下的少数民族地区教育扶贫模式研究——以新疆克孜勒苏柯尔克孜自治州为例》,《民族教育研究》2011 年第 2 期。

③ 林乘东:《教育扶贫论》,《民族研究》1997 年第 3 期。

原有生活的观念,提升其适应社会环境的能力,提高其知识技能的水平,公平竞争的社会环境中有生存和向上流动的机会。

我国目前的教育扶贫移民主要有以下几种模式:一类是政府主导型的教育扶贫移民模式,以政府的教育投入为主体,重点关注教育投入的经济效益和社会效益;如新疆克孜勒苏柯尔克孜自治州实行集中办学、民汉合校和双语教学扶贫模式研究,让少数民族学生平等地接受教育,试图通过改变个人能力的实现,缓解地方的能力贫困[1]。还有针对宁夏吊庄的开放性教育移民[2]、甘肃四个干旱贫困区的教育移民[3]。二类是以基金和社会慈善资金为主导的社会资金扶贫。比较有代表性的就是"希望工程"和"思源学校"等,这类项目主要以吸引社会各界力量参与到教育扶贫项目中去,帮助贫困边远地区学生享受较好的教育条件。三类是以政府和多元社会主体协同参与的教育移民模式,如海南少数民族地区和武陵山区的教育移民项目等[4]。

总的而言,目前关于教育移民的研究已呈现出往纵深发展的趋势,教育的反贫困功能已得到了学界的普遍认同,但也存在着一些亟待解决的问题,第一,在理论上,从贫困发生的机理来看,它不仅受外部地区空间环境的影响、地域经济社会发展水平、政策环境,以及地区的传统文化多方面因素的影响,还受贫困主体囿于自身的阶级、文化、信仰、行为方式、观念等影响下的理性选择有直接关系,目前学界较为集中在贫困文化解释和结构解释对垒,都离不开贫困主体的现实关切。不可否认的是,在结构解释中必然包含了文化因素对贫困的影响,同时文化解释也不可能脱离了社会结构的束缚,教育移民模式正是在现有贫困理论的预设下衍生出来的。但从目前教育移民模式的实践来看,教育移民如何契合贫困主体

---

① 周丽莎:《基于阿玛蒂亚·森理论下的少数民族地区教育扶贫模式研究——以新疆克孜勒苏柯尔克孜自治州为例》,《民族教育研究》2011年第2期。

② 杨华:《民族地区的经济发展与教育功能的强化——从宁夏吊庄开发性移民看教育的发展及其功能》,《西北民族研究》2004年第3期。

③ 魏奋子、李含琳、王悦:《贫困县教育移民的政策意义与可行性研究——以西部地区四个干旱贫困县为例》,《人口与经济》2007年第3期。

④ 甘永涛:《教育扶贫看"思源"——对"教育移民"扶贫新模式的探索》,《民族论坛(时政版)》2013年第11期。

的现实需求,如何与社会结构(人口结构、政治结构、经济结构)相适应;如何处理好教育扶贫与地区贫困文化的矛盾;教育的扶贫功能在什么样的社会条件下才能发挥应有的作用,以及教育扶贫投入如何防止陷入教育致贫的窠臼还有待进一步深入研究。在社会结构理论预设下,权力结构关系、利益冲突、社会政策的影响,都势必对教育移民政策的发挥起到重要的制约作用。第二,目前学界对于教育移民的研究大多在现有的政策理论框架下进行宏观思考,缺乏对贫困主体的微观关切。教育移民的方式和路径选择都是从政府主导的政策视角出发进行设计考量,过于忽略了贫困主体对教育扶贫的期望与现实需求;因而在部分地区出现了"教育致贫"和扶贫开发移民的"返回潮";政府的扶贫善意并没有得到贫困主体的认同,导致扶贫的效果事倍功半。第三,教育移民政策已从以往单一的扶贫方式转变多元的综合施策,但其内在的运行逻辑和制度困境还有进一步的探讨和梳理。从已有文献的研究来看,教育移民模式已开始综合考虑"城乡发展、区域发展、经济社会发展和人与自然和谐发展"等多方面的因素,实践主体实现了向多元主体的综合扶贫模式的转变。但教育扶贫的功能需要在一定的条件下发挥作用,需要政策受众体的价值认同和积极参与,单纯依靠政府的主体意志推动并不能产生理想的效果,因为贫困地区的经济社会发展水平、生态环境状况、贫困人口的传统文化观念、不同主体的利益契合等因素都影响着政策目标的实现。因此,针对目前教育移民的方式及其特点,深入探讨政策场域不同主体的内在运行逻辑和制度困境都有待进一步加强。第四,从现有的文献来看,研究的视角还较为单一,大多从宏观层面和实践维度去总结教育移民政策的实践经验,很少从政策受众体角度去探究政策场域中主体之间的内在利益博弈和政策运行空间。因此,教育移民的研究要进一步厘清贫困地区不同政策主体之间的利益关系,以社会结构解释理论和贫困文化理论为基础,构建起不同主体之间良性的互动关系,以教育的扶贫功能为手段,构建贫困主体在贫困地区良性发展的结构关系,让教育结构与地区政治、经济、文化结构相适应,同时又契合于贫困主体的现实需求,让贫困群体在政府主导的政策框架体系中实现自我理性选择的发展路径,实现其向上流动或重新选择就业的职业转换,真正打破其原有系统的贫困循环。

（三）海南民族地区教育移民政策实践研究

通过从知网对"海南教育移民"关键字的检索，目前学界关于对海南教育移民的相关研究尚属起步阶段，主要呈现为三个阶段：第一阶段是关于海南省政府相关部门对教育移民的实施方案和调研报告；第二阶段是主流媒体、报纸对海南教育移民实施情况的呼吁和简单介绍；第三阶段是相关学者对教育移民现象的学术研究；这类的研究成果相对较少，只有数十篇，且不够系统和深入。具体可以分为以下几类：

1. 政府主导的调研报告和相关经验总结

这类文献比较有代表性的有：海南省教育移民联合调研组撰写的《海南省"教育移民"情况的调研报告》。2007 年，由海南省委政策研究室组织省教育厅、财政厅、民宗委、扶贫办等相关部门，历时 2 个月走访海南省相关市县进行调研和访谈后，撰写该报告呈报给省政府；报告主要结合海南省昌江王下乡教育移民的实践经验①，试图把相关经验推广到中西部的少数民族市县而进行摸底调研，并把各市县对教育移民政策的反馈意见上报省委。报告中提出，各市县认为教育移民政策不仅能让贫困地区的学生享受到优质的教育资源，还是提高贫困地区教育质量、帮助贫困地区智力脱贫的有益举措，也能缓解生态保护区的人口承载压力；同时认为教育移民采取"集中办学"的方式对于海南中西部边远贫困地区进行教育资源整合，具体操作上是可行的②。报告还建议教育移民政策要注意与优质教育资源、贫困地区扶贫开发和生态环境保护结合起来，还要把发展职业教育与促进就业衔接起来。2009 年，海南省教育移民政策在省委的推动下，开始在全省 5 个国家级贫困县和 5 个省级贫困县实施；海南省副省长姜斯宪在教育移民工程全面启动仪式上的讲话指出：海南省的教育移民不是一项孤立的公共政策和福利行动，也不是一个化解社会

---

① 昌江王下乡的实践经验：指的是昌江王下乡霸王岭的移民工程。2007 年，昌江县把地处王下乡霸王岭深处的牙迫村村民整体搬迁到县城石碌镇水富村，为移民新建房屋、村舍、移民学校等。为每户分配田地，目的是改变以往牙迫村刀耕火种原始的生活方式，通过移民教育改变村民的生活方式和观念，试图通过移民的方式隔断以往贫困链条，让村民享受与县城乡镇同等的教育条件。本书会在文中详细叙述该案例。

② 海南省教育移民联合调研组：《海南省"教育移民"情况的调研报告》，《琼州学院学报》2008年第 1 期。

矛盾的权宜之计,而是实现公共服务均等化,构建和谐社会的重要举措,是一项系统的工程;它兼具扶贫开发、生态保护、教育发展、劳动力转移等多重功效,贯穿义务教育、高中阶段教育和就业的整个环境;涵盖了知识技能的培养、劳动力输出、生态补偿机制等多个方面;对海南贫困地区脱贫和长远环境保护有重要的现实意义①。海南省教育厅石秀慧总督学则对海南省教育移民实施三年的情况进行了经验总结,她认为海南省教育移民实践探索了一条教育扶贫的新路径,加快了基础教育的快速发展,也实现了生态保护区人口的外向型转移②。政府主导的教育移民政策从最初的试点到全省推广的经验总结,为我们了解教育移民政策提供了一个官方的信息渠道,也让我们能较为全面地了解当初政策设计的初衷和实施方案。

2. 舆论关注

对于海南教育移民的媒体舆论报道占到相关文献的八成,将近有 80余篇,粗略统计有将近 50 家媒体进行过连载报道,如海南日报、中国教育报、中国民族报、工人日报等;同时,我国党和国家领导人也曾多次视察过教育移民学校,认为教育移民模式是发展贫困地区的有益探索。这类文献主要是针对教育移民在全省推广的情况进行介绍,包括对各市县教育移民的实施情况,这对了解相关各市县教育移民情况提供了较为翔实的经验素材。总的来说,自 2008 年开始,教育移民的相关报道取得了相当积极的社会效益,2008 年的小丫跑两会曾对时任海南省委书记卫留成就教育移民话题进行过专题报道;全国对"海南将偏远贫困地区农村学生异地搬迁读书+职业教育+城镇就业"的模式产生了极大的兴趣,也有部门贫困地区开始学习试点海南的教育移民模式,如山西五寨县的教育移民,武陵山区贵州教育移民等等。

3. 海南教育移民政策实践路径探索研究

海南教育移民研究实施有 10 年有余,但相关的学术研究成果并不多,还谈不上系统的阐述,大多还仅仅是将相关地区的教育移民情况进行

---

① 姜斯宪:《实施教育扶贫移民促进义务教育均衡发展》,《新教育》2008 年第 9 期。
② 石秀慧:《海南省教育扶贫的实践与探索》,《新教育》2013 年第 11 期。

简单的概述和分析。相关的研究成果有 10 余篇,其中博士学位论文有 1
篇。研究的角度主要呈现出以下几个方面:(1)从完善政策措施的角度。
如昌江教育局的杨跃俊对昌江创办教育移民和学前教育免费政策进行了
阐述,系统总结了昌江的实践经验,并对取得的社会效益进行了简单介
绍①。琼州学院的张西爱对海南省教育移民政策的实施情况,以及对当
地教育发展的影响进行了分析,建议要加大政府财政扶持的力度,适当整
合教育资源,逐步分层推进②。学者谢君君曾从海南教育移民的实施背
景、教育移民的方式和影响,以及从扶贫开发的角度对教育移民实施的现
状和存在的问题进行过阐述③。(2)从文化适应角度上探讨。琼州学院
陈慧选择从微观学校场域对教育移民的实施情况进行分析,他认为教育
移民实施后,新建的思源学校在运行上还存在一些问题,包括不同地区移
民学生在行为方式和文化方式上存在着差异和冲突;不同地区引进的老
师和当地老师在教育过程中还存在着一个相互磨合和适应的过程;认为
应该在文化适应的基础上建立学校文化,构建师生的认同感和责任感,需
营造和谐的学校教学氛围④。昌江思源学校的孙玄校长作为思源学校的
重要实践者,认为教育移民过程中产生的思源学校,其发展定位应该依据
国家的教育政策法规、学校的性质、教育行政主管部门对学校的要求,以
及当地社会发展和教育的现状与生源基础进行综合考虑,它不应该是一
所精英学校,而是一个应注重人基本能力和道德素质培养的学校,其落脚
点应该是培养能适应于国家旅游岛需要的公民教育,让学生通过教育提
升自身的技能,脱离贫困的环境陷阱⑤。(3)从城镇化的角度探讨。西南
大学博士生杜井冈认为教育移民政策是在海南省城镇化推进的背景下实
施的,在教育移民推进的过程中隐现出一些政策问题,如教育移民政策价
值取向的扭曲、教育移民政策内容的不完善、教育移民政策执行的文化冲

① 杨跃俊:《"教育扶贫移民""学前教育免费"——昌江县创新办学模式的尝试》,《新教育》2011 年第 3 期。

② 张西爱、严鑫华:《"教育移民"工程促进海南少数民族地区农村教育发展》,《内蒙古农业大学学报(社会科学版)》2009 年第 2 期。

③ 谢君君:《海南少数民族地区教育移民研究》,《广西民族研究》2012 年第 2 期。

④ 陈慧:《海南思源学校文化互动研究》,《鸡西大学学报(综合版)》2011 年第 10 期。

⑤ 孙玄:《海南思源实验学校的发展定位》,《新教育》2010 年第 11 期。

突,以及教育移民政策执行的效果评估缺失等①。

　　总体而言,海南教育移民的实施在社会上产生了积极的反响,社会舆论关注度较高,自 2008 年实施以来,全国其他西部地区也开始借鉴海南的教育移民模式经验,试图在西部贫困地区进行推广;如 2011 年,国务院制定了关于武陵山区经济协作发展的重大方针政策,民建中央和中华思源基金会决定在湖北、湖南、重庆、贵州四省实施"扬帆生态移民班"示范项目,探索教育扶贫移民在其他西部地区的新模式。② 可以说,教育移民的实践经验得到了社会极大关注;但学界关于海南教育移民的相关研究却相对滞后,从已有的研究成果来看,(1)研究的角度比较单一,大多从一个侧面进行阐述,缺乏从教育学、经济学、教育政策角度系统的分析,研究不够全面深入,不能全景地了解教育移民的来龙去脉和实施过程。(2)研究内容大多是对教育移民模式的经验总结和分析,提出一些宏观上的政策建议,缺乏理论上的深度和实践的可操作性。(3)对教育移民的概念表述比较模糊,研究内延不够深入。教育移民,它不仅是一种教育现象,更是一种富有多重功能的教育政策,其涵盖的扶贫、教育资源整合、教育公平和效率,以及贫困地区教育跨越式发展的重要内涵,而这些内涵没有从已有的文献中得到系统的阐述。(4)已有的研究多从政府主导地位的角度进行阐述,而缺乏对政策受众体的人性关照,在教育移民的推进过程中,教育移民学生、学生家庭、教师主体是影响移民政策的主要参与者,研究中不可能缺少"重要见证者"的参与,他们在移民教育过程中是否满足了各自的主体利益,是否与政府存在着利益的博弈和冲突,有待深入的了解和分析。(5)缺乏多学科、多视角的深入研究。教育移民,从经济学角度来看,它是为了满足海南经济社会发展的需求,推进海南城镇化进程中的重要战略部署,是城乡一体化建设的重要实践路径;从民族教育的角度来看,它是为了满足少数民族贫困落后地区教育发展的需求,试图缩小民族地区教育水平差距,有效解决教育公平和效率矛盾的有益探索;从教育政策的角度来看,自上而下的教育政策实践模式,它也受制于一定区域

---

① 杜井冈:《海南省农村城镇化进程中教育移民政策研究》,西南大学博士学位论文,2012 年。

② 甘永涛:《教育扶贫看"思源"——对"教育移民"扶贫新模式的探索》,《民族论坛(时政版)》2013 年第 11 期。

的政治、经济和文化环境,更重要的是,政策场域中"关键人"在结构之中是如何互动,以及相互之间的利益博弈关系是如何保持相对稳定的良性状态?这些问题都有待深入的研究。由此可见,海南少数民族教育移民的相关研究还仅仅只是起步阶段。

五、理论基础

自 20 世纪 80 年代以来,学界开始把国外关于教育政策研究的理论范式引入中国,其发展轨迹从最开始基于以"经验—分析科学"为主旨研究教育政策,发展到以"历史—诠释科学"为主旨研究教育政策,也就是突出对教育政策的内涵和本体研究;最后发展为"以批判—社会科学"为主旨对现有教育政策进行反思和重新建构。

我国教育政策的研究从 20 世纪 80 年代开始,大致可以分为三个阶段,第一阶段是 20 世纪 80—90 年代,这一时期的教育政策研究更多是从政府主体的角度,基于以往教育实践的经验对教育政策方案的制定、教育政策的实现提供政策参考,研究方法上偏向于应用科学实证主义方法进行研究;第二阶段是 20 世纪 90 年代末期,这个时期的教育政策研究开始注重教育政策的理论认识,从原本的政府实用主义倾向转为更加注重教育政策的本体价值及学科体系,开始本土化的学科建设;第三阶段是 21世纪以后,基于以往教育政策的研究基础,教育政策研究开始从原有的经验主义取向转变为综合理解取向的研究,认为教育政策已不仅仅是一个单一的政策领域问题,单纯用一种理论已无法解释其现象的复杂性,开始寻求多元化的解释路径。比较有代表性的观点有:一种认为教育政策是政府对教育资源进行利益分配的过程,是各种相互冲突的教育利益的协调过程,如孟卫青认为研究教育政策应该从价值、内容和过程三个维度进行分析①。还有一种是从政治权力的角度对教育政策进行研究,如茶世俊认为权力就是价值的分配手段,公共资源的分配就是一种价值的分配,探寻价值分配的背后是谁在"控制"和"支配",而谁在被动地"行动",通过对权力主体和权力关系的分析,能动态地了解政策产生和变化的过程

---

① 　孟卫青:《教育政策分析:价值、内容与过程》,《现代教育论丛》2008 年第 5 期。

和运行的逻辑①。第三种突出从政策的主体价值伦理角度进行研究,如祁型雨认为教育政策本质上是教育政策主体利益表达与整合的过程,教育政策的价值取向要坚持合目的性和合规律性相统一,合目的性是与国家的教育发展方向相统一,合规律性是与教育发展的内在规律相统一。②也有学者认为教育政策所谓的价值中立其实是一个伪命题,教育政策的制定就带有价值的涉入,提倡价值中立也就是排斥了价值选择规范。因此,研究教育政策必然会反思现有政策的价值取向、价值的冲突和协调。以往我们利用科学工具主义和技术主义对教育政策的大量实证研究,却不能有效地回答教育政策到底代表了谁的公平,谁才是真正的受益者等有关价值伦理判断的质疑。随着教育政策研究的深入,原有科学工具主义的研究方法和单一理论的政策研究已凸显出政策解释的局限性。由此,从不同学科角度研究教育政策已经成为一种新的发展趋势,如周小虎、张蕊认为教育政策的分析范式是一个科学性、综合性和应用性的研究领域,其研究路径可以从政治学、经济学、社会心理学、现象学和马克思主义等多学科作为基础进行研究③。多元政策分析理论的代表人物罗伯特·达尔和尼尔森·波斯比认为社会是一个多元的政治系统,尽管权力资源被广泛地分配给社会的各个团体、集体和个人,但并不是所有的团体和个人在利益的分配中具有同样的权力影响力,资源的分配与各个团体所拥有的权力资源密切相关。多元政策理论揭示了社会利益的多元冲突是在一个相对平衡的结构体系中共生并存的,这既是社会多元利益共生的必然想象,也推动着社会在不断地平衡与断裂中发展④。用皮埃尔·布迪厄等的话总结说,教育政策"必须同时既是结构性的,又是生成性的"⑤。既然是结构

---

① 茶世俊:《教育政策的权力分析刍论》,《庆祝中国高等教育学会成立 20 周年大会暨 2003 年高等教育国际论坛论文集》,2003 年 10 月。

② 祁型雨:《教育政策价值取向的几个基本理论问题探讨》,《沈阳师范大学学报(社会科学版)》2006 年第 3 期。

③ 周小虎、张蕊:《教育政策分析的范式特征及其研究路径》,《教育理论与实践》2010 年第 10 期。

④ 王平:《教育政策研究:从"精英立场"到"草根情结"——兼论教育政策研究的文化敏感性问题》,《清华大学教育研究》2010 年第 4 期。

⑤ [法]皮埃尔·布迪厄、[美]华康德:《实践与反思——反思社会学导引》,李猛、李康译,中央编译出版社 2004 年版,第 198 页。

性的,结构的主体又是谁? 主体又遵循什么样的价值规范? 它们之间是怎样的相互关系? 它们运行的内在逻辑又是怎样? 它们又是如何保持政策运行的可持续性? 按照从多元政策理论的逻辑,社会是多元利益存在的结构共同体,人们通过团体行为对教育政策所涉及的价值取向、利益分配进行着一场"没有硝烟的战争",而我们的目的是从多个角度动态地重现其发展的过程,分析其内在的运行逻辑,以探寻教育政策表象背后的发展规律。

　　本书所要阐述教育移民政策场域中的不同主体的内在行为逻辑和互动关系以及他们之间的利益博弈,是以布迪厄的"场域"概念和吉登斯的结构主义为理论基础。布迪厄所指的"社会场域",是一种由各种社会地位所构成的多维度空间,而每一个实际的社会地位又是依据相互调整的多维度系统而界定下来,相互协调的多维度系统所包含的价值,是与不同的适当变项的价值相对应的;在第一个层面上,行动者的不同社会地位是依据他们所掌握的资本总量,第二个层面上,则是依据他们在整个资本总量中不同资本的相对比例①。从共时(静态)的角度看,场域表现为行动者位置和地位所构成的结构化的社会空间,从历时的角度来看,场域表现为多面向的社会关系网络,这个关系网络不是固定不变的,而是历史的和现实的、有形的和无形的、固定不变的和正在发生的、物质的和精神的各种因素的结合。在相互关系的网络中,主要靠行动者的不同社会地位,靠各自所拥有的资本力量和权力范围,靠行动者所赋有的各种精神状体和精神力量(主要指行动者的"生存心态"),靠各种象征性符号系统所表现出来的文化因素,以及行动者在实践中所接受的历史条件及其未来发展趋势的因素所组成,表现为行动者在社会结构中的"力"的紧张关系。决定一个场域的还有规则和利益,场域的结构是由参与到专门资本的分配斗争中的行动者之间或者机构之间的博弈。贯穿社会场域和行动者的动力学原则,是行动者个人和群体之间的权力关系;而这种权利关系是通过不同场域中客观存在的资本力量的相互关系和这些场域中各个群体的象征性权力关系表现出来。场域所要表达的,是一个由特定的行动者相互

---

① 高宣扬:《布迪厄的社会理论》,同济大学出版社 2004 年版,第 137 页。

关系网络所表现的各种社会力量和因素的博弈空间,场域靠社会关系网络表现出来的社会性力量所维持,也靠着这种社会性力量的不同性质而相互区别①。布迪厄所提出的"场域"关系论方法,主要从反映社会生活实际利益的日常假设的语境中提取出研究对象,并将它转化为科学知识的认识对象的方法论思想,同时把关系变量构筑进有差异地与等级化地构建的"关系系统"②,实践理论中"场域——惯习"是布迪厄关系主义思维方法的主要精髓。布迪厄的关系主义方法论的本质其实就是建构性与结构性的统一、主观性与客观性的统一、历时性与现实性的统一,最终超越主观主义和客观主义的对立。正是得益于这种理论方法的运用,使布迪厄成功地摆脱了个人自发性和社会约束性,进而避免了个人与结构、主观与客观、宏观与微观之间非此即彼的关系③。

吉登斯抛弃了以往学者单纯从主体出发或者从客体出发研究社会结构的视角,另辟蹊径选择从人类社会实践的角度看待社会结构,这继承了马克思主义的理论观点。他认为人类社会并不是一个预先给定的客观世界,而是一个由主体的行为所创造的世界,主体的行动者是具有一定知识、可以运用社会资源来实施行动的个体,具有能动的学习能力;实践是具有能知和能动的行动者在一定时空之中运用规则和资源不断改造外部世界的活动过程,个体的行动在社会生产和再生产中占据了主体地位。行动者的互动交往构成了日常生活实践,在一定的区域经过长时间交往形成的制度性的实践(即在社会结构中被反复使用的各种规则和资源所构成的模式化社会关系体系),就形成了社会制度。社会制度包括政治、经济、法律和符号等四种制度类型,它又是主体行动者的实践中介。他把社会系统看成是跨越了一定时空、立足于无数具体实践之上,并且由结构组织起来的关系网络,社会既不是自然主义的有机体,也不是一个实体性的结构,它是由无数具体的实践活动相互联系、相互交织在一起的一种虚

① 高宣扬:《布迪厄的社会理论》,同济大学出版社 2014 年版,第 141 页。

② [法]P.布尔迪厄:《国家精英——名牌大学与群体精神》,杨亚平译,商务印书馆 2004 年版,第 23 页。

③ 徐祥运、吴琼等:《论布迪厄教育社会学思想的理论渊源及理论框架》,《辽宁师范大学学报(社会科学版)》2014 年第 6 期。

拟秩序,并体现在个人的实践活动之中;社会不仅仅是个人的集合体,社会事物也不是个人逻辑性的堆砌,社会系统具有结构的特性,并制约着个体的行动。吉登斯超越了主体和客体、微观和宏观、行动与结构的对立关系,并把两者综合起来,既突出了行动者主体的能动性,又肯定了社会结构客体的制约性,为结构主义理论提供了更具生命力的解释范式,彻底重构了以往的结构主义理论①。他提出的结构化理论内涵如下:

1. 行动主体的能动作用

他认为所有人都是具有自我认知能力的行动者,具有能知和能动的特点,无意识动机、实践意识和话语意识三种意识构成并贯穿于行动者的有意识行动过程,行动者的理性化保持着对自身行为的反思性监控,并通过在各种社会例行常规的行动,维持着一种本体的安全感。行动者在行为方面,具有反思性、非决定性和社会性,行动并不是由一系列单个分离的动机组成,而是一个我们可以不断加以监控的理性化过程。行动者可以在任何时候以自我理解的方式行动,这体现了行动的能动作用②。但因为行动者不能完全认识行动的各种条件,其行动的后果也会超出行动者的预期,形成行动的意外后果,并成为后续行动的条件。

2. 结构与结构化

在传统结构主义理论中,通常把"结构"理解为社会关系或社会现象在时空里的某种"虚拟秩序的模式化",它包含了处在具体情境中的实践再生产。但在吉登斯看来,结构应是左右社会再生产的某种虚拟秩序生成框架的转换规则,是具有转换性的虚拟秩序,是社会系统作为被生产出来的社会实践,它并不是什么具体的结构,只是体现着"结构性"的特性;同时,在社会再生产过程中具有基础性的实践活动,总是具有记忆痕迹,并导引着具有认知能力的人类行动者的行为,这种在社会总体中时空延伸最大的实践活动,称之为"制度"。在社会系统的具体情境中,行动者能够实施具有因果效力的权力并形成自主和依附关系,而依附的形式就

---

① [英]安东尼·吉登斯:《社会的构成》,李康、李猛译,生活·读书·新知三联书店1998年版,第436页。

② 杜玉华:《论马克思社会结构理论对西方结构主义思想的影响》,《江海学刊》2012年第3期。

是资源,资源是权力得以实施的媒介,也是行动者在社会再生产中的例行要素。在结构化理论中,吉登斯重构了规则和资源的含义,把规则和资源作为结构的构成要素,资源和规则的不同组合形成不同的结构。其中,规则是社会实践的实施及再生产过程中形成的一般化的方法性程序,是结构中相对稳定的制约因素;资源作为变量是能动的,他们两者通过实践联系起来。资源包括人对人的权威性资源和人对物的配置型资源,对各种资源的配置是权力得以实施的基础。规则提供行动者在实践活动中运用主体意识来实现沟通与制裁的能力,体现人与人之间的意识关系,同时也是社会实践活动的重要形式。人类行为者的主体能动性在一定的时空范围内运用规则和资源持续不断地改造客观世界,它主要由规则、权威性资源和配置型资源等要素组成,内在地包含了政治、经济和意识之间的关系。可见,社会结构中最重要的特性就是制度中循环往复使用的规则和资源,它们构成了社会的结构性特性,也形成了社会系统再生产中的各种转换性中介。社会行动者在社会系统的不同部分或区域中总是具有不同的位置,他们以社会系统中较大的结构性特征为依据,并通过自己的活动再生产着结构性特征,这些差异深深影响他们的习惯性行为,并对社会总体的整合起到作用。而所谓的结构化,正是以上社会系统中起支配地位的结构维续或转换的条件,从而构成了支配社会系统再生产的条件。

　　3.结构的二重性

　　结构的二重性指的是社会系统的结构性特征对于它们循环往复组织起来的实践来说,它同时具有约束性与促动性。结构的二重性始终是社会再生产连续性的主要根基;相反,它又需要以行动者在日常社会活动中的反思性监控过程为前提。但人的认知能力始终是受到限制的,不仅受制于意识,也受制于未被认识到的条件和行动的意外后果。在分析制度化实践的过程中,行动者的日常活动总是与身体的约束性特征和促动性特征相关,他们在社会结构中的身份定位和相互联系的实践关系构成了"虚拟的结构秩序",这种虚拟秩序与各种规范性的权利、义务和制约联系在一起,并以转换性规则和资源为中介,在社会实践中贯穿着权力的辩证控制关系,即在社会系统中形成以资源的分配和利益的冲突为核心的权力斗争,并形成自主和依附性的关系。这些我们都应该透过解释行动者在共同在场情境下的交互关系以及在不同时空范围内不同行动者或集合体之间的交互关系来理解那些范围广泛的关联。

六、研究的命题假设

从结构主义来看,社会是一个由人组成的结构关系网络,它由人的行为和共同的价值规范作为中介构建起社会秩序体系,而共同的价值规范是由一系列价值(权力)模式来组成,并影响和约束着人的行为准则,当作为主体能动的人在共同价值规范(文化)的作用下,会内化成自我的人格塑造,并形成社会性的价值共识。同时,由于社会分工结构的不同,人所处的地位及角色就成为其在社会结构中的位置,在共同的价值规范体系下,人与人的行为互动构成了一个相对稳定的社会结构关系。简单地说,社会就是人与人的互动行为关系模式,人的行为受共同的价值体系制约,而共同的价值体系就是社会规范,而这些是通过人在社会中的地位—角色进行串联。

教育移民政策也是社会结构的一个缩影,政策场域中结构主体之间也存在主体行为逻辑的互动关系,结构主体基于在共同的价值规范体系下,进行着自我能动选择的意识再生产,并通过对场域内规则和资源的运用和行为的交互关系,构成一个相对稳定的动态系统。本课题的研究是基于结构主义理论的分析框架,把教育移民政策看成是一个社会结构的场域,通过对教育政策外部环境变化的分析,如国家社会的政治、经济和文化对教育政策的影响,以及教育政策特定区域的城镇化、城镇教育一体化的实施;把教育政策的研究与具体的教育移民现象联系起来,力图勾勒出教育移民政策场域中主体行为之间的社会结构关系是如何互动的。其研究的基本假设是在社会结构主义理论的延伸下,认为教育政策也是由人与人的行为互动关系模式所组成的,并受共同的价值规范体系所影响,所谓的共同价值体系是由不同的社会机构、社会规范的合法性整合而成,并制约和影响着教育政策场域的群体和个体;由于社会分工结构的不同,教育政策场域中的个体由于不同的地位—角色分工,基于不同的价值认同会产生不同目的的行为互动关系,并在共同的价值规范体系下,构成一个相对稳定的社会结构关系。从宏观上看,教育移民政策深受国家社会的政治、经济、文化和地域等多方面的影响,并通过社会规范的合法性把国家和社会的主体意志整合成价值秩序体系;从中观上看,教育移民政策针对其特定的范围和群体,它把国家对特定教育活动所附加的价值规范通过特定的行政科层组织政策脉络予以贯彻和执行;从微观上看,教育移民政策通过所限定的特定范围把所涉及的群体集中在一个特定的教育场域中,并在共同的价值规范约束下,主体行为之间发生着相互作用的关系模式,这种相互的关系构建起一个相对稳定、平衡的社会结构网络。我们所研究和探寻的是在微观的视域下,教育移民政策社会结构网络中的主体行为遵循着什么样的内在逻辑,彼此之间的内在行为逻辑有着怎样的相互关系,是如何保持着教育政策按照设定的目标和要求在怎样的特定脉络中稳定持续发展的。

基于以上的基本假设,以及教育政策过程中所涉及的结构场域中主体价值取向和利益博弈的复杂性和多样性,只有深入地挖掘结构场域中主体行为之间的内在逻辑关系才能恰如其分地认识他们各自对教育政策的作用和影响,由此对教育政策做出不偏不倚的客观解释。从这个基本假设出发,我们提出了"教育移民政策的结构主义分析框架",主要从以下几个方面进行探讨分析:

第一,我们的着眼点重点放在教育移民政策中的不同主体,因为教育移民政策的社会结构关系是通过不同地位—角色的主体的互动关系进行串联的;分析不同主体的行为逻辑,在不同主体行为之间互动关系中认识他们各自对教育移民政策的影响和作用。在教育移民政策的过程中,我们发现政府教育主管部门、基层政府及教育局、移民学校校长、教师群体、移民学生及家长、移民村委会都不同程度地参与到教育移民政策的实施当中,如果单纯从政府主体的角度来研究教育移民政策,必然会导致对教育移民政策的片面解读。因此,我们本着从教育政策所涉及的多元主体的角度理解教育移民政策的,通过他们的不同理解来认识教育移民政策对他们所产生的作用。

第二,教育移民政策的结构主义分析,为我们从宏观上观察教育移民政策的实施动机与微观层次上不同主体行为之间的互动联系提供了新的分析视角。教育移民政策体现在社会共同的价值规范体系的基础上,人们基于不同的价值取向为争取各自教育资源分配的过程,所表现出不同群体的行为模式和相互关系的变化。如在教育移民政策过程中,政府、学校、教师和移民学生及家长,他们各自的行为动机和方式是不同的,反映了其在所在制度逻辑的制约和塑造;个人行为或者是群体的行为方式反映了其所处社会环境中的社会规范,这些行为因为不同的价值取向,可能是功利的、理性的,也可能是随机的,它们受制于所处的制度环境。因此,从微观上我们可以通过解读不同群体的不同行为动机,以及他们之间的互动关系,有助于我们认识其所处的制度逻辑,并在此基础上把握和预测教育政策的运行轨迹。

第三,通过分析教育移民政策场域中的不同主体互动关系,进而探讨教育移民政策运行的内在逻辑。在教育移民政策的制定和实施过程中,其所代表的是政府和社会主体意志的价值取向,而他们的价值取向或者说是"政策的善意"是否也代表了不同地域、不同群体的价值认同;分析不同主体的价值取向,有利于解释教育移民政策领域中所存在的不同价值冲突。同时在教育移民政策领域中,不同群体和个人带着各自的利益驱动参与到政策的实施过程中,必然会产生相互之间的利益博弈,这些主体之间的互动博弈过程,是否会影响到教育移民政策的目标实现。在此基础上,我们会分析不同主体所处的制度逻辑以及相应的微观行为方式在相互作用的过程中是否会形成特有的运行轨迹;通过深入分析不同制度逻辑的运行轨迹,为我们深入解释教育移民政策如何在多重制度逻辑的互动作用下最终影响教育移民政策实施结果的。

第四,通过分析教育移民政策所衍生场域中的不同主体的互动关系、利益博弈,以及基于不同价值取向的行为方式,使我们能够深度地解析教育移民政策的运动逻辑。其所反映出的内在运动逻辑,为我们了解和揭示在我国政策环境中所经常出现的"中梗阻"现象提供了新的视角;如在教育移民政策的外部环境上,政府自上而下的"党政高层"推动效应明显,但却并不总能达到预期的效果;在执行结构中,总会出现"上有政策、下有对策"的尴尬,或者是出现始料未及的新问题,以及我们所发现的相互扯皮的"政府、社会无效率"现象;在具体的执行行动者上,不同的主体基于不同的利益、价值和资源信息的制约关系,在教育政策的具体执行上,会做出最有利于自己的"理性选择",这种"理性选择"的冲突有可能会直接导致教育移民政策的失败,也有可能导致政策目标出现偏差,背离了政策的初衷。因此,细致解析教育移民政策运行的内在逻辑,能为我们深度挖掘政策存在的问题,以及找出影响教育政策执行的关键因素,提升政策的具体效应有着重要的参考价值。

七、研究架构及主要论域

(一)研究架构图

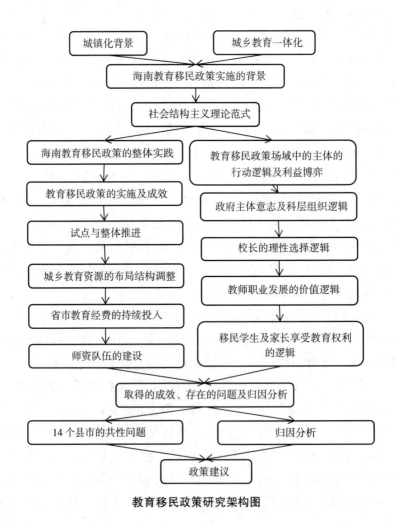

教育移民政策研究架构图

(二)研究思路

本书将在基于深度调研的基础上,围绕教育移民政策的实施过程进行细致分析,主要研究思路如下:

1. 绪论概述了本书研究的核心概念、命题假设、研究框架和文献综述

研究的基本思路围绕着海南教育移民政策是在什么背景下实施的,其政策实施的整体实践逻辑是怎样的。在教育移民政策场域中,各政策主体内在的实践逻辑和互动关系呈怎样的结构关系,并存在怎样的利益博弈和冲突。在这种网状的结构关系中,存在着怎样的结构困境和冲突,最后在总结问题的基础上提出进一步完善教育移民政策的建议。

2. 第一章教育移民政策的历史背景分析

本章详细介绍了海南基础教育在城镇化和城乡教育一体化的战略背景下,由于乡村教育人口的逐步外迁和城市教育资源的推拉吸引,导致城乡教育的差距愈发明显,特别是城乡二元结构下的农村教育问题和价值困境是影响城乡教育发展的核心问题。并集中介绍了教育移民政策推出时海南城乡教育的基本概况、经费支出情况和师资队伍情况。

3. 第二章教育移民政策的整体实践逻辑

本章从整体上对教育移民政策的实践过程进行详细介绍,梳理教育移民政策从试点经验到整体推进的全过程。并总结了自2004—2016年的教育统计数据,分析教育移民政策前后海南基础教育在布局结构调整、城乡学校数、招生数、城乡教育经费投入、城乡师资队伍等方面发生的变化。总结教育移民政策的实践路径给当地基础教育带来的改变和提升。

4. 第三章至第四章基于对教育移民少数民族市县的田野调查和个案访谈

从政策场域中不同主体角度对政府、学校、移民学生及家长、村委会等不同利益主体的内在行为逻辑及利益冲突进行分析,认为教育移民政策场域中存在着不同主体行为逻辑的冲突,包括政府主体意志及科层组织逻辑、思源学校校长的理性选择逻辑、教师的职业发展价值逻辑、移民学生及家长享受教育权利的逻辑的互动和冲突。并通过个案分析重点阐述了教育移民政策实施过程中校长的困惑、教师的生存困境、移民学生的得与失,以及乡村教育的没落。

5. 第五章教育移民政策存在的问题及归因分析

重点包括民族地区与非民族地区教育移民政策存在的共性问题,以及海南民族地区教育移民政策存在的问题进行归纳;并从政策主体之间的制约与反制约、结构场域中主体对规则与资源的互动关系和利益博弈的角度对存在的问题进行归因分析。

6. 第六章进一步完善教育移民政策的意见建议

在系统梳理教育移民政策存在问题的基础上,根据相关问题提出进一步完善教育移民政策的建议。

(三)研究的主要论域

马克思曾经提出一个科学研究的方法论原则:"一个时代的迫切问题,有着和任何在内容上有根据的因而也是合理的问题共同的命运:主要的困难不是答案,而是问题。因此,真正的批判要分析的不是答案,而是问题。"[①]教育移民涉及诸多问题,但尤为重要的问题主要是:

1. 教育利益问题

利益是社会关系的本质,利益原则是支配人类社会活动的基本原则。利益具有本源性、普遍性、永恒性和不断增长的刚性,个人、群体和不同层次的组织结构在思想、动机和行为上都可以从自身利益的追求中找到合理的解释和深层的底蕴。利益的分化在一定程度上还构成社会发展的动力机制,但是,利益的分化是有限度的,利益矛盾并不等于冲突,但却是冲突的起点,利益的分配决定了利益格局,一定程度上的利益结构关系被打破,一种新的或者重组的利益结构关系就会形成,如果利益的差别化不断扩大,就有可能导致利益格局的重新重构。我国的社会结构转型,利益分化是其重要的表现特征,随着社会利益主体自主权不断扩大,不同社会阶层的利益意识将不断地唤醒和强化,利益的重组和分化将显得尤为突出。在我国改革开放的过程中,以社会职业为基础的社会阶层分化逐步显现。决定一个人社会地位的因素与其所拥有的社会资源有着重要的相互关系。在现代社会,随着教育的普及和就业的市场化,每个人都可以接受一定程度的教育来改变自己的社会地位。但由于国家教育投入的不足,以

---

① 《马克思恩格斯全集》(第1卷),人民出版社1995年版,第203页。

及地区发展的不平衡,教育资源也存在利益分配的不均衡、教育质量的差异化,接受不同程度的教育水平将决定其未来向上发展的空间;教育越来越成为人力资本的收益投资,它的目的不仅在于获取本领,还决定将来的收入水平。在我国的社会阶层结构中,各阶层成员的平均受教育年限从一个侧面反映出各阶段社会地位的高低,如文化程度最高的是专业技术人员、国家与社会管理和经理阶层,其次是私营业主和办事人员,较低的是商业、产业工人和个体工商户,最低的是农业劳动者。这一定程度上反映了经济地位与社会地位,或者是经济资源分配与文化资源的分配趋于一致。尽管目前我国面临着教育性失业,但总体而言,教育仍然是社会各阶层流动的有效机制,教育利益的分配仍然是我国利益主体普遍追求的共同利益。

教育移民政策其根本的核心是教育利益的重新调整,海南省在本身教育财政经费紧缺的情况下,尽力发展经济条件稍好的东部和沿海地区;随着近几年经济社会的发展,以及城市化建设,东西部或者城乡教育的差距逐渐凸显,成为制约整个地区经济发展的重要瓶颈,农村教育的落后也成为制约地区人口向上流动的重要因素。因此,随着改革开放的继续深入,以及以城市化为中心的发展模式,导致大量农村劳动力人口开始外向型流出,农村成为老幼病残最后坚守的栖息地,农村教育出现越来越多的"空巢"或者"麻雀"学校;原有教育资源格局或者教育利益分化出现新的变化;同时,随着城乡教育的差距拉大,导致身处农村地区的人口对教育投入越来越失去了信心,因为教育发展的不平衡,导致其通过教育改变其社会地位的希望越来越渺茫,很多农村出现了"教育无用论"的论调;这种趋势势必导致城乡社会阶层的差距不断拉大,农村人口由于上升渠道的瓶颈陷入一种恶性的贫困循环。教育移民政策就是在这种背景下出台的政策措施,从总体上,把本身有限的教育资源进行整合,满足城乡人口的教育需求,让农村人口享受城镇学生同等的教育条件,尽可能满足城乡在教育起点上的不公平。但是教育利益的分配并不是简单的零和游戏,也不是简单地把贫困地区的人们通过外向型移民到城镇接受教育就能解决起点的公平;更不是各区域一刀切把乡村教育撤并到城镇,实施教育资源的有效整合。区域教育利益的协调不是简单的区域倾斜,而应该是整体教育结构的倾斜,是对地区教育发展的宏观部署和顶层规划。同时,不同阶层利益群体对教育资源的需求并不是一致的,对教育的需求并不仅仅局限于向上层流动的阶梯,其关键在于教化育人,提高人们的文化素养和知识技能;政府希望通过教育扶贫改变人们生活状态的善意是否真正符合地区人们对教育的需求,还需要在实践中得到印证。本研究的理论假设基于教育场域中不同利益群体对教育的需求作为基点,围绕不同群体对教育利益的需求进行深度的解析。

2. 利益主体问题

利益主体是围绕利益资源的竞争而产生的,在现有的社会条件下,社会各阶层所拥有的社会文化和经济资源不可能是绝对的均等;在不同区域,由于不同的原因,总有一些在政治、经济和文化领域,拥有较多资源的精英阶层,也有一些相对处于劣势地位群体;当利益需求走向一致时,就会产生一定群体的利益结盟,当利益差别分歧较大时,就会走向对抗和冲突。在现代化层次较高的国家,会针对资源利益竞争设置合理的分配机制,让不同利益主体可以在一定程度上进行相互协商和谈判,建立妥协与合作的沟通机制;又有限制地保障利益主体在可控的范围内防止激烈的利益冲突和对抗,建立一个相对制衡的利益机制。在市场经济条件下,由于生产要素的市场化分配,总会导致不同社会阶层经济收入的差距,也存在着一些依靠权力市场化或者部门垄断产生的利益阶层。这种不同的收入水平会导致不同的家庭的消费水平,也决定了不同阶层的教育支付能力。

教育作为公共资源应该让不同阶层的人享受同等的教育资源;但由于地区教育水平的差距,以及经济社会发展条件的限制,教育资源分配也存在着不同程度的不均等;特别在少数民族贫困地区,教育财政经费的限制导致教育资源发展相对滞后,也就必然会导致不同阶层群众享受不均等的教育条件。在现有的社会条件下,由于经济发展水平的不同,社会分工和职业专业化程度的不同导致的区域之间、各社会阶层之间出现不同程度的经济分层,具体表现在东西部的发展不平衡,城乡发展上的差距,而社会分层中的各个群体或者个人就构成了社会利益主体,其利益需求都通过直接或者间接方式在一定的利益场域中进行博弈。

在教育领域中,教育资源的分配不仅受地区政治、经济和文化条件的限制,同时也与不同利益群体的博弈分不开;不同利益主体试图通过自身的"非生产性努力"来实现自身利益的最大化,在教育移民政策过程中,相关利益主体围绕自身对教育资源的需求进行利益表达与整合,作为主导资源分配的政府主管部门,将根据自身利益的考量来进行利益的分配,并兼顾利益相关者对教育的需求。学校是教育移民政策的重要参与者,学校及老师对教育移民政策的执行必定结合自身的利益表达进行整合;学生和学生家庭是教育移民政策的直接受益者,但其对教育利益的表达和诉求是否融入教育移民政策中去,教育移民政策突出教育资源效率,兼顾公平是否满足移民群体对教育的利益需求。学生、家长、学校和政府在教育移民政策过程中是否有存在着利益的博弈过程,有没有相互的冲突和对抗,将直接影响教育移民政策的可持续发展。

八、研究方法

本书主要的研究方法采用民族学的田野调研,从2013年9月到2015年10月,课题组分批次深入到海南省教育移民政策实施的10余个少数民族市县调研走访收集第一手材料,并对30多名相关教育主体进行跟踪访谈,深入挖掘隐藏在教育移民现象背后的人与人的互动关系,了解教育移民政策背后的逻辑主线,以及存在的主要问题。具体研究方法有:

(一)政策文本分析

所谓的政策文本分析,是指对近几年海南教育移民政策的相关政策实施方案和文件进行梳理,了解教育政策的价值取向、实施目的、方案和措施。同时对相关的文献进行仔细研读,了解政策文本中主体话语,对政策文本的分析有利于了解政策主体对教育移民政策的主要意图。为进一步了解政策实施过程中所要达到的理想目标与现实的差距的原因,为进一步完善教育移民政策提供参考。

(二)质性研究方法

质性研究方法主要是通过相关区域的调研走访和田野蹲点,通过体察式的田野生活,了解教育移民政策对不同利益主体的生活产生了什么影响、其对教育需求的满意度、教育移民政策对他家庭教育成本的负担程度;对孩子教育成长的意见和建议等等,试图通过田野调查的方式,发现教育移民过程中隐含的问题,以及迫切需要解决的困难。同时通过对教育移民政策实施地区的不同主体进行集中座谈和个别访谈,包括省教育厅基础教育处、地方教育官员、学校校长、教师、移民学生、移民村学生家长等,记录不同主体对教育移民政策的看法,重点了解对教育移民政策的价值认同、实施方式的认可度、存在的主要问题,以及有什么进一步的建议等方面。同时通过对相关教育主体的连续跟踪访谈,了解政策主体对教育移民政策的方法和建议,厘清不同行为主体背后的行为逻辑及相互关系。分析教育移民政策场域中不同主体之间的利益博弈关系及矛盾关系。为进一步完善教育移民政策提供参考。

九、主要的创新点

(一)研究视角的创新

从已有教育移民的研究文献来看,研究的视角基本是围绕着教育移民的宏观对策措施来着手,对教育移民实施过程中的微观体察明显不够,研究的角度也较为单一。本研究的主要视角从教育移民的政策内涵来着手,从教育扶贫、教育资源均衡、教育政策的利益博弈等角度进行深度解析,具体针对教育政策场域中人与人的互动结构关系、利益博弈进行细描,通过麻雀解剖的方式,从外而内,再从内而外对教育移民政策的实施过程进行全景的分析,试图挖掘其背后存在的社会逻辑结构关系,从不同主体的角度去梳理教育移民政策实施对当地民族教育产生的实际变化;从微观上厘清不同利益主体在教育政策场域中存在的价值冲突和利益博弈。研究不囿于教育移民事件本身,而把它放在中国特色社会主义民族教育发展的大背景下,借用社会结构理论的深度解析,把教育移民过程中隐含的社会权力结构关系呈现出来,让教育移民在实施过程中存在的问题全景地呈现出来;这对教育移民政策的实施和推广具有重要的实践启示意义。

(二)观点的创新

对教育移民政策的研究是针对少数民族贫困地区教育跨越式发展的重要实践,不仅能丰富现有的民族教育理论,同时对教育场域中人与人、人与社会结构关系细致梳理,它不仅能充实现在的社会结构理论,也是对教育政策实践中可能面对的问题深刻反思。以往我们通过实证调查分析研究教育政策,注重从静态的数据和文件材料中去梳理社会现象;而忽略了社会现象中动态的人的互动关系,教育移民过程中不同利益主体之间的互动关系,保持一种动态的相对均衡的社会稳定结构网络,而以利益为基点的结构网络由于社会权力的介入和干预,会出现利益的冲突和博弈,导致社会结构网络的失衡和重构,从这个角度研究教育政策,不仅能丰富现有的教育政策理论,也能为我们批判性的反思自上而下教育政策模式存在的弊端,为我们进一步完善教育政策措施提供一个更契合不同利益主体的考量。

第一章

教育移民政策的历史背景分析

　　海南教育移民政策的实施是在一定的社会背景下经过长时间的酝酿和实践形成的。从教育政策的方法论阐述来看,目前对教育政策研究的大多倾向从国家意志的逻辑去解释政策行为的动因和目的,在研究方法上主要由两种倾向,一是以逻辑实证主义为基础对政策的运行效果进行简单的因果解释;二是以结构阐释理论为基础对教育政策的意图进行深度解释,在意图解释模型中,又以现象学派、理性选择制度主义和结构功能主义等视域的分析为主。在社会学领域,不管是制度变迁还是政策领域所衍生的社会场域,常常涉及多重制度逻辑和相关利益群体的互动过程;不管是对哪种制度或者政策的研究,都或多或少地与其他机制产生相互作用,也正因为社会现象的动态发展和多重机制相互作用过程的复杂性,导致我们利用社会学诸多理论来解释社会现象时总不能得到令人满意的解释;因为不管从哪个侧面或者主体的角度去看待一个复杂的社会现象是总不能做到一窥全貌;一是社会发展的过程是一个动态的过程,不管从哪个时间或者空间的节点进入研究场域,都可能会得到不同的见解和看法;二是研究者本身的社会阅历、知识基础,以及不同的研究角度会导致对社会现象不同的看法和见解。由于社会政策现象的复杂性,以及社会理论解释的局限性,我们不得不在摸索中不断地总结经验,通过不同的理论工具和观点来解释社会现象,以求对社会现象或者相关的研究起到有益的指导作用。

　　从本课题的研究主旨来看,教育移民政策属于教育政策的研究视域,而如何理解教育政策一直是一个困惑的问题,当把教育政策理解为一个国家加诸在对特定教育活动的一种权威性的价值取向时,教育政策的研究目的就在于解释有关教育价值是如何形成的,并检验它所制度化的教育价值的认知基础,以及对可能造成的教育取向的偏向进行检视。当把教育政策理解为国家以及社会各界对特定教育活动所赋予的价值取向时,教育政策研究的旨趣就在于理解社会各界对国家教育意志的理解,以及这些意志是在何种特定的政策脉络中得以彰显和执行下去的[①]。以上两种的理解更多是从国家和社会主体对教育所负载的价值取向上进行理解,根据教育价值的取向(意图)以看待政府所采取的不同类型的教育政策行为,并分析其在何种特定的政策脉络中是如何得以有效的贯彻执行。还有一种理解,认为教育政策是国家或者政府制定的,对个体或者组织(如教师、学生、学校)进行的控制行为,它有一系列相互协调的行动以及带有明显国家和政府主体意志的价值取向,对教育活动进行的一种文化的再生产;这时教育政策的研究目的就在于对国家在教育领域内所采取的一系列行动、计划和文化的再生产加以解释,我们也通常称之为意图解释或者是目的论的意图解释范式[②]。

　　针对以上教育政策领域中社会理论的概括,我们不难发现以往教育政策的研究都有可能把教育政策与社会背景孤立开来,教育政策所附加的教育活动离不开一定区域的政治、经济和文化背景,单纯从国家或者社会价值意志去阐释教育政策的价值意图,有可能会忽略了教育政策所衍生的受众体价值诉求,同时教育政策针对不同个体或者组织所实施的一系列行为、计划以及文化的"再生产",客观地把这些个体和组织联系成一个有机的社会结构体系,由此所产生的相互作用将影响教育政策的有效执行。因此,本书试图从教育政策的结构互动出发,以教育作为准公共产品属性作为认知的基础,分析其政策形成的背景和成因,从教育政策所衍生的社会网络结构中去分析不同主体之间的互动关系,以及它们之间的价值冲突和利益博弈是如何影响国家或政府教育意志在教育活动中的

---

① 曾荣光:《教育政策行动:解释与分析框架》,《北京大学教育评论》2014 年第 1 期。
② 林小英:《理解教育政策:现象、问题和价值》,《北京大学教育评论》2007 年第 4 期。

彰显,也能深度地去体验教育政策中所出现社会无效率现象,以及在教育活动中所出现的我们经常发现,但一直隐晦不提的对国家教育意志社会合法性的挑战。

虽然海南教育移民政策涉及海南省的 14 个市县,但大规模、成系统地推进集中在各市县的少数民族贫困地区,非民族地区的政策着力点集中于中小学校的布局结构调整和教育资源效率的整合;民族地区还涵盖了移民村的整体搬迁安置、学校布局结构调整、生态移民补偿和职业教育衔接等内涵,其政策涉及主体和覆盖范围的广度深度都较非民族地区深远。本研究所采用的经验材料来自笔者自 2013 年 9 月至 2015 年 12 月集中对海南教育移民政策实施的昌江黎族自治县、保亭黎族苗族自治县、白沙黎族自治县、琼中黎族自治县、陵水黎族自治县(市)、东方市、五指山等少数民族集中贫困地区的田野观察和访谈,调研走访了教育移民政策实施的大部分少数民族自治县。跟踪走访了各地教育主管部门、思源学校校长、教师,以及移民学生、学生家长和移民村委会等主要受众群体。在调研过程中,我们宏观上了解各地教育移民政策的主要做法,特别是教育移民政策的实施过程所彰显的价值理念;微观上我们主要着眼于教育移民的不同主体的实际体验,通过对受众体的个案观察对教育移民政策的内在过程进行深入把握,试图勾勒出教育移民不同主体之间的互动关系以及他们是如何影响到教育移民政策的执行,通过分析他们不同的价值取向以及利益博弈过程来分析教育移民政策所存在的问题。我们的目的不仅仅是针对教育移民政策所分析的具体教育现象,也不是为了推广和宣传教育移民政策在全国的可复制性经验,而是想通过教育移民政策的结构主义分析,为教育政策的研究提供一个新的研究视角,也为以后教育政策的制定和实施提供区别于以往而更关注受众体的参考和建议。

第一节　城镇化与城乡教育一体化背景

一、城镇化背景

据统计,1978 年,我国的城镇化率为 17.92%,农村人口占全国人口的 82%;1990 年,我国的城镇化率为 26.41%,农村人口为 8.41 亿;2000 年,我国的城镇化率提高到 36.22%,农村人口为 8.07 亿[①],到 2012 年,我国的城镇化率提高到 52.6%;预计到 2020 年,我国城镇化率将达到 60%,农村人口将不低于 6 亿人[②]。可见,城镇化已成为当代中国不可逆转的发展趋势。自从我国改革开放后,随着市场经济体制改革的不断推进,城镇化已成为我国经济社会发展的重要战略,它着重强调城乡统筹发展,试图满足城乡居民不断增长的物质和文化需求,打破城乡二元经济结构束缚,缩小城乡之间的现实差距,实现城乡之间的双向互动、动态平衡,在政策保障、体制机制、内涵建设上实现城乡一体化,实现各层次资源在城乡之间均衡、有序、协调发展。

从我国城乡发展的历史来看,自 1952 年,政务院颁布《政务院关于劳动就业问题的决定》、1953 年政务院颁布《政务院关于实行粮食的计划收购和计划供应的命令》、1957 年国务院颁布《国务院关于各单位从农村中招用临时工的暂行规定》以及 1958 年全国人大通过的《中华人民共和国户口登记条例》,以法律法规形式把城乡之间的人口就业、口粮、户籍登记等方面进行了限制,彻底切断了城乡之间的正常流通,构建起一直影响深远的城乡二元经济结构。改革开放后,中国行政版图上几乎每天都有约 70 个村落消失,农村人口不断地涌向城市;但原有城乡二元制度壁垒并没有被打破,反而越发突显城市的优先发展,导致城乡之间的发展差距不断拉大。从费孝通最早提出小城镇大战略的思路以来,学界对城镇化道路的发展给予了颇多的关注,直到 20 世纪 80 年代,学界黄文新和陈城率先提出城乡一体化理论研究和实践探索,到 90 年代中期,关于城乡一体化的研究开始活跃起来。与此同时,到 2003 年,胡锦涛在农村工作会议上正式提出城乡一体化的发展战略,指出:"要统筹城乡经济社会发展、加大城乡互动,发挥以城带乡的作用,加大城市反哺农村的力度,最终实现城乡一体化。"2007 年党的十七大报告提出要建立"以工促农、以城带乡"的长效发展机制,加速推进我国城乡经济社会发展一体化的发展

---

① 韩清林、秦俊巧:《中国城乡教育一体化现代化研究》,《教育研究》2012 年第 8 期。

② 蒋永甫、谭雪丽:《城镇化发展的中国道路——近年来国内城镇化研究述评》,《广西大学学报(哲学社会科学版)》2013 年第 6 期。

格局。2008 年党的十七届三中全会通过《中共中央关于推进农村改革发展若干重大问题的决定》,首次提出要建立城乡经济社会发展的一体化制度,试图从源头上破解我国城乡发展的二元结构体制;2009 年和 2010 年的中央一号文件都把进一步推进城乡经济社会发展一体化和努力实现城乡经济社会一体化新格局作为加大统筹城乡发展力度、促进农业农村稳定持续发展的重要要求;2011 年 3 月,在《中华人民共和国国民经济和社会发展第十二个五年规划纲要》第二篇"强农惠农　加快社会主义新农村建设"中,继续强调建立健全城乡发展一体化制度[1]。自此,我国城乡一体化建设开始在理论研究和实践探索上都有所突破。

但是,什么是"城镇化"? 学界对此的认识却尚未统一,有学者认为城镇化是人类生产和生活方式由乡村向城市转化的历史过程,表现为乡村人口向城市人口转化及城市不断发展完善的过程[2]。辜胜阻认为城镇化是在经济发展过程中,人口不断由农村向城镇地区集中的过程,是中国社会、经济现代化进程中的必然的结构转换[3]。学者项继权认为城镇化应涵盖三个层面的含义,一是城镇化是农村人口向城市居民生活方式的转化过程,反映为城市人口的增加,农村城镇化环境的建设;二是城镇化是一个动态变化的过程,包括经济、人口、政治、文化、科技和社会的变迁;三是城镇化引发城乡土地利用模式的改变,社会生态的改变和城市生活本质的改变[4]。学者孔凡文、许世卫认为城镇化还应包括城镇数量和规模的扩大,城镇经济总量的增长、产业结构的挑战、基础设施的完善、科技文化的发展、生活方式的改变、环境质量的提高、社会保障的建立、城镇管理的加强等[5]。总的来说,城镇化指农村人口向城镇的转移,实现市民化的身份转变,并享受与城镇人口同等的社会公共服务和保障。

城镇化的发展内涵主要涵盖四个方面的关系:一是人与城的关系,突出人的核心地位,把人与城市更好的生存与发展作为城镇化建设的首要

---

① 张乐天:《城乡教育一体化:目标分解与路径选择》,《复旦教育论坛》2011 年第 6 期。
② 李少元:《城镇化对农村教育发展的挑战》,《中国教育学刊》2003 年第 1 期。
③ 辜胜阻:《中国二元城镇化战略构想》,《中国软科学》1995 年第 6 期。
④ 巴曙松、杨现领:《城镇化:一个充满矛盾冲突的历程》,《社会科学报》2013 年 10 月 10 日。
⑤ 孔凡文、许世卫:《论城镇化速度与质量协调发展》,《城市问题》2005 年第 5 期。

目标。二是城与乡的关系,指注重城镇的内涵发展,突出城乡区域的协调互动,实现以城带乡、以城富农,让农民在城镇化的过程中富裕,让农村在城镇化的过程中繁荣。三是人与资源环境的关系,注重人与自然的和谐共生,不能以牺牲资源换取经济效益。四是产业与城镇的关系,注重产业与城镇的相互支撑作用,把产业持续发展作为城镇化的基本目标,抑制城市空间的盲目扩张,实现以产业带动农民就业,实现农民在城镇生产与生活①。究其根本,城镇化的发展要义应该落脚到人的城镇化,即实现人的生存环境和社会就业方式的转变,以及社会福利的增加,生活水平和质量的提升,从我国城镇化建设的推进来看,其典型推进模式采取的是政府主导、大范围规划、整体推动的方式,在推动城镇化建设的过程中,要落实好人的城镇化,其关键是要如何推动城乡教育的一体化。

城乡教育一体化概念的提出,最早是在 20 世纪 90 年代中期,由王克勤先生基于当时城乡教育发展现状和城乡一体化理论,率先提出教育一体化的重要议题,它是城乡一体化建设的重要组成部分;到 2008 年,国务院明确提出城乡一体化战略后,直接催生了城乡教育一体化的研究。2010 年,国务院颁布实施《国家中长期教育改革和发展规划纲要(2010—2020 年)》,明确提出了"建立城乡一体化的义务教育发展机制,在财政拨款、学校建设、教师配置等方面向农村倾向"的教育发展目标。2011 年 5 月,在教育部的支持下,中国教育学会、中国扶贫开发协会等在河北举办"首届中国农村教育论坛",以"城乡一体化背景下的中国农村教育改革与发展"为主题,结合成都等地进行的城乡教育一体化实践经验,学界进行了热烈讨论,为我国城乡教育一体化的发展提供了可供参考的经验借鉴。

二、城乡教育一体化

所谓的城乡教育一体化,是城镇化战略的重要组成部分,也是城镇化可持续化发展和质量提升的重要内容。自 20 世纪 90 年代,王克勤先生

---

① 唐兴和:《从贫困到跨越的战略抉择——甘肃新型城镇化道路研究》,《兰州大学学报(社会科学版)》2014 年第 4 期。

认为城乡教育一体化是指在教育发展的过程中,把城乡教育置于城市和农村所构成的一个大系统中,打破城乡二元经济和社会结构束缚,把它们视为同一个整体,以系统思维方式,共同推动城乡教育协调发展,最终实现教育的现代化①。经过几十年的发展,学界对城乡教育一体化的概念尚未统一;有人认为城乡教育一体化就是要协调城乡一体化进程,把城市教育与乡村教育作为一个整体,突破城乡二元分割的制度束缚,统筹规划城乡教育发展、统筹设计城乡教育政策、统筹配置城乡教育资源,改变优质教育资源单一向城市流动的格局,实施向乡村教育的倾斜政策,逐步缩小城乡教育差距,实现城乡教育高质量、有效率地均衡与可持续发展②。学者褚宏启认为城乡教育一体化就是统筹城乡教育发展,整合城乡教育资源,打破城乡二元经济结构和社会结构的束缚,构建动态均衡、双向互通、良性互动的教育体系和机制,通过城乡教育资源的优势互补、相互促进,缩小城乡之间的教育差距,有效消除城乡之间的教育差距,实现城乡教育均衡协调发展③。学者凡勇昆、邬志辉认为城乡教育一体化就是在新型城乡关系和注重教育公平和质量的背景下,各级政府及教育部门在城乡教育发展问题上,积极构建起城乡教育一体化发展的机制和制度,构建城乡文化沟通和交流渠道,破解城乡之间的心理壁垒,实施向农村倾斜的教育政策,分步骤分阶段破解城乡二元经济结构,积极促进城乡教育均衡发展和质量提升,最终实现城乡共享物质和精神文明成果,这既是一个动态发展的过程,也是一个延展性的目标体系④。从已有的城乡教育一体化的概念定义来看,基本涵盖了以下几个方面,一是城乡教育一体化是一个多元主体参与的过程,既包括了政府主导,又包括各级政府主管部门、教育行政机构、各级各类学校、教师和农村学生及家长;二是城乡一体化应该是一个动态的实现过程,应该分步骤分阶段地实施,不可能一蹴而就;三是

---

① 刘海峰:《我国城乡教育一体化改革的若干理论问题》,《教育理论与实践》2011 年第 32 期。

② 邬志辉:《当前我国城乡义务教育一体化发展的核心问题探讨》,《中国教育学会首届中国农村教育论坛论文集》,2011 年 8 月。

③ 褚宏启:《城乡教育一体化:体系重构与制度创新——中国教育二元结构及其破解》,《教育研究》2009 年第 11 期。

④ 凡勇昆、邬志辉:《试论城乡教育一体化的理论内涵及其政策意义》,《城乡教育一体化与教育制度创新国际学术研讨会——2011 年农村教育国际学术研讨会论文集》,2011 年 9 月。

城乡教育一体化的内容涵盖是多向度的,既包括教育制度的构建、教育质量的提升、教育公平的实现,还包括城乡文化心理的沟通和交流;四是城乡教育一体化应把城乡教育视为一个整体,实施向农村教育倾斜的教育政策,让城市和乡村的教育资源实现有效的互融互通;五是建立城乡一体的教育结构是城乡教育一体化的最终目标,不能简单地从缩小城乡差距、实现教育均衡发展方面考虑,也不能局限于地域或时代范畴,而是要通过城乡的相互作用形成城乡融合、协调发展的社会结构。

城乡教育一体化是城镇化战略在教育领域的目标和要求,自 2007 年党的十七大报告提出"建立以工促农、以城带乡长效机制,形成城乡经济社会发展一体化新格局"中,首次使用了"城乡经济社会发展一体化"概念以来,到 2010 年《国家中长期教育改革和发展规划纲要(2010—2020年)》中明确提出"建立覆盖城乡的基本公共教育服务体系,加快缩小城乡差距,建立城乡一体化义务教育发展机制"。国家在政策领域已经清晰地提出了"城乡教育一体化"概念,为我国的城乡教育发展指明了基本的方向。同时,在我国的部分地区,城乡教育的试点工作也开始有序推进,如成都市于 2003 年开始统筹城乡教育改革,从优化城乡布局结构调整、扩大优质教育资源、推进学校标准化建设,促进城乡教育现代化等方面开始推进,2009 年,成都市被教育部批准为统筹城乡教育综合改革试验区。2008 年,重庆市也开始统筹城乡教育综合改革,提出建立城乡建设标准化、城乡教育管理规范化、城乡公共教育服务均等化等目标;从经费投入、骨干教师流动、职称评定和福利待遇等方面向农村教育倾斜。以上地区的教育改革实践是为了改变我国教育领域的城乡二元体制,缩小城乡教育差距,选择了一条适合本地区实际的渐进式城乡教育发展策略。

我国城乡教育发展不均衡的现实背景是城乡教育一体化路径实施的初衷,城乡教育发展的不均衡,原因是多方面的,既有历史的原因,也受地域、经济能力的限制。有学者认为城乡二元体制是我国教育不公的制度性因素,突出表现在教育资源和教育机会配置上的严重城市倾向;如城乡分治的教育管理体制、城乡失衡的教育投入体制、城乡显失公平的人事制度等,还有教育外部的制度因素,如城乡分割的户籍制度、就业制度、社会保障制度等。城乡教育在制度上的区别对待,形成一种变相的双轨制,制约着农村教育的发展。[①] 还有学者认为城乡发展不均衡不只是表现在城市与乡村在空间维度上的教育差异,还表现在城市空间内对市民子女和外来务工子女在教育上的区别对待,他们把城市教育、农民工子女教育、乡村教育这种现象作为"双重二元结构"或者"三元社会结构",把农民工界定在农民与市民之间独立存在的社会群体;主要表现在城市的农民工子女教育问题和农村大量的留守儿童教育问题,严重地影响到我国社会的稳定与和谐[②]。因此,城乡教育的一体化不仅仅是空间上的布局,而应该是把城乡作为一个整体来规划布局,更重要的是对教育制度性因素的重新梳理,破除影响城乡教育协调发展的制度藩篱。从城乡教育一体化的内涵来看,学者郭彩琴从马克思、恩格斯的"城乡融合"理论出发,认为城乡教育一体化应包括城乡学校空间布局的一体化、办学条件的一体化、公共经费使用的一体化、师资配备的一体化以及城乡教育管理的一体化等不同子系统组成[③]。邵泽斌认为城乡教育一体化应包含教育目标的城乡共生、教育资源的双向互动和教育对象的城乡交融三方面的政策意蕴[④]。林存银、褚宏启在理解城乡教育一体化内涵上提出四点内容,值得参考:一是城乡教育一体化不是以城市教育取代农村教育,也不是城市教育的同质化,而是城乡教育的资源共享、共同发展;二是城乡教育一体化也不是为了发展农村教育而削弱城市教育,而是通过优化资源配置,打通城乡教育交流,促进教育公平;三是城乡教育一体化不是精英教育取向,而是大众教育取向,其目的是培养人格健全的社会公民;四是城乡教育一体化不仅包括城市和乡村教育的一体化,还应包括城市和流动人口教育的一体化[⑤]。

---

① 王本陆:《消除双轨制:我国农村教育改革的伦理诉求》,《北京师范大学学报(社会科学版)》2004 年第 5 期。

② 李强:《农民工与中国社会分层》,社会科学文献出版社 2004 年版,第 384—391 页。

③ 郭彩琴:《马克思主义城乡融合思想与我国城乡教育一体化发展》,《马克思主义研究》2010 年第 3 期。

④ 邵泽斌:《理念变革与制度创新:从城乡教育均衡到城乡教育一体化》,《复旦教育论坛》2010 年第 5 期。

⑤ 林存银、褚宏启:《城乡教育一体化及其制度保障》,《教育科学研究》2011 年第 5 期。

总的而言,城乡教育一体化的提出应该是在我国城乡教育差距的现实背景下提出的,随着我国市场经济改革的不断推进,在崇尚发展主义的指导思想下,越发突出城市的优先地位,使得原本处于优势地位的城市教育吸引了更多的教育资源,而原本渐渐式微的农村教育却显得更加的举步维艰;同时,在现有城乡二元经济结构下,政府的公共政策过于偏向于城市,导致农村教育在师资、教育资源配置等方面处于一个极度弱势的地位。有人把现有农村人口集中涌向城市的现象,总结为"推——拉"理论,认为城市的吸引力在不断地增加,而与此同时,农村的发展瓶颈导致农村人口不断地涌向城市,在"推——拉"之间,城乡之间的差距更加明显。为了更好地梳理城乡教育一体化的发展逻辑,我将从农村教育开始谈起。

三、城乡教育一体化进程中农村教育的价值困境

改革开放 40 年来,我国的经济社会发展取得了瞩目的成绩,到 2010年,我国人均 GDP 超过 4000 美金,正式迈入中等收入国家水平;中国的社会结构和经济结构也发生了深刻的变化。从我国城乡经济发展的脉络来看,大致经历了乡育城市——城乡分离——城乡对立——城乡融合——城乡一体几个阶段[1]。在这个过程中,由于城乡二元经济结构的影响,依靠农业反哺工业化、城市化,我国城市化进程不断加快,从 20 世纪 50 年代到 1978 年,国家通过工农业产品的剪刀差,征收农业税和实行粮食的统购统销,从 1950 年到 1977 年中国工业的平均增长率为 13.5%,由此保证了国家对工业的高投入及国民经济的快速发展[2]。改革开放后,城市化的进程更加快,并催生出城镇化战略,以小城镇为实现载体,目的是实现城镇的非农化,缩小城乡差距,想通过"以工促农、以城带乡",促进城乡的一体化建设。从城镇化发展的过程来看,表现出明显的发展主义价值倾向,所谓的发展主义价值倾向,兴起于二战后拉美地区的发展中国家,它突出强调以经济增长为中心,认为经济增长是社会发展和政治

---

① 周加来:《城市化·城镇化·农村城市化·城乡一体化——城市化概念辩析》,《中国农村经济》2001 年第 5 期。

② 李斌:《中国的二元社会结构和城乡一体化问题》,《经济研究参考》2009 年第 35 期。

发展的先决条件,发展是第一要义,经济发展了其社会矛盾也将迎刃而解。发展主义的价值理念是突出强调市场经济的工具性,把促进物质财富和经济指标放在第一位;在改革开放的几十年里,我们把发展经济作为我们的第一目标,由于忽视了人和社会同步发展,也导致了资源消耗和环境污染,以及城乡的不协调发展。在总结我国经济社会发展经验的同时,我们开始反思发展主义的弊端,转为经济和社会的可持续发展,开始统筹城乡一体化,试图统筹资源、生态、社会和文化的协调同步发展。

在城乡一体化发展的进程中,教育的城乡一体化也在摸索中前进,从城乡教育发展的轨迹来看,新中国成立之初,我国的教育具有很强的革命意识和平民意识,在围绕工业化进程的过程中,平民教育、大众化的教育形式慢慢转向为向城市集中,教育资源倾向于高等教育,中小学教育倾向于以学科为中心和升学为导向的严格选拔淘汰制,体现出一种以追求升学为导向的价值取向;"文革"期间教育体系转向为实用型的农村教育需求取向;高考制度恢复后,强调在"分数面前人人平等"的公平取向;改革开放后,国家突出以城市为中心的发展取向,提出集中资源发展科学技术,努力实现现代化的发展目标,教育资源开始集中在高等教育层次,重点发展城市地区,体现的是一种"效率优先、兼顾公平"的价值取向;从1990年以来,我国教育规模急剧扩张,教育市场化开始推行,打造优质教育资源、发展城市教育成为重点。特别是1993年颁发的《中国教育改革与发展纲要》明确把农村教育定位为服务于农村的区域性教育。从而在观念层面和实践层面上,把农村教育与城市教育区别开来。在制度设计上也带有明显的城市化倾向,体现为"城乡两策,重城抑乡";由于城乡二元结构的对立,以及户籍制度的限制,农村教育越发显得边缘化;在城市化快速发展的过程中,大量优秀的教师和学生被吸引进城市,城乡教育差距也被越拉越大。到21世纪30年代,关于农村教育的价值争论开始甚嚣尘上。具体表现为农村教育的城市中心主义取向与农村中心主义取向,也称为农村教育取向应该选择"离农"还是"为农"的争论。

(一)以城市为中心价值取向的"离农"教育

所谓的城市中心主义取向,是指农村教育的目的应该是为国家现代化和城市化服务,农村教育应该以升学为导向,尽可能地培养更多的农村学子送到城市去工作。以城市为中心的发展主义认为,农村教育的发展不在乡村而在城镇,应该通过城镇化的推动,实现农村的"非农村"化;农村教育的教育内容应该以城市教育为模板,为农村社会人口搭建向上流通的渠道,提高教育质量,以追求升学为主要导向;农村教育的理念不应局限于本土的乡村文明,而应具有全球性和国家视野,为城市培养更多的人才,为农村人口更好地适应城市生活做准备;在教育投入上,突出效率至上,把教育资源更多向城镇集中,整合现有的教育资源,打造城镇的优质教育资源,把农村学生集中到城镇上学;在课程内容设计上,更多是以城市为背景,课程开发和课程制定也更多以城市话语占据主导地位;课程的评价体系也以城市教育为标准,使农村教育渐渐远离于农村生活,其培养的农村人才以"脱离农村、服务城市"为最终的目的。以城市中心主义为导向的农村教育,其终极的目的是服务于城市,为农村人口"离农"做准备。在推进城乡一体化的过程中,以城市为中心的价值导向一度影响了我国的农村教育,改变原有城、乡、村三级的教育体系,在打造城镇优质教育资源的同时,也广受诟病,有学者认为,以城市为中心的价值导向,偏离了教育的本质是服务于培养全面发展的人,而过于突出城市的价值取向,脱离了农村的基本现实,让农村教育除了升学进入城市以外,不能获得基本的生存技能,教育仅仅成为农村人口进入城市的一种途径和手段;同时农村教育割裂了乡土文明的继承与发展,使得农村教育成为城市教育的一种附属和依附品,农村教育在城市话语导向中失语,在意识形态上以政治经济为主导,而弱化了"育人"的本体价值,在与城市协调发展的过程中,农村教育处于明显的弱势地位,走的是与城市教育相同的同质化道路。

(二)以农村为中心价值取向的"为农"教育

与城市中心主义相对应的是以农村为中心价值取向的"为农"教育,所谓的"为农"教育认为农村教育应该以农为本,让农村教育主要针对农村人口、为农村的经济社会发展服务,农村教育应该注重培养农村人口的生存技能、生产和经营能力,让农村人口的综合素质得到提高,培养现代化的农业人才。以农村为中心价值取向的"为农"教育应区别于城市教育的办学理念、办学模式,应该依托乡土文化,继承和发展乡村文明中的文化底蕴,展现乡村学校独有的传统文化价值和魅力。在课程内容设置上,要突出乡村文化的特色内涵,开发独具特色的校本课程,让乡村教育贴近农民的生活;对城市文化和外来文化根据实际情况有考量地进行吸收和消化,在自身乡土文化的基础上吸收外来的优秀文化,使乡土文化和城市文化相助相长,共同发展。有学者认为我国城乡教育一体化过程中,要承认不同区域、不同学校的特色差异,尊重本土文化,彰显差异特色,不办"千人一面"的同质化教育,而应该突出农村教育的特色,优势互补,整体发展①。在教育布局上,要对农村教育做制度性的倾斜,加大农村教育的投入力度,把基础教育、职业教育和农民技能孵化结合起来,补齐农村教育发展上的短板;其最终的目的是培养农村人口的学习能力,提高农村人口的农业技能,实现人才流向的农村化、教育对象的农民化、教育内容的农村化,培养现代农业发展真正需要的新型农民②。

总的来说,不管是以城市为中心的农村教育还是以农村为中心的农村教育,其价值取向都受到学界的广泛讨论,有学者认为以城市为中心的农村教育导致了农村教育的边缘化,以农村为中心的农村教育限定了农村的发展,使农村教育陷入画地为牢的窠臼,强化了农村"贫困文化"的再生产,会加剧城乡的不平等③。总的来说,两种价值取向的农村教育都先入为主地限定了农村教育的主体,把教育局限于某一个文化空间和区域之中;而忽略了教育的本体价值,以及教育主体的自我选择。

四、城乡二元结构下的农村教育问题

在城乡二元结构下的农村教育一直处于弱势地位,并一度把农村教育与城市教育对立起来。从已有的农村教育定义来看,农村教育,顾名思义,从地域特征来看,是指发生在县和县以下的乡村地区的教育活动,与城市教育相对应。有人认为农村教育是指发生在乡村、以农业人口为对

---

① 褚宏启:《教育制度改革与城乡教育一体化:打破城乡教育二元结构的制度瓶颈》,《教育研究》2010 年第 11 期。

② 邬志辉、马青:《中国农村教育现代化的价值取向与道路选择》,《中国地质大学学报(社会科学版)》2008 年第 6 期。

③ 刘娟、刘晓林、林杜娟:《发展主义逻辑下的农村教育:述评与反思》,《中国农业大学学报(社会科学版)》2012 年第 4 期。

象并为乡村经济和社会发展服务的教育①。也有人认为中国农村教育概念应该涵盖三点：一是农村教育与城市教育相对应；二是农村教育是一种层次偏低，结构与功能比较单一的教育；三是农村教育是一种以培养安于农村、安于农业的人才为目标的教育②。官方的定义，在 1999 年中国农村教育综合改革总结大会上，教育主管部门指出了农村教育的办学方向，必须由主要为升学服务转向主要为当地经济和社会发展服务上来，认为农村教育必须始终坚持为农业、农村和农民服务的办学方向，否则农村教育自身不能健康发展，也不能发挥对地方经济和社会发展的推动作用③。可见，官方对农村教育的发展区别于城市教育，是专门以农村人口为培养对象，服务于农村经济社会发展的教育。有学者把乡村教育与城市教育的办学方向，称为教育的城乡双轨制，认为官方想通过农村教育复制社会的等级性，使农村人安心做农民，体现强者对社会等级的维护；农村人却想通过教育冲破社会的等级性，改变自己的农民身份，体现的是弱者对社会等级的反抗；这两种教育意图的对立是城乡二元社会结构的整体反映；具体表现在整个社会制度的设计上，我国教育发展始终坚持以城市为中心，优先发展城市教育的总原则，农村教育处于附属和次要的位置上，缺乏必要的体制机制保障。在城镇化的推动过程中，国家集中有限的教育资源放在城市教育上，希望城市教育为社会培养精英人才，认为在特定的社会发展时期，乡村教育为社会发展付出的代价，是不得已的社会选择④。致使城市教育与乡村教育的差距愈发明显，乡村教育成为我国社会发展不能承受的"阿喀琉斯之踵"⑤。

　　从乡村教育的发展历史来看，自 20 世纪 80 年代以来，我国的乡村教育就出现不断萎缩的局面，具体表现在农村教育的数量规模呈现逐年减

---

　　①　陈敬朴：《农村教育概念的探讨》，《教育理论与实践》1999 年第 11 期。

　　②　张乐天：《重新解读农村教育》，《教育发展研究》2003 年第 11 期。

　　③　张天保：《深化农村教育综合改革　全面实施素质教育　努力开创教育为农业和农村工作服务新局面》，《中国成人教育》1999 年第 7 期。

　　④　王本陆：《消除双轨制：我国农村教育改革的伦理诉求》，《北京师范大学学报（社会科学版）》2004 年第 5 期。

　　⑤　阿喀琉斯之踵，原指荷马史诗中的英雄阿喀琉斯的脚跟，因是其唯一一个没有浸泡到神水的地方，是他唯一的弱点，后来在特洛伊战争中被人射中致命，现在一般是指致命的弱点，要害。

少的趋势,农村中小学的辍学率居高不下、农村教育的基础设施条件简陋,办学条件较差①。到90年代,我国东西部教育差距逐年拉大,西部欠发达地区的义务教育与80年代相比处于停滞甚至是倒退的现象,特别体现为辍学率高,师资水平低等问题②。到21世纪后,农村教育的问题开始得到更多人的关注,有学者指出我国乡村教育存在着危局,具体表现在乡村学校的负债累累、学生和家长难以承受的教育成本,学生成为地方教育主管部门的利润来源,教师的地位低下,发展空间没有体制机制保障等等。③ 截至目前,我国农村教育规模约占我国基础教育的75%,乡村教育的发展直接关系到我国基础教育的全局,也关系到我国社会的发展稳定。通过梳理我国乡村教育的发展脉络,能让我们更清楚地了解乡村教育存在的困局。

(一)农村教育管理体制仍待完善

1985年5月,中共中央颁布《中共中央关于教育体制改革的决定》,提出把发展基础教育的责任交给地方;我国教育基本确立了基础教育分级办学、分级管理的体制,农村基础教育主要由县乡政府来举办和管理。这种管理体制一方面调动了地方办教育的积极性,提出"人民教育人民办"的口号,全国各村、各乡都办起了中小学校,很多学校是当地村民一砖一瓦盖出来的,形成当时较为普遍的县、乡、村三级基础教育管理体制。另一方面,由于国家经济发展水平低,教育资源有限,为了更好地发展各级政府办教育,国家集中有限的教育资源办好城市教育,而农村基础教育的经费主要来自学校收取的学杂费和教育费附加。到90年代中期,我国开始在全国推进教育产业化,教育开始变成有偿的公共产品,地方政府开始打造优质的教育资源,让学生有偿地来选择教育,优质教育成为地方政府增加财政收入的手段。这使很多的农村家庭入学教育成本不断加大,城乡的教育差距开始拉大。同时,在农村学校,师资流失严重,教师的待遇低,拖欠工资情况频发,农村学校乱收费现象愈发严重。与农村学校形成鲜明对比的是,城市学校开始加大投入,形成优质教育资源,学生生源

---

① 石爱虎、霍学喜等:《我国农村教育的困境及其成因分析》,《科技导报》1995年第10期。
② 吴庆智:《欠发达地区农村教育现状令人堪忧》,《经济论坛》2003年第24期。
③ 张华侨:《农村教育在危机中呐喊》,《山东农业》2001年第1期。

不断地涌向县城;而有些农村学校却在危房中上课、没有实验和教学设备,一个老师包办大部分课程,农村教育开始慢慢式微。到 2000 年,我国实行税费制改革,各地政府出台教师工资发放县级行政首长负责制,开始把基础教育权限上移,推行基础教育地方负责、分级管理、以县为主的新的管理体制,农村基础教育收归县级政府来统筹管理,农村基础教育经费主要由县政府来统筹,在经济发展水平较高的地区,教育经费得到有效保障,但在欠发达落后地区,农村教育的发展还是相当困难,致使在 20 世纪90 年代拖欠教师工资的欠账和危房改造资金缺口无法解决。在地方政府有限的财力下,县域教育事业规模又较大,教师行政编制又在不断增加,只能有选择地开始统筹教育资源,把原本教学设施条件差、师资不足的学校开始撤并,在全县范围开始做学校布局调整,美其名曰"让农村孩子享受城里人同等的教育资源",实则是通过减少中小学数量,达到有效管理的目的。从农民的角度看,长期小学在村、中学在乡镇的就近上学格局被打破,学生上学远,上学安全和就学交通成本又成为农村学生的额外负担。2005 年,中央政府通过加强省级统筹、加大财政转移支付力度,以缓解县级财政的压力,农村教育经费有了些许的缓解,但对于欠发达地区教育而言这仅仅是杯水车薪。2012 年 9 月,《国务院办公厅关于规范农村义务教育学校布局调整的意见》指出,要合理地确定学校服务半径,尽量缩短学生上学路途时间,对已经撤并的学校或教学点,确有必要恢复的,要按程序恢复,纠正农村学校布局过度调整中的过失①。

(二)农村教育的经费不足

20 世纪 80 年代,农村基础教育的经费主要通过农民缴纳农业税费、集资办学款、农村教育费附加、"三提五统"(三项村提留和五项乡镇统筹)以及学杂费等费用,支撑起我国农村义务教育。对于边远贫困地区及少数民族地区的学生而言,沉重的教育负担是 20 世纪末农民负担过重的一个重要组成部分。从 2000 年开始,我国开始在农村推行"税费改革"政策,这一惠民政策在减轻农民负担的同时,也给农村教育带来了难

---

① 袁桂林:《农村基础教育发展的需求、推力与阻力》,《华南师范大学学报(社会科学版)》2013 年第 1 期。

以预计的危机,随后在全面范围出现了大规模的拖欠农村教师工资的现象。为了解除这一危机,2001年5月,中央出台了《国务院关于基础教育改革与发展的决定》,规定免除乡村两级的教育投入责任,从而确立"以县为主"农村教育投入体制,让县级财政主要保障农村教师工资的足额发放,上级财政转移支付款抵补农村教育费附件减收的经费缺口并用于农村学校的基建投入,学杂费收入作为学校公共经费以维持学校的日常运作,这就是当时农村教育经费投入的所谓"三保政策"。然而,大多数边远贫困地区在自身财力无法维系的情况下,更无法满足农村教育的基本经费需求,以县为主的管理体制在贫困地区不能有效运作。有鉴于此,2005年,中央决定建立中西部地区农村教育经费保障新机制,其实质是继续加大对中西部欠发达地区农村教育经费的专项转移支付力度。2006年6月,新修订的《义务教育法》规定省级政府统筹规划农村义务教育经费,一方面加大中央财政对农村教育的投入;另一方面要求省级财政承担起均衡发展农村义务教育的责任。在这个背景下,2006年,我国农村教育才开始实现免学杂费和免书费的历史新篇[1]。

　　虽然中央和省级财政统筹增加专项转移支付力度,但农村基础教育的负担并没有因此减轻,仍有不少农村地区的教育经费紧张,教学设施落后,师资配备不足,甚至有些地方还有极为沉重的教育债务。据不完全统计,截至2012年初,经济总量连续多年全国第一的广东省,其全省农村义务教育债务仍高达50多亿元[2]。而相对其他欠发达地区而言,其基础教育的债务或许更为严重,造成这种局面主要是90年代当地为实现"普九"验收,农村地区大量举债建校,后因农村税费改革取消农村教育费附加,造成建校债务陡然无法偿还,同时,中央和省级财政虽然加大了农村教育经费的专项转移支付力度,但转移支付额度无法抵补原来体制下经费减收的缺口;此外,上级财政在拨付转移支付资金的同时,要求地方政府予以配套支持,在地方财力有限的情况下,仍要举债才能配套上级给付

　　① 葛新斌:《免费时代农村教育的"人财困局"》,《华南师范大学学报(社会科学版)》2013年第1期。
　　② 冼伟峰:《广东茂名为化解农村义务教育债务向债权人劝捐》,《南方农村报》2012年3月31日。

的专项资金。因此,农村教育经费的困境是制约农村教育发展的重要障碍。

(三)农村教师队伍薄弱

20世纪80年代之前,我国的农村教师主要是由民办教师来补充。1977年恢复高考后,各级各类师范院校开始不断地培养师资,并逐步补充到农村学校,但农村教师的师资缺口仍然很大。1980年初,国家规定不再吸纳新的民办教师入职,农村教师基本都由师范院校的毕业生补充。1990年至2000年,随着"普九"达标验收工作的推进,各级政府开始通过"关、招、转、辞、退"等措施,把部分农村民办教师进行清理;到2000年,农村学校已经不再录用新的民办教师①。但农村教育师资的缺口并没有被正规的师范毕业生所补充,从2006年开始,各地又涌现出许多"代课老师",并通过"代转公"等考试手段,让代课老师转为农村教师。特别是在经济欠发达地区,农村学校为补充师资以极低的薪资聘用"临聘老师",这些人员往往学历较低,并且大都没有接受过正规教师教育,这种现象让人深思。从我国农村教师师资的整体来看,普遍存在着学历达标率较低、职称结构偏低、学科结构不合理、人员素质不合格等情况。而城乡农村教育的差别更加明显,以广东为例,在珠三角地区的中小学教师,每月的收入在六七千元以上,高中教师甚至月收入过万;而欠发达地区的中小学教师月薪只有二千元左右,个别地区的公办教师月薪甚至不到千元。这对于农村教育的发展而言,成为一个永远也无法言说的硬伤。农村学校所出现的"新人进不来,能人又留不住"尴尬窘境,究其根源在于农村教师管理体制不善,以及教师的收入水平偏低所导致。农村学校师资队伍的补充不由教育主管部门说了算,而受县政府教师编制数的控制,教师队伍的引进,要由县政府或者上级教育主管部门核定才能引进;同时,农村教师收入水平的高低,直接受制于"县财政支付"的农村教师工资发放机制,这对于经济欠发达地区的财政而言,对于全县相当规模的教师队伍而言,仅发放教师工资都显得有些困难,只能不断地缩减教师队伍的编制数量;近些年陆续出现的中小学教师为了争取师资待遇导致大规模的聚众

① 方征、葛新斌:《我国编外教师问题及政策启示》,《教育理论与实践》2010年第8期。

事件,充分反映出单依靠县级财政来发放教师工资存在一定的脆弱性。

2000 年以来,中央和地方政府根据农村教师队伍中存在的问题,也出台了一些对策和措施,如在 2000 年税费改革后,提出各地政府出台"教师工资发放县级行政首长负责制",制止各地出现的拖欠教师工资现象,2006 年,教育部门直属师范院校实施的"免费师范生"计划用以补充农村教师师资不足的情况,还出台了"中西部农村特岗教师计划"、"农村教师硕士培养计划"和"中小学教师国培项目"等。有些省份通过与发达地区的对口支援实施的"千校扶千校计划"等,这些政策措施在一定程度上缓解了农村教师队伍的问题,但也存在一些诟病。如从 2007 年开始招生的"免费师范生"项目,2011 年第一届师范大学生毕业,据统计,教育部直属师范院校 5 年累计招生 5.5 万人,在已经毕业的两届毕业生中,有 37.7%的毕业生到县镇和农村学校任教,而真正到县镇以下的农村任教的人数更是凤毛麟角。该政策所解决的是贫困大学生就读大学困难的问题,但不能简单地认为贫困大学生就业就一定会选择去农村学校,很多从农村走出去的大学生不愿意再回到农村[①]。因此,吸引大学生到农村任教还应遵守市场逻辑,通过改善农村学校教师待遇等方面入手。

还有就是教师队伍的编制管理问题,农村教师新人进不来,重要的原因是教师编制数的核定,我国现在核定教师编制的基本依据是按照生师比,很多农村学校由于学生生源和师资的流失,出现很多的"空巢"学校和"麻雀"小学,但按照教育规律出发,农村学校也要按照国家教育质量的要求,学校课程要开足开全,而对于农村学校而言,农村教师数量少,他的工作量必然会高于城市学校老师的工作量,这些问题也导致农村教师发展滞后。同时,农村教师的编制核算归于县级政府部门,由县级政府来支付财政工资,在县级财政本身捉襟见肘的情况下,必然会压缩农村教师的编制数量,通过近几年来不同地区的布局调整来看,通过撤并农村小学,把生师比调整到位,但农村教师的不足问题并没有得到根本解决。

---

① 袁桂林:《农村基础教育发展的需求、推力与阻力》,《华南师范大学学报(社会科学版)》2013 年第 1 期。

五、城乡教育一体化进程中的实践模式

近年来,随着城乡教育一体化的不断推进,各级政府和教育主管部门针对本地区的实际情况进行了积极有益的探索,从全国来看,比较有代表性的地区有成都模式、重庆模式和海南模式。虽然各个地区在推进城乡教育一体化过程中采用的路径不同,但都取得了积极的社会效益。以下我简单介绍这几个地区的实践模式。

(一)成都模式

成都是我国西部特大中心城市,辖9区4市6县,面积达1.21万平方公里,2013年教育总量达192.2万人。2003年成都市积极响应国务院关于进一步加强农村教育的决定,致力于解决成都市城乡教育差距较大的问题,针对农村教育的基础薄弱、师资力量不足、教育经费投入较少等问题,开始城乡教育一体化布局设计,提出"全域成都"的概念,把城乡统筹为一个整体,重点是为了促进城乡优质教育资源的均衡发展,采用"顶层设计、标准引领、政府拖底、强化师资、圈层融合、督导监测"的基本做法[①]。根据全市经济发展水平和教育状况把区域划分为三个圈层,把市中心城区的锦江区、青羊区、武侯区、金牛区和成华区划为第一圈层;把靠近市中心周边的龙泉驿区、青白江区、温江区、新都区、郫县和双流县6个区县划分为第二圈层;把边缘郊区的都江堰市、彭州市、邛崃市、金堂县、崇州市、新津县、大邑县和蒲江县等8个市县划分为第三圈层;2004年正式开始城乡教育一体化的实践和探索,并按照重点发展农村教育、以城带乡、城乡互动三个不同阶段推进城乡教育一体化。

第一阶段是大力发展农村教育阶段,重点关注第二圈层和第三圈层。从2004年至2008年,国务院出台了一系列关于加强农村基础教育的文件,特别是2004年4月,《国务院关于进一步加强农村教育工作的决定》文件出台,成都市结合本地实际出台的《关于统筹城乡经济社会发展推进城乡一体化的意见》,并组织实施"五大工程"和"八大措施"来推进城

---

① 吕信伟:《成都在城镇化背景下推进城乡教育一体化面临的挑战》,《教育与教学研究》2014年第4期。

乡教育一体化,五大工程包括农村中小学标准化建设工程、农村中小学现代远程教育工程、教育强乡建设工程、农民教育与培训工程、帮困助学工程;八大措施包括提升农村教师队伍专业素质、城区教师到农村学校定期服务、城区学校对口支援农村学校、学科带头人和特级教师定点联系农村学校、城区学校与农村学校结对子手拉手活动、加强农村"留守学生"的教育管理、免费义务教育工程等①。这个阶段重点解决农村教育资源配置不足的问题,从建设标准化学校、培养农村教师、配备农村学科带头人和优秀青年教师、加强农村教育信息化建设等方面都取得较好的成效,逐步形成了"以政府投入为主体、以资源合理配置为核心、以缩小城乡教育差距为目的"的城乡教育一体化思路,并把大力发展农村教育放在城乡一体化的背景下,让优先发展起来的城市教育反哺农村教育。

　　第二阶段是以城带乡阶段,以第一圈层(中心城区)带动第三圈层(边缘郊区)推动城乡教育一体化建设。从 2009—2011 年,成都市开始重点关注和发展边远农村的第三圈层教育;具体措施采用名校集团、城乡互动发展联盟、城乡学校结对、师徒牵手、教育信息化建设、师资队伍均衡配置等措施来推动城乡教育一体化。所谓名校集团,是以名校为依托,组建名校集团,让名校教育资源辐射到第三圈层地区,具体措施有:一是把名校的 10%—20% 的师资统筹安排到农村薄弱学校任教,同时让农村学校选派干部到名校或者龙头学校进行培训。二是改革编制管理,动态调控龙头学校的教师编制,在现有编制基础上,政策向龙头学校倾斜,对龙头学校输出的干部和教师进行实名制管理,并相应增加输出学校的教职工编制。三是建立经费保障机制,市级财政在年度预算中增加名校集团的专项经费。具体措施:(1)名校集团所属学校的各级市县财政也要设立专项经费,用于推动教育发展和名校集团发展。主要目的是想打通城乡教育资源的融合,依靠城市教育资源提升薄弱学校和偏远农村学校的"软实力"。(2)城乡互动发展联盟,是让相对发达的区县与相对落后的区县签订协议,让城区学校与第三圈层地区的边远学校结对子,双方教育

---

　　① 徐冰、戴晖:《成都市城乡教育一体化发展阶段分析及启示》,《教育与教学研究》2013 年第9 期。

部门、城乡学校之间就学校管理、学科建设、考研培训、校本研修和科研交流等方面进行互帮。各级政府和教育主管部门把城乡对口帮扶工作纳入绩效考核范围,城乡互动联盟是让城市教育与农村教育进行交流互动,促进城乡教育信息资源的共享。(3)城乡学校结对项目分为三个层次,一是第一圈层与第三圈层的结对发展;二是在各县域范围,遴选城区学校与农村学校结对发展;三是通过乡镇中心学校与城区学校结对发展,让村一级农村学校也能享受到城市的教育资源辐射。结对的内容涵盖了学校管理、教学科研、教师交流与培训、校本课程以及资金、物资和信息化建设等方面。(4)师徒牵手,就是让城市学校的名师与农村学校的教师结为师徒,鼓励和支持名师与青年骨干教师结为师徒,通过集体备课、教研活动、随堂听课和课程评价等方面提示农村教师的教学科研能力。(5)信息化建设,主要是建立城乡的教育网络建设,建立各学校的学籍管理、电子政务、网上教研系统等信息化建设,可对全市中小学基础数据进行内部管理,公众也可查询各学校的基本信息;同时加大对各学校的教育技术人员的培训,让城乡教师可以互享教师平台资源。(6)师资队伍均衡配置,为了解决农村教育资源薄弱的问题,建立了教师流动补充机制,采取总量控制、动态管理的办法,统筹城乡学校编制,对薄弱学校可采取"以资金弥补编制"的办法,吸引社会优质教师;同时建立教师流动激励机制,破格提拔到农村学校支教的教师;政府每年安排专项经费,采取"以奖代补"的方式补助城乡教师的交流互动,鼓励城市教师向农村分流[1]。这些措施为城乡教育的互动交流提供了较好的制度保障,取得了积极的社会效益。

到 2012 年,成都是开始着手推动"三圈一体"的城乡互动阶段,在整体设计上,强化城乡资源的互享和提升,把全市近 20 个区县都结成一对一互动联盟,体现以"强弱联合、以强带弱、以城带乡"的思路,构建起整体城乡互动、局部以城带乡,让联盟双方平等互补、共同发展,突出特色。同时,城乡教育互动从广度和深度上进行了多层次的推进,在教师干部交流、资源共享和信息互通等方面,不局限于义务教育阶段,并拓展到学前

---

① 柯玲、谭梅:《成都城乡教育统筹发展的路径选择》,《教育与教学研究》2011 年第 9 期。

教育、高中教育、职业教育、社区教育和农村成人教育等各领域。在制度壁垒上也有所突破,逐步推动教育要素向农村合理流动,让城乡学校进行优化组合,打破现有的教育管理体制,逐步缩小了城乡之间的教育差距。

根据成都市城乡一体化的教育实践,有学者把城乡学校联盟的实践路径总结为三种模式,第一种是紧凑型一体化模式,这类模式的特点是以名校集团为基础,集团实行一个法人主体、一套领导班子,集团内的人财物由学校统筹安排,通过集团内部的管理重构、资源重组,实现对农村分校的统筹管理,带动薄弱农村学校的发展,让集团内的学校实现教育资源的共享。第二种是松散型的共同体模式,其主要特征是龙头学校与成员学校均为独立的法人、人、财、物、事分置,校际关系平等,龙头学校通过教师资源、资金、管理以及教师队伍培训等方面与成员学校进行多维度的合作和交流,带动薄弱学校提升教学管理水平和教育质量的提升。第三种是混合型模式,即"一体化+共同体"模式,即针对不同性质的学校合作,采用混合的发展模式,实现"一团两制"(即不同性质的学校共同发展,集团学校成员性质不变,隶属关系不变),通过协议等方式,在管理、师资、品牌、招生等方面采取多种合作,其中一体化模式是把学校的教师资源和管理队伍进行共用,所有教师队伍由一套班子统筹安排,学校硬件设施标准一致。共同体指学校之间只在管理、资源、品牌、办学理念等方面共享,各学校可以多元发展,保持自己的特色,学校之间是平等相互的关系。通过近几年的探索,成都市的教育体系形成了一种大跨度的优质教育资源整合框架,把城乡学校纳入到一个整体系统中,让学校之间在办学思想、教师队伍、教学科研、内涵发展、特色文化等方面都进行了对接,融合的深度和广度前所未有[①]。

从取得的效果来看,截至 2012 年,全市共实现学校结对 256 对,参与中小学达到 480 所,公办幼儿园的覆盖率达 17.87%;义务教育学校覆盖率达 41.53%,高中覆盖率达 45.21%,跨区域互派干部达 125 名,交流教师 754 名,第一、二、三圈层 6 所学校参与跨区域学校委托管理,名校集团

---

① 王庆伟、罗江华:《论城乡教育一体化建设的若干模式——以成都市为例》,《教育学术月刊》2012 年第 2 期。

领办两所边远农村学校,城乡学校实现了深度联动①。总的来说,成都市城乡教育一体化的建设,从制度、管理、教学、教育资源融合等方面的实践探索突破了现行的"以县为主"的教育管理体制,为促进城乡一体化建设作出了有益的探索,也让城市教育资源更多地向农村教育辐射,取得了可喜的社会效益,值得借鉴和参考。

（二）重庆模式

重庆市是我国西部的重要城市,其城市化进程较快,经济发展水平较高,城市教育发展水平也居全国前列,但也有大片欠发达的农村地区,包括渝东北的三峡库区移民区和渝东南的少数民族聚居区,城乡教育差距较为明显。自 2005 年起,重庆市开始围绕"中国社会主义新农村建设"以来,针对农村教育实施了一系列的改革项目,如 2006 年全面免除农村学生的学杂费,为贫困学生免费提供教科书,为农村贫困寄宿学生补助生活费等,为解决长期适龄儿童辍学和农村义务教育经费保障等问题起到重要的作用。2007 年,重庆市被国务院设立为"全国统筹城乡综合配套改革试验区",自此拉开了城乡一体化的进程。为解决重庆市长期的城乡对立、城乡分割的二元状态,重庆市政府坚持"以城带乡、整体推进、城乡一体、科学发展,实现城乡教育规划布局、资源配置、政策制度、水平提升四位一体"统筹改革战略,从以往单纯强调教育规模与效率的绝对增长转变为强调教育要素内外部的合理统筹与结构调整,通过统筹城乡教育资源,解决城乡教育的深层公平问题。其具体举措如下:

一是空间一体的规划布局。近几年,随着重庆市工业化、城镇化进程,从 2008 年到 2012 年,重庆市的城镇化率从 49.99% 增长到 56.98%,城镇化水平在不断提高,但由于城乡经济发展水平的不同,形成了"一圈两翼"的梯度发展格局,一圈指的是重庆市中心城区,即经济发达地区,两翼指的是渝东北的三峡库区和渝东南地区少数民族聚居区和生态脆弱区,两翼地区属于经济欠发达地区,教育水平相对落后。基于重庆市较为

---

① 徐冰、戴晖:《成都市城乡教育一体化发展阶段分析及启示》,《教育与教学研究》2013 年第 9 期。

明显的城乡二元结构,在推进城乡教育一体化过程中,重庆市把区域划分为都市核心区、都市拓展区、城市发展新区、渝东北生态涵养区、渝东南生态保护区五大主体功能区,把城市教育与农村教育纳入到一个整体,加大对农村学校的建设投入,优化学校的布局结构,统一城乡学校的建设标准,形成"全域一盘棋,全市一张图"的城乡教育发展格局,并在教育组织结构上形成了"一委三院"的领导格局,即教育委员会、教育考试院、教育科学研究院、教育评估院,构建起"管、办、评"相对分开的教育管理格局,统筹城乡教育的发展。

二是城乡教育四位一体的统筹发展。为了推进城乡教育的标准化建设,实现基础教育的均衡化,重庆市把统筹城乡学校布局、城乡教育经费、城乡办学条件、师资水平作为四位一体的主要内容,从 2007 年到 2011 年,全市学校总数减少了 1.71 万所,在校生总数却增加了 99.17 万人,学校规模效应不断扩大。在教育经费投入上,全市教育经费从 2007 年的 230.97 亿元增加到 2011 年的 417.5 亿元,增长率 80.76%;在办学条件上,2011 年比 2007 年,在学校占地面积上增加了 2244 万平方米,校舍面积增加了 116 万平方米,图书增加 2157 册,仪器设备增加 28.07 亿元;在师资水平上,2011 年,全市各类学校教职工达 27.11 万人,比 2007 年增加 2.61 万人,其中专任教师增加 2.23 万人[1]。同时,在城乡学校的内涵建设上,围绕"办学体制、投入体制、管理体制、人事制度、帮扶制度、招生制度、评价制度、教育科学以及社会服务"九大领域统筹城乡教育发展,也称为九大改革,首先针对农村学校的硬件设施,实施农村中小学标准化建设、寄宿制学校和幼儿园规范化,建立农村中小学校舍维护、改造和建设保障制度,设立教育担保公司和教育发展基金会,进一步提高农村教育社会融资水平;同时在确保国家和地方稳定投入的基础上,确保各市县新增教育经费 70% 用于发展农村教育,落实农村学校建设经费、生均公用经费和学生补助经费,并探索农村教师队伍公务员制度。整合农村职业教育和成人教育,开展农村成人文化技术教育、农村实用技术培训和农村劳动力转移培训,提高农村教育对社会生产的辐射力。

---

[1]   余善云:《城乡教育一体化:重庆实践的启示》,《重庆第二师范学院学报》2015 年第 1 期。

　　三是教育资源的统筹安排。为了保障城乡教育一体化进程,在公共财政预算上,重庆市政府坚持"预算内和预算外、预算和决算、中央决算和地方决算三个等比例"安排教育经费,做到"年初预算优先考虑、执行预算优先满足、年终追加预算优先照顾",教育财政占全市财政支出的20%以上,新增教育经费的70%用于发展农村教育,全市中小学的标准化覆盖率达70%,2011年政府教育经费支出已达到GDP的4.1%。在城乡师资队伍建设上,统筹城乡教育编制标准,实施农村教师"双特计划"①,计划3年内招聘3000名音体美等学科教师,用于解决农村学校部分学科教师紧缺问题;建立覆盖城乡的教师培训系统,国培抓高端、市培抓重点,区县保全员,学校重科研,重点面向农村教师开展全员免费培训,目前已累计培训20万人次。建立城乡教师交流制度,明确城乡教师交流面要达到15%以上,率先在省级层面开展中小学领导干部和教师交流。并成立重庆市基础教育资源中心,整合国家资源库、地方资源和名校名师资源库,联合高等院校开发新课教材和实验教学资源库,建立全市联网的城乡学校教育信息平台,使区县教育城域网覆盖率达95%,中小学校园网覆盖率达80%,远程教育覆盖率达78%②。

　　四是城乡一体化的内涵建设发展。重庆市将全市教育体系结构重新构建为"五层次六板块",即学前教育、义务教育、高中教育、高等教育和继续教育五个层次,在高中和高等教育上突出职业教育的重要地位。并根据全市流动人口和农民工子女教育问题,在全市建立了留守儿童之家4262个,校外托管机构达983个,完善农民工子女就学机制,全市公办学校665所接收农民工子女达25.4万人。建立中小学贫困学生助学体系,实现义务教育全免费,中职学生也实行全部免交学费。还出台了《关于构建职业技术教育人才成长"立交桥"的实施意见》,打通了中职、高职和应用技术本科到专业学位研究生的学历教育通道,建立普职融通渠道,实行学历证书和职业资格证书认证互通,构建起集"实践教学、创新创业、

---

　　①　所谓"双特计划",是指重庆市实施的农村义务教育阶段学校教师特设岗位计划和重庆市中小学特色学科教师配备计划。

　　②　余善云、苏飞跃、陈切锋:《重庆市城乡教育一体化发展状态研究》,《天津电大学报》2014年第1期。

军事训练、带薪实习、勤工助学、志愿服务、社会调查"于一体的大学生实践育人模式。针对农村学校,实施农村学校食堂建设、饮用奶、鸡蛋供给、爱心午餐等四大民生工程,全市先后投入达 9.45 亿元,解决了 113 万留守儿童在学校的吃饭问题,38 个区县实施"蛋奶工程",受益学生达 250万人次,30 个区县提供爱心午餐,30 万困难学生受益①。

重庆市作为国家级教育综合实验改革区,其城乡教育一体化实践路径,内涵丰富,社会效益明显,受到了全国的关注。截至 2011 年,全市义务教育阶段学生总数达到 314 万人,小学、初中专任教师的学历合格率分别达到 99.95% 和 98.92%,全市"两基"人口覆盖率达到 100%;初中升高中比例达到 90.15%,基本普及高中阶段教育。高等教育毛入学率达到 30%,高出全国 3.1 个百分点,2012 年,大学毛入学率达到35%,为西部第一,超出全国平均水平 4 个百分点。2011 年,全市投入19.6 亿元,全部偿清 1000 多所学校的"两基"欠债;投入资金 22 亿元,用于排除中小学危房 442.9 万平方米,基本排除全市中小学危房;安排专项资金 9.3 亿元,对 20 万农村中小学教师每人每月发放 300 补贴;投入8702 万元,用于提高学生补助标准每生提高 30 元,提高学校公用经费标准每生提高 10 元;出资 18.61 亿元用于资助各级各类贫困学生 402.15万人;解决 1 万多名农村代课老师和特岗招聘老师的编制问题,并在全国率先兑现了义务教育教师绩效工资;安排资金 82.9 亿元,率先在西部建立城乡一体化义务教育经费保障机制,率先对中职五类学生(三峡库区移民、城镇低保人员、农村贫困家庭子女、退役士兵和适龄孤儿)实行学费全额资助、生活费住宿费包干补助政策;同时也借鉴成都市经验,实施了城乡学校互帮互助的"百校牵手"计划②。重庆市城乡教育一体化建设不仅实现了城乡教育的互融互通,更重要的是在城乡教育的内涵提升上做出了很多有益的探索,为我国其他地区的农村教育发展路径提供可供参考的实践经验。

(三)海南模式

海南城乡教育一体化发展的实践探索自 2005 年开始,2008 年开始

---

① 余善云:《城乡教育一体化:重庆实践的启示》,《重庆第二师范学院学报》2015 年第 1 期。
② 余善云:《城乡教育一体化:重庆实践的启示》,《重庆第二师范学院学报》2015 年第 1 期。

在全省推广,它把城乡教育发展、民族贫困地区扶贫、生态移民等统筹起来,从全省战略上进行统筹规划和部署,统称为"教育扶贫移民工程";主要针对基础设施薄弱,没有通电、通路、通广播的少数民族地区贫困自然村和地处边远生态保护区的农村。其主要做法,通过把处于少数民族贫困地区和生态核心保护区的边远农村的义务教育中小学生,整体移民到县城或人口较多的乡镇就读,在每个少数民族地区县城建设1—2所标准化的思源实验学校,让贫困地区的移民学生享受与城镇学生同等的教育条件,同时把初中、高中教育与职业教育衔接起来,让地处贫困地区移民学生通过教育实现外向型的移民,改变其以往的贫困的生存环境,实现在城镇就业生活。教育扶贫移民把定向扶贫与城乡教育发展结合起来,试图通过外向型的移民教育,割裂贫困地区陷入循环的"贫困再生产",让贫困地区学生通过学校文化的内化,学习适应城市生活的技能,最终实现贫困人口的真正城镇化。其主要的措施有:一是通过建设标准化的学校——思源学校,打造优质学校教育;二是通过省级统筹和市县政府投入,以及社会资金的支持加大农村移民学校的建设;三是中小学的布局结构调整,整合教育资源,突出城市教育优势;四是全国引进师资队伍,为了打造优质教育,向全国招聘思源学校校长,打造县域品牌教育;五是提高移民学生的生活补助;六是给予贫困地区移民学生家庭生态补偿,鼓励移民学生家庭送学生到城镇就学;七是构建基础教育、职业教育、成人教育的"立交桥",鼓励没有升学的贫困学生免费就读职业学校,并推荐到城镇就业,实现贫困地区学生在城镇就业生活。海南省的教育扶贫移民工程是海南结合自身实际情况所做的有益尝试,其具体的实施和效果评价,本书将在接下来的章节中重点论述。

自2008年开始,海南省教育扶贫移民工程分三期在全省开始推广,目前三期工程已基本完成。通过近几年对海南少数民族地区的教育投入,海南基础教育发展得到较大提升,教育资源得到有效整合,贫困地区教育发展也取得了显著成绩,创新了扶贫开发模式和生态保护机制,基本实现了公共服务的均等化,产生了积极的社会效益和经济效益,并先后得到习近平、李源潮、刘延东等同志的认可,为海南省城乡教育一体化建设做出了有益尝试,也为全国城镇教育一体化建设提供了可供借鉴的实践经验。

第二节　海南城乡教育差距

海南省,简称琼,别名琼州,位处中国的最南端,是中国国土面积(陆地面积加海洋面积)最大的省份,其中陆地面积 3.54 万平方公里(海南岛是中国第二大岛,仅比宝岛台湾小 0.06 万平方公里)。行政区域包括海南岛和西沙群岛、南沙群岛、中沙群岛的岛礁及其海域,这里全年热带季风气候,舒适宜人。海南省是个多民族省份,除汉族外,还有 53 个少数民族,其中,黎族是世居民族;还有苗族、壮族、回族等外迁民族[①]。据历史记载,在 3000 多年前的商周时期,黎族先民就已定居在海南岛;在秦始皇三十三年(前 214 年),中央政权统一岭南地区,汉族、苗族、壮族、回族等移民陆续入岛,峥嵘岁月,筚路蓝缕,汉族和少数民族一道辛勤地经营和开发着海南岛[②]。

海南岛历史上远离政治中心,经济社会发展较为缓慢,在汉武帝元封元年(前 110 年),开始在岛上成立珠崖(今琼山县)、儋耳(今儋州)两郡;但历代州郡治所都设在大陆,对海南进行"遥领"。自此,封建制度开始在海南出现,随后黎族的原始社会逐步开始瓦解,到梁朝大同中(540—541 年),儋耳黎族先民 1000 多峒"归附"冼夫人,并请命于朝廷,设崖州,开始有效管理海南全境;在唐贞元五年(789 年)以后,海南设置了琼、崖、万安、儋、振五洲二十二县,标志封建制度在琼基本建立;在宋代,海南黎族社会进入快速发展时期,元代,黎族士官慢慢登上历史舞台,并达到一个顶峰;明、清两代,黎族社会进入一个新的发展阶段,除偏远山区腹地还保留着原始公社的生产方式以外,在靠近汉族的黎族地区,生产发展水平与当地汉族已趋于一致,封建社会生产方式已

---

① 海南省民族宗教事务委员会:《海南省民族情况概述》,http://www.hnmzst.gov.cn/mzwzl/mzyd/mzgk/200804/t20080403_1121737.html,海南省民族宗教事务委员会网站,2008-04-03/2016-05-03。

② 吴永章:《黎族史》,广东人民出版社 1997 年版,第 2 页。

占据统治地位①。

近代以来,海南岛的发展进一步深入,民国时期,设"扶黎专员公署",推行乡保里甲制,加强乡镇行政区域管理;1935 年,广东省设 9 个行政督察区,海南为第 9 区,专署设海口,加强了海南的各项事业管理,出台了相关的发展战略。但好景不长,1939—1945 年,日军发动对海南岛的全面侵略,海南沦为了殖民统治时期;日军占领了主要的沿海港口城市,烧杀掳掠,大肆掠夺海南的矿产资源,给海南的经济社会发展带来了浩劫,人民生活跌入谷底。新中国成立后,加快了对海南岛的收复,1950 年 5 月,海南岛宣告解放,人民政权接手,重新开始自力更生;1984 年,海南岛撤销行政公署,正式成立海南行政区人民政府,归属于广东省;1988 年海南岛正式建省,成立经济特区,国家开始重点扶持,经济社会得到了快速发展,经过二十几年的发展,2010 年,国家把海南省纳入国家重点战略部署,批复推进海南国际旅游岛建设。海南省步入发展的快车道,国民生产总值从 2008 年的 1459. 23 亿元②增长到 2013 年的 3146. 46 亿元③,增长 2. 15 倍;2014 年海南省的 GDP 总值是 3500. 72 亿元,增速是 8. 5%,④可以说海南省的社会各项事业都取得了较快的发展;但其在全国 31 个省、区、市 GDP 总值排名中还处于倒数第四的位置,仍处于全国的经济发展落后地区。

从历史上来看,海南的发展相对内陆较为滞后,在解放初期,海南省五指山腹地山区还保存着原始公社的"合亩制",山区黎民还保存着刀耕火种、种山栏等原始的生活方式,东西部经济社会发展差距很大,教育文化事业发展较为落后。据黎族史记载,黎族先民,属俚、僚一支,史籍关于俚人活动的记载,最早可追溯到东汉初年,东汉时,锡光为交趾太守,建立学校,导之经文,唐朝贞观年间,王义方贬为儋州吉安丞,建第一间黎族子

① 吴永章:《黎族史》,广东人民出版社 1997 年版,第 3 页。

② 中国海口政务门户网站:《海口年鉴社》,http://www.haikou.gov.cn/rshk/hknj2009/shjjtjzl/201105/t20110518_248243.html,海口市政府网,2010-03-22/2015-03-22。

③ 蒋定之:《2014 年海南省政府工作报告(全文)》,http://hainan.sina.com.cn/news/s/2014-02-09/112637281.html,新浪网,2014-02-17/2015-04-22。

④ 杨晓波:《2014 年中国 31 个省市 GDP 和财力排名》,http://www.xinhuanet.com/fortune/2015-03/10/c_127456575.html,新华网,2015-03-10/2015-04-23。

弟学校,亲为讲经;宋代特别是南宋,在海南教育发展史上具有里程碑的意义,首先在海南设立了地区学校,并创建了郡学、社学及新学,它对汉文化在海南的传播,以及文化交流起到了积极的作用。元代对教育的发展有所延续,并把重农劝学作为施政纲领,大兴学校、广建寨学[①];明代,海南地区教育事业有了相当规模的发展,地区的府、州、县学以及书院、社学得到全面发展;以社学为例,成化年间,琼州府有 179 间,琼山县有 81 间[②];清代对海南采取"文教为先"的政策,各州府设立义学,"教寒生童,或苗、蛮、黎、瑶子弟秀异者",并为黎区教育选择老师,对少数民族学生一视同仁,或是考虑黎区起点不同给予名额照顾;到清代后期,黎人子女入学已较以往普遍。史料记载,海南在北宋庆历年间,始建殿堂,置学田,州人始知为学,黎人也开始遣子弟入学,宋代教育事业进一步拓展;元代,开始设立乡村学校;至明代以后,海南教育制度日臻完善,并出现人才辈出的局面。近代以后,教育事业经历了三个发展阶段,第一阶段是新中国成立初期的起步阶段,各层次教育事业得以迅速确立;第二阶段是"文化大革命"时期,教育事业遭到一定程度的破坏;第三阶段是重新发展时期。总的而言,海南的教育事业发展较内地发达地区还有一定程度的差距,究其原因是多方面的,既有地区发展的历史遗留问题,也有本身基础教育薄弱、发展滞后的现实困境;还有地区文化对教育重视程度的不够等问题;但试图改变海南基础教育落后现状,积极尝试不同路径促使海南教育跨越式发展的努力却不曾间断。

目前,海南省共有 19 个县市(含三沙市),其中 6 个少数民族自治县,全省总人口 867 万人,其中汉族人口 722.5 万人,占人口总数的 83.33%,各少数民族人口 144.5 万人,占 16.67%;少数民族中,黎族人口最多,有 127.7 万人,占人口总数的 14.73%。[③] 海南少数民族人口主要分布在中西部的琼中、保亭、白沙、乐东、昌江和陵水 6 个少数民族自治县和享受民族自治政策待遇的三亚、五指山、东方 3 市。全省农村共有 7 万多绝对贫

---

① 用以专门教育黎人子弟的学校。

② 吴永章:《黎族史》,广东人民出版社 1997 年版,第 253 页。

③ 海南省统计局:《海南省 2010 年第六次人口普查主要数据公报》,http://www.hinews.cn/news/system/2011/05/11/012493671.shtml,南海网-海南日报,2011-05-11/2015-04-23。

困人口,低收入人口 61 万,分别占人口总数的 1% 和 9%[①];2009 年,海南省按照国家新划定的贫困人口线标准,重新确定的贫困人口达 49.52 万人,占该省农业人口的 9.9%,同时,每年因自然灾害等因素导致的再次返贫率达 10%[②];贫困人口主要集中在琼中、五指山、白沙、保亭和陵水 5 个国家级贫困县市和乐东、东方、昌江、定安、屯昌、临高 6 个省级重点贫困县市;贫困人口分布面很广且集中在少数民族地区,以农村人口为主的少数民族县市整体发展水平不高。同时,由于海南省建省较晚,各项社会事业发展较为滞后,教育发展整体水平不高,且历史欠账太多。据 2000 年第五次人口普查统计,海南省每 10 万人中具有大学程度的只有 3180 人,具有高中程度的只有 12512 人,具有初中程度的有 32485 人,具有小学程度的有 34378 人;全省总人口中,文盲人口(15 岁及以上不识字的人)为 554745 人,文盲率为 7.05%[③];2008 年公布数据显示,全省接受大学及以上教育程度为 41.28 万人,高中教育程度为 109.2 万人,初中教育程度为 310.25 万人,小学教育程度为 236.74 万人[④]。2009 年海南省 6 岁及 6 岁以上受教育人口受教育程度统计,6 岁以上人口总数 7008 人,未上过学的有 510 人,占比 7.27%[⑤];这些数据反映了海南省的整体发展水平较全国经济发达地区还有较大差距;特别是少数民族地区的贫困水平和教育发展滞后等问题显得尤为突出。

在这样的历史背景下,海南省委在积极探索地区经济发展的内生动力的基础上有序推进城镇化战略,试图打破城乡发展的制度壁垒,实现城乡的融合发展。追溯海南省城镇化的发展历程,最早起步于 1950

---

① 刘平量:《城市化移民:解决我省农村贫困人口的根本途径》,《海南广播电视大学学报》2004 年第 1 期。

② 王晓易:《海南省重新确定的贫困人口为 49.52 万人》,http://news.163.com/09/0928/14/5KAA5J700001124J.html,中国新闻网,2009-09-28/2015-03-23。

③ 海南省统计局:《海南省 2010 年第六次人口普查主要数据公报》,http://www.hinews.cn/news/system/2011/05/11/012493671.shtml,南海网-海南日报,2011-05-11/2015-04-23。

④ 海南省民族宗教事务委员会:《海南省少数民族人口与分布》,http://hntzb.hinews.cn/system/2010/07/29/010963763.shtml. 2010-07-29/2015-04-23。

⑤ 根据《中国教育统计年鉴》2009 年各地区按性别和受教育程度分的人口表格统计。

年解放以后;据统计,1953 年海南省的城镇人口比例为 6.4%,1960 年末,随着海南农垦系统的发展,岛外迁入人口的增加,使得海南城镇人口比重上升到 15%;1970 年到 1980 年期间,随着海南工业化进程的发展,海南城镇人口增长了 10 多万人;80 年代初,随着海南成为改革开放的经济特区,大量的人才涌入海南,到 1989 年,海南省的城镇人口突破了 100 万人,90 年代期间,海南省重点发展农业和旅游业,经济发展走上了正轨,随着经济的发展和人口的增加,海南省的城镇人口突破了 200 万人①。到 2009 年,随着国际旅游岛战略的推出,海南省的城镇化进入了新的发展阶段,据第六次普查数据统计,2010 年海南省的城镇人口达到 430 万人,城镇化率达到 49.69%;2011 年海南省的城镇化率为 50.5%,低于全国的 51.3% 的国家城镇化率;2012 年海南省的城镇化率为 52.6%,但如果按照城镇户籍人口为计算标准,扣除农垦系统的因素,海南实际的城镇化率仅为 32%;②据最新数据报道,海南省省长刘赐贵在 2014 年的政府工作报告中指出 2014 年海南省的城镇化率达到 53.76%,比 2013 年提高了 1 个百分点。③ 在近 60 年的发展历程中,海南省的城镇化水平从最初的 6.4% 上升到 53.76%,取得了长足的发展,但相对于全国其他发达地区上海(89.3%)、广东(66.18%)而言,④海南省的城镇化水平还是相对较低;同时由于海南省本身的产业结构、经济发展水平以及地域特点等因素的影响,海南真正实现“人的城镇化”比例还是较低,其城镇化质量相对于全国其他地区而言还处于较低层次。

从已有的相关文献梳理,海南省的城镇化发展呈现以下几个特征。

---

① 刘钊军、胡木春:《海南特色的城镇化道路研究》,《城市规划》2012 年第 3 期。

② 海南省人民政府政协提案:《关于推进海南省城镇化的建议》,http://www.hainan.gov.cn/tiandata-zxta--5784.html,海南省人民政府网,2014-04-15/2015-04-23。

③ 黄智勇:《2014 年海南城镇化率达 53.76%》,http://news.cnstock.com/news,bwkx-201502-3338507.htm,中国证券网,2015-02-09/2015-04-23。

④ 海南省人民政府政协提案:《关于推进海南省城镇化的建议》,http://www.hainan.gov.cn/tiandata-zxta--5784.html,海南省人民政府网,2014-04-15/2015-04-23。

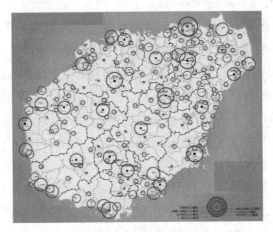

图 1-1 2009 年海南省城镇人口分布图①

第一是城镇化进程在加快,但总体发展水平不高,东西部城镇发展不均衡。从城镇人口的分布来看(见图 1-1),随着近几年海南省经济建设水平的加快,城镇人口较多的城市是海口、三亚、琼海、儋州。据统计,2010年海口的城镇化率为 74.17%,三亚的城镇化率达到 66.21%,这两大中心城市集聚了全省 31.5% 的人口;与此同时,西部及中部贫困地区的城镇化水平却相对较低,2010 年中西部的少数民族县市如琼中和白沙县的城镇化率分别仅为 29.76% 和 25.32%,东西部城镇化差距明显。2010 年,海南省住房与城乡建设厅公布的《海南省城乡经济社会发展一体化总体规划(2010—2030 年)》中(见图 1-2),规划以海口、三亚、琼海、儋州—洋浦为核心成立四个城市核心圈,带动辐射周边地区;但其他城市地区人口规模较小,呈星点分布,经济差距较大。从产业结构和 GDP 总量来看,海南省的产业结构不甚合理,2012 年第一、二、三产业分别占国内生产总值为 24.9%、28.2%、46.9%,第二产业发展相对滞后,这在一定程度上阻碍了海南农村劳动力的转移,制约了城镇化的发展;海南省的国内生产总值也低于全国大多数省份,2012 年位列全国倒数第四,GDP 总值仅为

① 海南省住房和城乡建设厅、中国城市规划设计研究院:《海南省城乡经济社会发展一体化总体规划(2010—2030)(简本)》,《海南省政府城乡规划委员会第十二次会议文件》,2010 年 12 月,第 10 页。

2855.3 亿元,人均地区生产总值仅为 32374 元,处于全国中等偏下水平,其城镇化的经济基础相对薄弱。城乡居民可支配收入差距较大,从 2005 年到 2010 年城乡居民收入比较来看,2010 年城镇居民收入是农村居民收入的 3 倍(见图 1-3)。第二是海南省的城镇化规模小,区域辐射能力弱。从目前海南省已有的市县来看,海南全省 8 个市级城市的平均人口规模仅为 23.33 万人,与全国市级平均人口 51.26 万人有较大差距,而人口高度集中的区域集中在海口和三亚,据 2009 年统计,大城市海口的城镇人口才 85.4 万人,三亚仅为 26.6 万人,属中等城市,其余城镇人口最大的儋州城区只有 19 万人,西部的白沙和中部的琼中等贫困县城镇人口仅 2.5 万人,均属于小城镇,全省 183 个小城镇,除县城外,平均人口规模才 4000 人,远低于全国 1 万人的平均规模,很难起到城镇化的辐射和促进作用。从城镇化发展趋势来看,海南北部区域城镇化较高,2010 年达到 61.95%,中部城镇化发展较低,才 35.13%;南部、西部和东部地区的城镇化水平居中,分别为 46.64%、42.02% 和 40.49%。第三是人的城镇化水平较低,城乡公共基础服务体系差距较大,特别是文化、教育、卫生等领域,严重制约城镇化的深度发展。由于海南近年来突出以城市为中心的发展理念,城镇乡村发展相对滞后,很多小城镇的基础设施建设严重滞后,交通、卫生、医疗、教育等发展水平较低。农村的教育基础设施投入更是严重不足,师资流失严重,严重制约了农村教育的发展,农村人口的教育条件和人口素质亟待提高,2010 年,海南乡村人口中具有高中及以上文化程度的比重仅为 10.94%,而城镇人口中具有高中以上文化程度的比例达到 38.16%,农村地区的教育滞后,导致农村人口的职业技能和生产效率在较低层次徘徊,严重阻碍了农村劳动力向城镇转移,也导致城乡差距不断加大,农村城镇化由于人的因素进程相对缓慢。①

---

① 海南省人民政府政协提案:《关于推进海南省城镇化的建议》,http://www.hainan.gov.cn/tiandata-zxta--5784.html,海南省人民政府网,2014-04-15/2015-04-23。

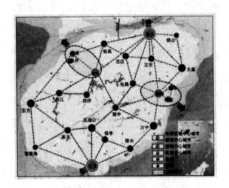

图 1-2　海南"四核多心网络化"的城乡规划体系①

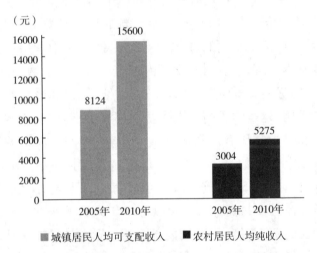

图 1-3　2005 年与 2010 年海南省城乡居民人均可支配收入对比②

一、海南城乡教育发展的不平衡

在海南省城镇化的推进过程中,农村城镇化虽然取得可喜的成绩,但城乡人力资源之间的差距还是较大,2009 年,海南省劳动人口平均受教育年限仅为 8.1 年,劳动力的文化结构相对全国而言还是偏低的,城镇从

---

① 刘钊军、胡木春:《海南特色的城镇化道路研究》,《城市规划》2012 年第 3 期。

② 海南省住房和城乡建设厅、中国城市规划设计研究院:《海南省城乡经济社会发展一体化总体规划(2010—2030)(简本)》,《海南省政府城乡规划委员会第十二次会议文件》,2010 年 12 月。

业人员大多以初中和小学学历为主体,人数占到从业人口总数的 78.4%,接受高等教育人才只占 4.39%,中高层人才更是短缺,具有本科和研究生学历者仅占 1.33%。2000 年统计,海南省文盲人口(15 岁以上识字或者识字很少的人)占海南总人口的 7.05%,比全国平均水平高出 0.43 个百分点,接受小学教育的人数占海南总人口的 34.4%,比全国平均水平低0.5 个百分点,接受大学教育的人数仅占总人口比重的 3.17%,低于全国平均水平 0.36 个百分点。① 人力资本的劣势是制约海南经济社会发展的重要因素。在海南省经济社会发展的过程中,海南城乡经济发展水平的差距也体现在教育发展差距上,据海南省统计局统计(见表 1-1),2008 年海南省城镇每十万人拥有大专及以上学历的人数 7317 人,是乡村该指标的 18.9 倍,城镇每十万人拥有高中和中专学历的人数 21571人,是乡村该指标的 3.36 倍,城镇每十万人拥有初中学历人数与乡村该学历人数基本均等,而乡村每十万人拥有小学学历人数却达到 40668人,是城镇该指标的 1.62 倍。从表 1-1 可见,城镇和乡村在受教育人口比例中成反比,越是学历高的人才基本都集中在城镇,而乡村聚集的更多是小学和初中学历者。从区域横向比较,大城市海口城镇每十万人拥有大专以上的人数是 14575 人,是屯昌县该指标的 3.83 倍,是乐东黎族苗族自治县的 3.14 倍。海口乡村每十万人拥有大专及以上学历者人数是屯昌县乡村拥有大专及以上学历人数的 4.68 倍,是乐东黎族苗族自治县的 7.25 倍;从区域内部来看,大城市海口乡村每十万人拥有小学学历者人数是海口乡村每十万人拥有大专及以上人数的 20倍;屯昌县乡村每十万人拥有小学学历人数是乡村拥有大专以上人数的 105 倍。从全省数据来看,昌江黎族自治县乡村每十万人拥有小学人数达到 45834 人,居全省之首,是昌江乡村每十万人拥有大专以上人数的 120 倍。由此可见,海南城乡教育发展的差距是巨大的,农村成为低学历人才的主要聚集区,而人才的匮乏也成为农村城镇化进程的重要掣肘,这不仅会严重影响区域经济社会的协调发展,也会导致城镇和乡村的两极分化,持续以往将影响到社会的和谐稳定,对于海南经济社

---

① 杜井冈:《海南省农村城镇化进程中教育移民政策研究》,西南大学博士学位论文,2012 年。

会的可持续发展是不利的。

表1-1　2008年海南省按城乡分每十万人拥有的各种受教育程度人口①

（单位:人）

地区	大专及以上		高中和中专		初中		小学	
	城镇	乡村	城镇	乡村	城镇	乡村	城镇	乡村
全省总计	7317	387	21571	6408	32622	32421	25053	40668
海口市	14575	1821	27089	9223	30203	35588	17694	37196
三亚市	4711	603	17749	7103	35662	33072	27620	39087
通什市	10761	512	28947	5703	27348	33021	21067	39698
琼海市	3908	414	19912	7542	39926	41323	24507	35822
儋州市	4622	314	14130	4717	29551	21634	32854	44962
琼山市	5930	301	22276	5631	32590	34232	26202	41238
文昌市	3373	343	19521	7862	36234	35220	27633	39498
万宁市	4759	366	23135	8192	34952	37037	25160	38380
东方市	3960	367	17281	4539	27676	23007	30525	42593
定安县	4112	333	19090	7119	37898	35655	26654	40744
屯昌县	3797	389	17273	5618	38196	34620	26956	41117
澄迈县	4025	499	16825	6765	36374	31299	29015	41776
临高县	4938	290	22819	6502	31579	30789	26408	40911
白沙县	7339	428	24279	6188	30760	30173	24995	43940
昌江县	4728	381	19472	4148	29996	25673	30013	45834
乐东县	4649	251	22568	6049	30500	32412	27874	40864
陵水县	6383	298	27903	5903	30390	37850	22171	37246
保亭县	6974	401	27249	7769	30336	37583	22966	37135
琼中县	6174	510	23269	6963	33032	33174	24383	41001
西南中沙	6190	0	41973	0	47195	0	4449	0
洋浦	3390	0	10340	0	21079	0	41689	0

　　从海南省东西部区域的人口受教育程度来看（见表1-2），2010年东部地区的平均受教育年限为 9.43 年,比全省平均高出 0.53 年,中部居

---

① 国家统计局:《人口发展战略不断完善人口均衡发展取得成效》,http://www.hi.stats.gov.cn/hnstjj/tjsj/tjsu/pcsj/200803/t20080318_623111.html,国家统计局网站,2008-03-18/2013-07-21。

中,西部最低,平均受教育年限仅有8.06年,低于全省平均水平0.84年;平均受教育年限最高是海口市为10.11年,最低是东方市为7.79年,与海口市相差2.32年,低于全省平均水平1.11年;从文盲率来看,东部地区的文盲率为2.67%,比全省平均水平低1.4个百分点,中部地区为3.93%,低于全省平均水平0.13个百分点,文盲率最高的为西部地区,达到6.33%,高出全省平均水平2.26个百分点;从城市来看,三亚市的文盲率最低为1.94%,全省文盲率最高的是西部地区的东方市,达到7.72%,高出全省的平均水平3.65个百分点[①]。由此可见,海南东西部地区教育发展极不均衡,东部沿海发达地区相对于中西部的少数民族地区和贫困地区而言,教育发展程度相对较高,而中西部地区的城乡人口受教育年限和文化素质相对于东部地区而言,差距较为明显。

表1-2　2010年海南东、中、西部区域平均受教育年限和文盲率对比情况

	平均受教育年限(年)	比全省高/低(年)	文盲率(%)	比全省高/低(百分点)
东部地区	9.43	0.53	2.67	-1.40
海口市	10.11	1.21	2.14	-1.93
三亚市	9.50	0.60	1.94	-2.13
文昌市	8.57	-0.33	4.01	-0.06
琼海市	8.81	-0.09	2.84	-1.23
万宁市	8.65	-0.25	3.72	-0.34
陵水县	8.57	-0.33	3.34	-0.73
中部地区	8.48	-0.42	3.93	-0.13
五指山市	9.13	0.23	4.44	0.37
定安县	8.62	-0.28	2.90	-1.16
屯昌县	8.22	-0.68	4.10	0.04
琼中县	8.40	-0.50	4.38	0.31
保亭县	8.66	-0.24	4.00	-0.06

---

① 苏绮凌:《海南人口综合素质状况分析》,http://www.stats.hainan.gov.cn/tjsj/tjzs/llyj/201303/t20130325_923349.html,海南省统计局网站,2013-03-25/2014-04-22。

续表

	平均受教育年限(年)	比全省高/低(年)	文盲率(%)	比全省高/低(百分点)
白沙县	8.19	-0.71	4.58	0.51
西部地区	8.06	-0.84	6.33	2.26
儋州市	7.98	-0.92	7.49	3.43
东方市	7.79	-1.11	7.72	3.65
澄迈县	8.39	-0.51	4.08	0.02
临高县	7.98	-0.92	6.00	1.93
乐东县	8.17	-0.73	4.97	0.90
昌江县	8.08	-0.82	7.06	2.99

二、城乡基础教育经费投入的不均衡

自 2000 年海南省宣布基本实现"普九"目标以来,对基础教育的投入力度开始不断加大,特别是对处于偏远贫困的农村地区,其基础教育条件亟待改善。为了进一步缩小城乡教育的差距,海南省从 2004 年开始,先后出台了《关于优先发展教育的决定》和《海南省农村教育十年(2004—2013 年)发展规划》等文件,进一步加大了对农村基础教育的投入力度,据统计,2003 年,海南财政性教育经费仅为 20.8 亿元,2004 年增加到 24.8 亿元,增幅达到 20%。2007 年是海南省城乡基础教育投入均衡发展的转折点,也是城乡教育扶贫移民项目的计划实施之年,据《海南省 2008—2012 年重点民生项目发展规划》记载的数据,2007 年,海南省初中毕业生升学率仅为 61.87%,比全国平均水平低 17.4%;全省普通初中大班额比例为 62.65%,比全国平均水平高 17.86%。同时,城乡劳动力供需矛盾较为突出,每年城镇就业岗位缺口人数达 10 多万人,而与此同时,农村农民人均纯收入仅有 3791 元,比全省平均水平低 349 元,农村每年还有将近 10 多万富余劳动力需转移就业。[①] 因此,笔者选取了 2003 年

①　海南省人民政府:《关于印发〈海南省 2008—2012 年重点民生项目发展规划〉的通知》,ht-tp://www.hainan.gov.cn/data/hnzb/2008/09/1430/,海南省人民政府网,2008-08-04/2016-05-04。

和 2007 年的教育经费的支出数据,让我们能直观地了解海南城乡教育移民政策的实施背景(见表 1-3),从表 1-3 可见,2003 年海南省农村初中生均教育经费为 874.03 元,仅占全省平均水平的 88%;2003 年农村小学生均教育经费仅为 763.03 元,占全省平均水平的 95.2%。2007 年,农村初中、小学生均教育经费都有明显的提高,其中农村初中生均教育经费较 2003 年增幅达 1.86 倍,但农村初中生均教育经费并没有达到全省平均水平;农村小学生均教育经费较 2003 年增幅达 2.04 倍,基本赶上全省平均水平。由于未能查到城镇相关教育经费支出情况,但通过农村基本数值低于全省平均数值可以预测,农村生均教育经费定低于城镇生均教育经费水平。为了更全面地了解教育经费支出情况,笔者仔细搜寻了海南地区初中、小学公用教育经费支出和其他教育经费支出情况(见表 1-4、表 1-5)。从表 1-4 可见,2003 年海南农村初中生均教育经费为 1249.68元,仅占全省平均水平的 70.7%,其中生均公用教育经费支出仅为350.79 元,仅占全省平均水平的 66.3%;2007 年农村初中生均教育经费提高到 2863.5 元,教育经费有了较大提高,较 2003 年增长了 1.29 倍,但仍只占全省平均水平的 89.4%,其中生均公用教育经费提高到 734.04元,比 2003 年增长了 1.09 倍,占全省平均水平比例从 2003 年的 66.3%提高到 77.7%;仍远低于城镇初中生均教育经费支出。从表 1-5 可见,2003 年农村小学生均教育经费支出为 940 元,占全省平均水平的88.4%,其中生均公用教育经费支出为 163.72 元,仅占全省平均水平的70.7%;2007 年农村小学生均教育经费支出提高到 2567.45 元,较 2003年增长了 1.73 倍,超出了全省平均水平 0.7 个百分点,实现了较大的跨越;其中生均公用教育经费支出提高到 501.38 元,较 2003 年增长了 2.06倍,占到全省平均水平从 2003 年的 70.7%增长到 90.5%,仍低于全省平均水平。由此可见,海南省自 2003 年以后开始加大对农村基础教育的投入力度,到 2007 年,农村教育经费投入相对 2003 年有了大幅提高,但城乡教育经费的差距还是较大,特别是农村地区,由于历史欠账太多,农村教育经费投入虽然达到全省平均水平,但相较于城镇教育投入而言,还有较大差距,城乡教育均衡发展还有很长的一段路要走。

表 1-3　2003、2007 年生均财政性预算内教育经费支出情况①（单位:元）

年份	初中生均教育经费支出			小学生均教育经费支出		
	全省	农村	农村/全省	全省	农村	农村/全省
2003	993.56	874.03	88%	801.32	763.03	95.2%
2007	2619.85	2503.68	95.6%	2239.92	2323.01	103.7%
2007/2003	2.64	2.86		2.79	3.04	
增幅(倍)	1.64	1.86		1.79	2.04	

表 1-4　2003、2007 年初中生均教育经费支出情况②　　（单位:元）

年份	生均教育经费支出			其中公用经费支出		
	全省	农村	农村/全省	全省	农村	农村/全省
2003	1766.36	1249.68	70.7%	529.3	350.79	66.3%
2007	3202.8	2863.5	89.4%	944.42	734.04	77.7%
2007/2003	1.81	2.29		1.78	2.09	
增幅(倍)	0.81	1.29		0.78	1.09	

表 1-5　2003、2007 年小学生均教育经费支出情况③　　（单位:元）

年份	生均教育经费支出			其中公用经费支出		
	全省	农村	农村/全省	全省	农村	农村/全省
2003	1063.66	940	88.4%	231.56	163.72	70.7%
2007	2548.96	2567.45	100.7%	553.93	501.38	90.5%
2007/2003	2.64	2.73		2.39	3.06	
增幅(倍)	1.64	1.73		1.39	2.06	

①　姚锐、曾纪灵:《海南农村义务教育均衡发展的经费保障状况——基于对生均教育经费支出变化的分析》,《新教育》2014 年第 1 期。

②　姚锐、曾纪灵:《海南农村义务教育均衡发展的经费保障状况——基于对生均教育经费支出变化的分析》,《新教育》2014 年第 1 期。

③　姚锐、曾纪灵:《海南农村义务教育均衡发展的经费保障状况——基于对生均教育经费支出变化的分析》,《新教育》2014 年第 1 期。

三、城乡基础教育师资队伍的不匹配

海南城乡基础教育的差距也体现在城乡师资队伍的学历和职称水平上,为了能较为直观地了解师资队伍情况,我选取了海南省 2004 年城乡师资队伍状况进行分析,因为 2004 年是海南省加大对农村教育发展的规划之年。根据《中国教育年鉴》2004 年的统计数据,笔者进行了初步分析(见表 1-6、表 1-7、表 1-8);首先我们来看下城乡小学师资队伍状况(见表 1-6)。2004 年海南农村、县镇和城市教师数量比是 5∶2∶1,农村教师队伍数量达到 31504 人,是县镇教师数量的 2 倍多、是城市教师数量的 5 倍多;但本科学历只有 297 人,占农村师资队伍的 0.94%,专科毕业学历人数为 10655 人,占比为 33.82%;高中毕业学历人数为 19974 人,占比为 63.4%;高中以下学历人数为 578 人,占比为 1.83%;从学历层次来看,农村师资队伍中专科和高中毕业学历者占主体,占总人数的比例达到 97.22%,整体学历水平偏低。从职称情况来看,农村师资队伍中,中学高级职称的人数只有 10 人,占总人数比为 0.03%;小学高级职称人数为 8044 人,占比为 25.5%;小学一级职称人数为 15623 人,占比 49.6%;小学二级职称人数为 5723 人,占比 18.16%;小学三级职称人数为 711 人,占比为 2.26%;还有 1393 人是没有职称的教师,占比达到 4.25%;从职称情况来看,农村学校师资中,小学一级、小学高级、小学二级人数占主体,三者占到总人数的 93.26%;师资水平呈现学历和职称整体偏低、两头弱、中间强、基础薄。我们再来看看县镇的师资水平,从学历来看,占主体的主要是专科和高中学历,专科学历人数为 6248 人,占总师资人数的 50.8%;高中学历人数为 5795 人,占总师资人数的 47.1%,两者占到了总师资人数的 97.9%,比农村占比提高了 0.68 个百分点;本科学历人数为 171 人,占比为 1.39%,比农村高 0.45 个百分点,县镇师资中仅有 1 名研究生学历者,而农村是 0 个;高中学历以下人数为 79 人,占比为 0.64%,比农村低 1.19 个百分点。从职称情况来看,主要职称主体为小学一级、小学高级和小学二级,分别占比分别为 44.4%、36.2%、12.85%;占到总人数比例的 93.45%,同指标比农村搞 0.19 个百分点,与农村师资水平

相当。总的而言,县城师资水平相对于农村师资水平而言,县镇的高学历人数占比较农村稍高,低学历人数占比较农村低,职称整体水平相对农村稍好。再来看看城市的师资水平,其中研究生学历有 2 人,比农村多 1 人;本科以上学历人数为 807 人,占总数的 12.78%,而农村同类指标占比只有 0.94%,比农村高 11.84 个百分比;专科学历人数为 3916 人,占比达到 62.06%,农村同类指标占比仅有 33.82%,城市较农村高 28.24 个百分比;高中学历人数为 1544 人,占比为 22.46%,农村同类指标占比为 63.4%,城市比农村低 40.94 个百分比。可见,城市师资学历水平较县镇、农村师资有较大的提高,其中城市专科以上学历者占比为 74.88%,县镇专科以上学历占比为 52.2%,而农村专科以上占比仅为 30.76%。从职称层面来看,城市小学中学高级职称人数为 51 人,是农村同类人数的 5 倍;小学高级职称人数为 2120 人,占总人数比为 33.59%,而农村同类指标占比仅为 25.5%;小学一级职称人数为 2655 人,占总人数比为 42.07%,而农村同类指标占比为 49.6%;城市小学一级以上职称占比达到 76.48%,县镇小学一级以上职称占比为 80.79%,而农村小学一级职称占比为 75.1%。总的而言,海南城乡小学教师学历和职称呈现为两极化,城市师资水平呈现为高学历者占多数,高职称人数较农村占比高,农村师资水平呈现两头弱,中低学历层次占多数。

表 1-6　海南城乡小学师资队伍情况

	按学历分						按职称分					
	合计	其中女	研究生学历	本科毕业	专科毕业	高中毕业	高中毕业以下	中学高级	小学高级	小学一级	小学二级	小学三级	未评职称
海南城市	6310	4269	2	807	3916	1544	41	51	2120	2655	717	134	633
海南县镇	12294	6673	1	171	6248	5795	79	9	4457	5467	1581	83	697
海南农村	31504	11274		297	10655	19974	578	10	8044	15623	5723	711	1393

表 1-7   海南城乡初中师资队伍情况

	按学历分						按职称分				
	合计	其中女	研究生学历	本科毕业	专科毕业	高中毕业	高中毕业以下	中学高级	中学一级	中学二级	中学三级	未评职称
海南城市	3627	1911	10	2383	1204	30		436	1294	1431	99	367
海南县镇	11664	3806	11	3576	7608	458	11	572	3355	5814	510	1413
海南农村	5537	1628		1126	3994	410	7	143	1503	2690	374	827

表 1-8   海南城乡高中师资队伍情况

	按学历分						按职称分				
	合计	其中女	研究生学历	本科毕业	专科毕业	高中毕业	高中毕业以下	中学高级	中学一级	中学二级	中学三级	未评职称
海南城市	1989	839	18	1806	163	2		699	707	458	6	119
海南县镇	3241	958	18	2420	799	4		633	1238	1028	13	329
海南农村	378	122	1	251	124	2		62	149	89	6	72

注:根据 2004 年《中国教育统计年鉴》数据整理。

我们再来看下城乡初中和高中师资水平的情况(见表 1-7、表 1-8),从表 1-7 可见,城市初中专科人数为 1204 人,本科为 2383 人,研究生学历为 10 人,专科以上学历总人数为 3597 人,占总人数比为 99.17%,县镇专科以上学历总人数为 11195 人,占总人数比为 95.9%,而农村专科以上学历总人数为 5120 人,占总人数比为 92.46%;从职称上来看,城市中学三级以上职称总人数为 3260 人,占总人数比为 89.88%;县镇中学三级以上职称人数为 10251 人,占总人数比为 87.88%;农村中学三级以上职称总人数为 4710 人,占总人数比为 85.06%。从表 1-8 可见,城乡高中教师总人数为 1989 人,是农村高中教师的 5.26 倍,县镇高中教师总人数为 3241 人,是农村高中教师的 8.57 倍,说明农村高中辐射小,师资水平覆盖低。从学历层次来看,城市高中本科以上学历人数为 1824 人,占总人数比为 91.7%;县镇本科以上学历人数为 2438 人,占总人数比为 75.22%,而农村高中本科以上学历人数仅为 252 人,占总人数比为 66.6%;从职称上看,城市中学二级以上职称总人数为 1864 人,占总人数比为 98.2%;县镇高中中学二级以上职称人数为 2899 人,占总人数比为 89.44%;而农村高中中学二级以上职称人数仅为 300 人,占总人数比为 79.36%。可见,城乡高中师资水平也呈现两极分化,城市师资在学历层次和职称分布上都较农村有较大的优势,农村师资水平呈现为学历层次偏低,中低职称占比较高;师资结构水平不甚合理等问题。相对于城市和县镇而言,农村的师资水平重点分布在农村小学上,而农村小学的师资水平呈现为高职称、高学历占比太少,中低学历层次占主体,低学历、没职称人数还有相当比例,师资整体水平偏低,较城市和县镇还有较大差距。

综上所述,海南省城镇化水平相对还处在比较低的层次上发展,呈现的问题主要有:经济产业结构的不合理,农村富余劳动力向城镇转移流动力较弱;城乡公共基础设施条件还亟待改善,东西部城镇化发展极不均衡。同时城乡教育差距较大,城乡人口素质呈现两极分化,城乡教育在教育经费投入和师资发展水平上都存在着较大的差距。在城镇化战略的资源推拉吸引下,农村人口的外向型迁移随着城镇就业机会的增加而不断外流。而就目前而言,海南经济社会发展相对发达地区还滞后,深深掣肘的不再是经济项目和资金的引进,更重要的是"人"的因素,如何实现"人"的真正城镇化,提升人的综合素质和职业技能,让农村人口通过职业技能的提升在城镇找到适合自己的发展平台,成为解决城镇化可持续发展的重要因素。因此,在城镇经济发展和人力资本需求的拉力以及乡村资源困境的推力下,城乡教育差距日益凸显,海南省为了缩小东西部之间的发展差距,特别是民族地区的深度贫困问题,于 2004 年开始针对边远少数民族贫困地区开展教育扶贫移民项目,由此,海南教育移民政策应运而生。其目的就是想通过加大对贫困地区的教育投入补上经济发展的短板,特别是改变其落后的生存方式和安于现状的生活观念。并在以往扶贫效果不大的经验基础上,加大民族地区基础教育的投入力度,努力提升人力资源的技能水平和整体素质,试图缩小城乡教育水平之间的差距,并鼓励不同地区根据各地的贫困情况开展异地教育扶贫移民项目,给予农村学生同等的教育条件和上升途径,努力改变民族贫困地区人民的生活观念。其目的是想转变扶贫方式,把以往单一的"输血式"扶贫转变为造血式扶贫,希望通过教育的扶贫功能,改变贫困地区人口的生活观念和技能水平,让其主动地接受教育,在城镇化过程中找到适合自己的生存机会。

第 二 章

教育移民政策的整体实践逻辑

在探寻复杂社会运动规律的过程中,结构主义理论是不可逾越的理论范式,从斯宾塞、帕森斯到吉登斯,结构主义理论谱系突出社会结构的整体而非个体,突出社会结构关系而非实体,认为整体决定个体,个体服从于整体的内在规定性。在结构体系中,结构关系决定各组成部分的性质和作用,使各组成部分组成一个社会关系网络模式,个体成分并没有独立的意义,只有在关系体系中才有意义。首先,结构主义把分析关系结构作为认识和把握世界的关键。其次,结构主义强调探寻社会的深层结构,主张通过对单纯的表面现象去进行经验实证研究,深入的观察和深描,找寻表层结构背后的深层关系,认为现象与事实并不等于真相,要通过经验实证研究与理性和直觉进行融合,才能逐步达到结构的深层认识。列维斯特劳斯曾通过语言学和符号学的结构解码,找寻语言文本"所指"和"能指"的区别,试图通过社会的"表层结构"和"深层结构"来找寻社会具体实践和行为背后的基本规则①。再次,结构主义强调世界万物是一个结构功能模式,是对立统一的,物质世界是永恒稳定的、有序的②;而人的行动和共同价值体系是社会结构的中介。与此同时,在分析特定的社会结构时,结构主义注重共时和历时的动态分析,认为所有历史的、时间

---

① Lévi-Strauss,C.,Structural Anthropology,Garden City.New York:Anchor,1967,p.271.

② 周怡:《社会结构:由"形构"到"解构"——结构功能主义、结构主义和后结构主义理论之走向》,《社会学研究》2000 年第 3 期。

维度上的现象和变化,都可以用结构的空间性的转换机制加以解释,它本身既是现在又是历史的凝结①。

吉登斯的结构化理论借鉴了马克思主义的社会实践理论,脱离了单纯从主体或客体的角度研究社会结构,选择从人类实践的角度看待社会结构。在教育移民政策整体实践的过程中,地区的政治、经济、文化和政策文本的符号体系构成了社会的制度系统。在这种整体的制度体系中决定了场域中个体的内在规定性,而人的行动和共同的价值体系隐藏在政策实践的过程之中,行动者在一定的时空之中运用规则和资源不断地改造着外部世界,并在相互的交往中形成了日常的生活实践。从整体来看,教育移民政策的实践过程就是由结构组织起来的无数具体实践交织联系的关系网络,行动者的互动以及长时间在一定区域内通过反复使用的规则和资源形成的教育移民政策的制度性实践。从整体的实践内容来看,教育移民政策的实践过程涵盖了整体移民搬迁的试点、到整体规划与推广、再到中小学布局结构的调整、教育经费和师资队伍建设等内容。从空间的维度来看,教育移民政策的通过在民族地区的试点到民族地区的推广再到非民族地区的应用,制度性实践的过程经历了不同区域的检验。从时间的维度来看,教育移民政策从试点到全省的推广历时了十余年,其静态的分析已不足以反映制度实践的深刻意义,有必要全面回顾教育移民政策的整体实践过程,并对教育移民政策前后的成效进行对比。

第一节　教育移民政策的整体实践过程

由于历史等多方面原因,海南省城乡教育发展不平衡问题一直存在,特别是地处海南中西部的贫困地区和少数民族聚居区的农村教育的基本功能得不到有效的发挥,民族地区延续着一种贫困的再生产,有些少数民族地区自解放后没有出过一个大学生,基础教育相当薄弱,农民对教育

---

① 杜玉华:《论马克思社会结构理论对西方结构主义思想的影响》,《江海学刊》2012 年第 3 期。

的重视程度较低。为了扭转这种局势,海南省政府开始加大对民族贫困地区的投入力度,并把教育作为优先发展的工作,从 2002 年至 2004 年间,海南省分别投入教育经费 16.22 亿元、17.4 亿元、20.7 亿元,总计共 54.32 亿元,年均增长 8.69%,2004 年预算内教育经费占到全省GDP 的 3.13%,2004 年,海南省委、省政府把优先发展教育纳入《海南省农村教育十年(2004—2013 年)发展规划》中,决定把优先发展农村地区的教育作为解决民族地区贫困循环的突破口,并选派省直机关的约 400 名干部联手扶贫地区进行驻点帮扶,开展以"帮思想、帮门路、帮技术、帮资金"为主要内容的扶贫工作,但效果并不明显,为此各地区开始认真总结以往的扶贫经验,开展适合本地实际的扶贫策略,而昌江黎族自治县的教育扶贫试点为民族贫困地区的跨越式发展做了有益的尝试。

一、实践的萌芽

2005 年,海南省昌江黎族自治县在总结分析以往就地扶贫和异地扶贫效果不大的原因后,提出从"扶贫先扶智"的思路切入,首先选择了昌江最为边远的少数民族贫困区——王下乡作为改革试点。王下乡地处边远的森林自然保护区霸王岭深处,下辖 4 个村委会、13 个自然村,总人口3185 人,2006 年人均收入只有 1050 元,是省级重点扶贫乡镇,教育移民前,最为落后的乡村还没有通路、通电,手机通信无法覆盖;基础教育条件极为落后,师资力量相对薄弱,学生上学条件异常艰苦。为了彻底解决王下乡的贫困面貌,县政府提出让王下乡村民整体外向型搬迁,把村民移民到生存条件较好的地区生产生活,逐步减少生态贫困区的人口承载,这样既保护了自然生态环境,又通过改变生存环境转变农民以往落后的生产方式,加大教育条件的改善,提高贫困地区人口的技能和文化素质,实现其在城镇就业生活。因此,县政府通过多次考察,制定移民方案:一是核定整体搬迁方案,把王下乡最为偏远和贫困的牙迫村进行整体搬迁,牙迫村共有 105 户村民,共有 531 人,由于地处霸王岭深处,交通、通信和电力基本无法覆盖,当地村民人均月收入只有 600—800 元,主要靠坎山、种山栏为生,生产方式较为原始,既破坏生态环境,经济产出效益也低;全村文凭最高的仅为高中学历,整体搬迁以前,全村没有出过一个大学生。为了做好整体搬迁,昌江县政府在县城石碌镇生态征地 1140 亩用于安置牙迫村村民,其中土地 540 亩,按每人 8 分田分配;村委公共基础设施 600 亩,包括村民住房、公共道路、文化广场、村委会和移民学校,给每户家庭新建近 100 平方米的平房,村区实现整体规划,铺设水泥路、安装太阳能路灯等基础设施,新村更名为水富村。新村址位于昌江工业园区,离县城只有 15 分钟车程,方便村民就近打工就业,目的是想实现村民就地城镇化,并在村里新建安置学校"添喜学校",让村民就近上学。① 二是把王下乡 271 名初中生整体迁入昌江民族中学(连同 6 名初中教师一同迁入),学校对移民学生实行寄宿制管理,给予就学费用全免政策,为减轻就学负担,政府每月给移民学生发放 75 元生活补贴。同时,为保障移民学生顺利就读,县财政一次性拨付移民学生搬迁资金 264.63 万元,其中 155.69 万元用于昌江民族中学的基础设施建设,其他教育经费 66.79 万元;还投入教育经费 42.15 万元,让 56 名毕业生免费入读职业学校。三是在昌江民族中学单设行政管理部门,成立专门的管理办公室,负责移民学生的日常管理,由县政府直接联系巡查,建立王下乡移民学生的医疗报销制度和助学机制,让移民学生能安心读书,保障不让一个移民学生辍学。四是拓展基础教育与职业教育的衔接,让少数民族地区的移民学生实现从异地搬迁读书——免费职业教育培训——实现人的城镇就业全过程。为了使移民学生进得来、留得住,县政府对入读职业学校的学生实行"四免一补"政策,即免学杂费、住宿费、信息费、课本费和补助学生生活费,②消除移民学生家庭的后顾之忧。从 2005 年至 2007 年,先后接纳移民学生 981 人,第一批毕业学生 78 人,有 3 人考上昌江中学高中班,其余全部入读三亚技工学校,由企业订单培养;第二批有 8 人考上昌江中学高中班,其余 94 人入读了昌江职教中心,③基本实现了移民学生的外向型就业,真正实现

---

① 根据昌江黎族自治县水富村村委会访谈资料整理。

② 海南省教育移民联合调研组:《海南省"教育移民"情况的调研报告》,《琼州学院学报》2008 年第 1 期。

③ 孙乐明等:《教育扶贫移民移出一片新天地》,http://hnrb.hinews.cn/html/2009-07/28/content_146769.htm,海南日报数字报刊,2009-07-28/2014-04-22。

了民族贫困地区移民人口的就地城镇化。

总的而言,昌江教育移民试点经验有几点值得关注,一是把教育扶贫与生态移民结合起来,把地处生态保护区的移民转移到城镇生活,减少了生态保护区的人口承载压力;改变其以往落后的生存面貌;为缓解其生活顾虑,县政府还给予移民家庭每人每月33元的生态补偿金,通过免试入学基础教育和职业教育培训,让移民学生学习新的就业技能,让其能尽快地适应城镇生活。一系列的措施让移民消除了顾虑,也尝到了甜头,家庭月收入由以前不到800元提高到每月2000多元,增长3倍多。教育移民政策通过外部环境的改善和文化的侵染使移民家庭渐渐改变了生活观念,不断有移民主动走出大山开始在城镇就业生活。二是把教育移民与教育资源整合结合起来,王下乡由于地处霸王岭深处,各村相隔距离较远,交通极为不方便,安全隐患多,各村学校呈散状分布,小班额、多班级特点明显,教师教学压力大,且呈现一人教学多个年级、多个科目,学校师资水平低,教育质量不高,教育资源利用效率低。通过教育移民,既整合农村学校的教育资源,又让地处偏远村庄的学生享受城镇学生同等的教育条件,实现了教育起点的公平,又提高了教学质量。同时,通过政策补偿解决了移民学生的教育成本负担,解决了学生的上学安全顾虑,特别是斩断了以往移民村庄贫困文化再生产的循环链条,为移民学生实现向上流通搭建了教育平台。三是把基础教育与职业教育衔接起来,打通了移民学生外向型移民的"最后一公里"通道,也解决了移民学生考不上高中的出路问题。基础教育着重培养移民学生的基本素养,职业教育突出培养移民学生的职业技能,使移民学生毕业后能尽快适应城镇的生产生活,通过自己的劳动改变以往落后贫困的生存状态,这不仅减轻了移民家庭的经济压力,也能产生积极的教育示范效应,让更多的移民家庭走出大山,融入城镇的生产和生活,加快了地区城镇化的进程。

二、规则的制定与推广

2007年上半年,海南省委书记卫留成在昌江调研时高度评价了昌江教育移民试点经验,要求省直相关部门认真总结昌江教育扶贫移民经验,拓展内涵,并把教育移民项目列入了省委、省政府的重要议事日程,准备

在全省予以推广。2008 年 7 月,海南省委把"教育扶贫移民工程"纳入
《海南省 2008—2012 年重点民生项目发展规划》中,提出在未来五年中,
全省计划投入 3.74 亿元,分五年在全省 16 个少数民族或贫困市县实施,
计划新建、改扩建校舍 26.57 万平方米,新增用于接受教育扶贫移民学生
学位 3.7 万个。2008 年 10 月,海南省在《中共中央关于推进农村改革发
展若干重大问题的决定》的实施意见中,明确提出城乡教育一体化目标,
提出大力推进公共服务均等化等内容,进一步充实和丰富了教育扶贫移
民工程的内涵。(具体见附件 1,海南省人民政府办公厅转发省教育厅、
省财政厅《2008 年海南省教育扶贫(移民)工程实施方案》的通知,琼府
办〔2008〕75 号文)。

自 2008 年 6 月《海南省教育扶贫移民项目方案》出台,海南省教育扶
贫移民项目正式开始在全省推广,从政策文本中可见,所谓的教育扶贫移
民:即重点是把自然条件差,基础设施薄弱,至今没有通路、通电、通广播
电视等的贫困自然村和处于生态核心保护区的边远村庄的小学生转移到
就近条件较好的乡镇中心学校或县城九年一贯制学校就读,把初中生集
中到人口较多、经济文化条件较好的乡镇中学或县城中学就读。其目的
主要有三个:一是通过异地搬迁的方式减少了生态保护区、自然条件较差
地区的人口承载力,改变了移民的生存环境;二是充分发挥教育移民的扶
贫功能,通过教育和文化的侵染提高知识技能、改变其固有的贫困文化观
念,让其尽快适应在城镇的就业和生活;三是整合以往扁平式教育摊派,
希望通过教育资源的整合,发挥教育资源的效率,又兼顾公平;让贫困地
区的孩子享受到城镇学生同等的教育条件。从文本中可见,为了保障项
目的顺利实施,首先在经费保障上,主要由省级财政、社会资金(香港言
爱基金会)和市县配套资金组成;仅 2008 年,海南省财政一次性安排资金
6150 万元,香港言爱基金会一次性资助 1.06 亿元,还有原财政安排的中
西部农村初中校舍改造工程专款 711 万元,以及市县配套资金达 1979 万
元;除此之外,为缓解移民学生的教育成本,政府还预算了学生的交通和
生活费补助等经常性资金,由省与市县按 7∶3 的比例分担。项目推进分
为两种模式,一种是由省、市县财政和香港言爱基金会共同投入建设的思
源学校(把 10 所教育扶贫移民学校统一命名为"思源实验学校");另一

种是由省和市县财政资金投入改扩建的教育扶贫移民学校。重点针对区域为中西部的少数民族贫困地区,其中5个国家级贫困市县、5个省级贫困市县,这10个县市都是少数民族聚居区。为了保障思源学校的顺利开学,海南省针对全省10所思源学校,采用同步设计、同步施工、同步验收的方式,仅用了18个月10所思源学校就建成投入使用,建设总面积达到13.77万平方米。校园建设也采用统一标准,统一配置教学仪器,校园网络建设也要求做到班班通。2009年9月,10所思源学校统一举行了开学典礼,项目实施后新增学位达到14400个;到2010年底,10所思源学校的在校生达到18630人,其中移民的住宿学生达到14059人,占到75.5%,思源学校的建立也迫使全省的乡镇学校开始整合教育资源,共撤并边远、贫困地区小学达到82所、初中达到22所。到2009年的下半年,海南省又开始加大对教育扶贫的投入力度,决定加快教育扶贫移民覆盖面,开始了第二期的教育扶贫移民工程项目,决定在澄迈、儋州、文昌、琼海和万宁5个市县继续实施教育扶贫移民项目,计划新建、改扩建9所乡镇中心学校校舍达5.24万平方米,再新增教育扶贫移民学位5500个,争取在2010年秋季投入使用,还计划在2010年,依托海南国兴中学、儋州五中等优质高中资源,新建2所思源实验高中,用于接受2009年思源学校2500名初中毕业生进入高中阶段学习。从海南省教育扶贫移民工程一览表(表2-1)中可见,海南省共新建思源学校24所,其中改扩建学校达到14所。

表2-1　海南省教育扶贫移民工程一览表①

	所在县市	建设面积	学位数	投资总额(概数)	备注
一期思源学校12所	文昌、五指山、东方、定安、屯昌、临高、昌江、乐东、陵水、白沙、保亭、琼中	187816平方米	21700个	总计2.79亿元,其中省财政6550万元,香港言爱基金会捐助1.69亿元,市县财政配套3779万元,其他资金711万元	2009年9月1日建成开学

---

① 教育部:《海南省开展教育扶贫移民工程探索贫困地区义务教育均衡发展新模式》,http://www.moe.edu.cn/publicfiles/business/htmlfiles/moe/s6444/201205/135500.html,中华人民共和国教育部网站,2012-05-11/2014-04-23。

	所在县市	建设面积	学位数	投资总额(概数)	备注
二期思源学校4所	儋州、万宁、澄迈	82951平方米	6900个	总计2.23亿元,其中省财政600万元,香港言爱基金会捐助5650万元,其余为市县财政配套。	2011年9月1日建成开学
三期思源学校8所	东方、定安、屯昌、澄迈、临高、乐东、陵水、琼中	280000平方米	18500个	计划总投入8.6亿元,其中香港言爱基金捐助1.5亿元,其余资金由省财政和市县配套解决	2012年9月1日建成开学
一期改扩建学校9所	儋州、文昌、琼海、万宁、澄迈	46341平方米	5500个	总投入6729万元,其中省财政5000万元,市县财政1476万元,其余资金253万元	2009年项目已完成并投入使用
二期改扩建学校5所	东方、屯昌、临高、乐东、陵水	17633平方米	1600个	总投入4220万元,其中省财政3000万元,市县配套1220万元	2012年9月投入使用

2009年9月,海南省第一期教育移民学校开始交付使用,移民学生进驻到新的标准化学校开始上学。为了保障移民学生进来的、留得住,海南省政府也做了统筹安排。第一,在移民学校的搬迁上,没有实行一刀切。针对少数民族地区移民学生上学路途远、小孩上学年纪小等现实问题。其主要做法是,把自然条件差、基础设施薄弱的贫困自然村和处于生态核心保护区的边远村庄的义务教育阶段中小学生分类移民,三年级以下的学生在相关乡镇设思源学校的教学点,思源实验学校在学校管理和教育教学上给予对口帮扶;仅四年级以上学生整体接入思源学校寄宿就读,一直读到初中。第二,完善助学保障机制,由于考虑到大多移民学生属贫困家庭,学生上学路途远,生活费难以负担,为进一步减少贫困家庭的教育成本;移民学生在思源学校就读期间除享受义务教育阶段免费教育外,还由省、市县财政共同负担他们的生活补助和交通费,初中毕业以后还可以享受专项的普通高中奖学金或补助金,也可以享受免费入读中职教育。政府按照小学生每人每年发放600元,初中每人每年发放750元生活补助;交通费按每人每年160元的标准补助贫困移民学生,所需资

金由省和市县按 7：3 比例拨付。部分少数民族市县结合本地区的贫困情况，还相应提高了补助标准，如东方市、陵水黎族自治县把小学生的贫困补助标准提高到每人每年 1200 元，初中生每人每年 1500 元；昌江黎族自治县把小学生的补助标准提高到每人每年 900 元，初中生每人每年 1050 元；五指山市把补助标准提高到每人每年 1000 元，屯昌县除按省政府补助标准发放外，还针对孤儿每月补助增加 200 元，低保户、单亲每人每月增加 100 元，困难户，每月增加补助 50 元；这些举措切实减轻了移民学生的教育成本负担。第三，把发展职业教育和教育移民项目结合起来。教育移民学生初中毕业后通过统考，考上的就读高中；考不上的直接进入职业技术学校，在职业学校期间继续享受免费教育，由企业订单培养，毕业后安排在城镇就业生活；这个举措保障了移民学生就业的后顾之忧，让他既能免费学习职业技能又能实现在城镇就业生活的目的。第四，为了提高少数民族地区教育移民学校整体教学质量水平，省政府提出在全国高薪引进高素质的教师队伍以提升本地的师资水平。2009 年 2 月，省政府适时推出了《关于思源实验学校教职工配备工作指导意见》（见附件2），计划从 2009 年 4 月开始，由省教育厅统一组织，面向全国公开招聘思源实验学校校长和学科带头人。公开招聘的校长岗位年薪达到 12 万元，资金由香港言爱基金会资助。2009 年，全国共有 277 名校长来应聘，经过省教育厅的初选、面试，最终选择了 10 名校长，安排到第一期投入的思源实验学校当校长；学科带头人全国有 363 名老师来应聘，最终选择了114 名安排到各市县思源学校，学科带头人工资按海南当地同等条件教师工资和教师绩效工资标准发放，前 3 年多加享受 5000 元/年的绩效工资待遇。此外，还从国家特岗教师计划中招聘 292 名大学本科以上高校毕业生到思源学校任教，特岗教师前 3 年的工资由中央财政专项补贴；思源学校的其余教师从原撤并的学校中调配，原则上都要具有本科以上学历，不具备本科以上学历的，要在 3—5 年通过各种学历教育途径获得后方可上岗。特岗教师和原撤并学校的教师均享受全省统一的岗位绩效津贴标准（年人均 5400 元）。通过高薪引进高素质的教师队伍，提高一线教师的待遇水平，思源学校的师资标准得到了大幅提高，教师的教学积极性更强，思源学校成为当地民族教育的重要示范学校；师资的高起点、学校建设的高标准、教师待遇的高投入为移民学生提供了良好的教育条件。第五,思源学校的后期管理。2009 年 9 月,全省 10 所思源学校投入使用后,在运行和管理中出现了一些问题和困难,为了更好地保障思源实验学校的运行,省政府专门针对议题出台了一系列的措施保障运行,其一是落实校长办学自主权,原则上把思源实验学校定为副科级事业单位,校长列为市、县管理干部,副校长由校长来提名,经组织考察后任用。其二是根据学校规模配齐配足学校后勤人员,可适当安排一部分人员进入事业编制,其他的由政策购买安排公益性岗位方式配足。其三是把公用经费向寄宿制学校倾斜,把各市县因学生人数减少的公用经费调剂到思源实验学校,2009 年各市县均已向思源实验学校调剂达 20 万元。其四是为了解决学校学科带头人和骨干教师困难的问题,香港言爱基金会于 2009 年出资 800 万元在 10 所思源学校内各补建一栋学科带头人和骨干教师的公转房住宅楼,资金不足的由各市县补足;同时要求 10 所思源学校结合自身特点,突出农村寄宿制学校特色,在校园内启动生态园的建设(菜地、养鸭、鱼塘等),即可作为学生劳动实践基地,也可改善学生伙食①。

通过对海南教育扶贫移民学校教师配备的文本分析,其突显出教育均衡发展的价值理念;主要涵盖学校建设目标、师资配备、学生来源、教职工待遇等几个方面,保障了教育移民学校的顺利运行。第一是从政策文本来看,海南省把思源学校定位为省级规范化学校和农村寄宿师范学校,着力加强少数民族地区基础教育规范化程度;第二是对中小学校进行布局结构调整,把边远、贫困、处于生态保护区的乡镇小学整体搬迁到思源学校,重点辐射农村地区,不安排县镇学生就近入学;第三是加大了师资的引进力度,高薪聘请思源学校校长、学科带头人和特岗教师,对撤并学校老师进行有条件调入,鞭策当地教师提升师资水平;第四是完善后勤保障,按标准配备生活老师和医务人员;安排老师生活宿舍。海南近几年坚持教育优先发展战略,把城乡义务教育均衡发展作为教育发展的"重中之重",加快推进县域内义务教育资源的优化、均衡配置,极力缩小城乡

①   海南省教育厅:《海南省实施"教育扶贫移民工程"情况汇报》,http://education.news.cn/2011-06/07/c_121504550.html,新华网,2011-06-07/2015-04-24。

之间、学校之间义务教育发展的差距。从方案的制定和实施推广,以及师资的引进配备、学校后勤的管理及制度保障等,海南教育移民政策的内涵不断得到充实,其政策范围覆盖了全省 10 个少数民族贫困县市和 6 个基础教育薄弱地区;共新建移民学校达 24 所,改扩建教育移民学校达 14 所,为贫困地区提供优质义务教育学位将近 5 万个。为了缩小城乡师资水平的差距,从全国高薪引进 24 位优秀校长、137 名学科骨干教师,还为每所思源学校配备 50 名左右的特岗教师,基本搭建起一支教育素质优良的教师队伍。其教育移民政策的内涵涵盖了师资的引进、教育主管部门的责任、移民学生的助学机制及新建学校的建设标准等。从政策文本来看,教育移民政策的实施背后是一个庞大的系统项目工程,不仅包括中小学布局结构的调整、教育经费的投入、师资的引进、教学质量的提升、移民学生的补助机制,还包括基础教育与职业教育的衔接等多方面的政策措施。这些内涵的实施效果势必将影响到教育移民政策的整体目标和有序推进。

三、教育资源的重构

为了保障教育移民政策的顺利实施,全省教育政策采取自上而下的执行模式,各市县以教育移民政策为中心,围绕教育移民政策落实责任制,签订目标完成的责任状,保障移民学校开学后,教师和移民学生顺利到位。为了较为直观地了解教育移民布局结构调整的规模,笔者先后查询了 2007 年全省的中小学校规模,据 2007 年统计,全省有小学 3190 所,在校生达 106 万人,初中 452 所,在校生为 46 万人,中等职业学校规模为 79 所,在校生为 6.6 万人[①]。自 2008 年开始实施教育扶贫移民政策以来,截止到 2012 年 12 月,全省 18 个市县共有义务教育学校 2424 所,其中小学 2036 所(小学教学点 647 个,不计校数),较 2007 年小学数减少 1154 所,如果涵盖小学教学点,实际撤并学校达 507 所,小学生在校生共计 752187 人,较 2007 年减少近 30 万在校生。2012 年初中学校仅有 388

---

① 海南省人民政府:《海南省教育事业十一五规划》,http://www.hainan.gov.cn/data/zfwj/2011/12/3825/,海南省人民政府网,2011-12-03/2015-04-25。

所,较 2007 年减少了 64 所,在校生规模缩小到 364677 人,较 2007 年减少近 10 万人。据 2012 年数据统计,近 5 年来,海南省共撤销学校 854 所(初中 55 所、小学 320 所、教学点 479 个)、合并 184 所(初中 18 所、小学 134 所、教学点 32 个)、新建和改扩建学校达 308 所(初中 61 所、小学 228 所、教学点 19 个)、其他方式(含转为教学点)123 所①。中等职业学校从 2007 年的 80 所增加到 2014 年的 95 所,在 2015 年 10 月,国务院教育督导委员会办公室专项督查职业教育座谈会上,宣布海南的中等职业学校由 95 所减至 76 所,19 所中等职业学校因办学条件和教学质量问题停办②。从数据上来看,教育移民政策实施后,全省的中小学校得到了大幅撤并,与此同时,中小学生在校生规模也得到急剧的缩小,小学生降幅将近 30 万人,初中生在校生规模降幅将近 10 万人。究其原因是多方面的,笔者认为最大的可能是因为农村人口的城镇转移导致移民学生的外向型迁出,还有可能是由于教育移民政策实施导致偏远贫困地区的中小学生急剧辍学,目前还不得而知,但我们对中小学在校生如此大规模的缩减存有一定程度的疑虑。

四、教育经费的分配

随着城乡教育一体化的推进,从 2003 年开始,海南省加大了对教育的投入力度,根据《海南省十一五教育事业规划》记载,2002—2004 年,全省教育经费总计投入达 101.5 亿元(其中 2002 年 29.8 亿元、2003 年 32.9 亿元、2004 年 38.8 亿元),每年从农村税费体制改革转移支付资金中安排 9200 万元用于农村教育。2004 年,海南省为进一步贯彻落实《国务院关于进一步加强农村教育工作的决定》精神,明确提出要优先发展教育事业,优先保证教育经费的投入,并制定了《海南省农村教育十年(2004—2013 年)发展规划》,规划明确了海南农村教育发展的总目标和具体措施,一是要实施六大工程项目(即"两基"巩固提高工程、农村中小

---

① 海南省人民政府:《对〈关于优化教育资源配置和布局结构,提高学校均衡化水平的建议〉的答复》,http://www.hainan.gov.cn/zxtian-5409-1.html,海南省人民政府网,2013-05-24/2015-04-26。

② 许欣:《海南中职招生学校减至 76 所,19 所逐渐停招》,http://www.hi.chinanews.com/hnnew/2015-10-16/398004.html,《南国都市报》,2015-10-16/2015-05-10。

学标准化建设工程、农村职业教育与培训工程、农村中小学校长和教师素质提高工程、农村中小学现代远程教育工程、农村教育质量提高工程）；二是推进六项改革（即落实以县为主的农村教育管理体制、大力推进办学体制改革、调整优化农村教育布局结构、合理配置教育资源、改革农村中小学教育经费管理办法、推进中小学人事制度改革）；三是完善四项保障措施（即完善农村教育经费保障机制、完善扶贫救助机制、完善领导保障机制、完善督导检查机制）。根据《海南年鉴 2004—2013 年》的数据统计（见表 2-2），海南省从 2004 年开始，教育经费的总投入开始稳步上升，2004 年的教育经费总投入达到 38.8 亿元，较上年增长了 17.9%，其中国家财政性教育经费投入为 24.79 亿元，较上年增长了 19.2%；到 2008 年教育移民政策实施之前，五年海南省教育经费总投入达到 310.01 亿元（其中 2005 年 46.85 亿元、2006 年 55.66 亿元、2007 年 75.80 亿元、2008 年 92.90 亿元），年平均增长率为 23.24%，2008 年的教育经费总投入是 2004 年教育经费总投入的 2.39 倍；从 2009 年到 2012 年四年间，教育经费总投入达到 652.62 亿元（其中 2009 年 114.91 亿元、2010 年 143.39 亿元、2011 年 175.98 亿元、2012 年 218.34 亿元），年平均增长率达到 23.82%；教育经费总投入是 2004 年至 2008 年五年教育经费投入的 2.1 倍。在全省教育经费总投入比例中，主要是国家财政性教育经费投入，从 2004 年到 2012 年九年间，国家财政性教育经费投入增长了 7.12 倍，从 2004 年 24.79 亿元，增加到 2012 年 176.61 亿元，年平均增长率达到 26.92%。根据 2015 年海南省教育厅数据统计，2014 年海南省教育经费总投入达到 242.47 亿元。[①] 虽然海南省教育经费投入有较大的增长，但由于海南省经济发展水平在全国还处于中下水平，相对于发达地区而言，教育经费投入差距还是很大，特别是针对少数民族地区和农村贫困地区，教育经费投入还有较大的缺口。

从农村教育经费投入来看，2005 年，海南省、市县财政共投入 2 亿多

---

① 刘见：《海南投 1.5 亿元启动教育引智》，http://edu.people.com.cn/n/2015/0608/c1053-27118572.html，人民网，2015-06-08/2016-07-18。

元,在全国率先对全省义务教育阶段的学生实行免收杂费。① 加大了对少数民族地区、农村贫困地区和教育弱势群体的扶贫力度,每年从扶贫资金、省财政预备资金及中央转移支付资金中专门拿出一部分用于补助少数民族、家庭经济贫困农村学生入学。从 2008 年至 2012 年,全省用于教育移民项目的资金投入达到 1019387 万元,其中中央财政投入 372267 万元,省财政投入 482163 万元,市县财政投入 144207 万元,社会捐赠或学校自筹达到 20750 万元。主要涵盖了以下几项:一是用于提高义务教育教师岗位绩效工资。2008—2012 年共投入 338100 万元,其中省财政投入 250980 万元,市县财政投入 87120 万元。2007 年义务教育教师人均岗位绩效工资每年增加 1800 元,到 2012 年增幅达到 10800 元/年,逐步达到义务教育教师平均工资水平不低于当地公务员平均工资水平目标。二是用于教育移民的农村初中、县级中学的改扩建。2008—2012 年全省共投入 70370 万元,其中投入 37437 万元新建、改扩建校舍 265700 平方米,实现教育移民在校生规模 27000 人;投入 23883 万元用于全省 16 个市县 160 所农村初中学校新建、改造和维护,扩建校舍面积达 233319 平方米。投入 9050 万元新建县级中学校舍 8.5 万平方米,增加县级中学学位 15800 个,使全省城镇初中大班额的比例下降到 56.6%,初中毕业生的升学率提高到 80% 以上。三是用于提高“两免一补”补助标准。2008—2012 年共投入 467638 万元,主要涵盖了义务教育阶段免杂费及公用经费补助标准(小学生从 199 元/年提高到 300 元,初中生从 295 元提高到 500 元)、免费教科书补助标准(小学生从 70 元/年提高到 110 元/年,初中生从 140 元/年提高到 220 元/年)、提高贫困寄宿生补助标准(小学生从 300 元/年提高到 500 元/年,初中生从 300 元/年提高到 750 元/年),城乡受益的学生达到 755 万人,基本确保了全省小学适龄儿童能按时上学,初中毛入学率达到 99%。四是中等职业学校建设及中职学生资助投入。2008—2012 年共投入了 143279 万元,满足了全省 16 万人的职业教育需求,资助中等职业学校学生达 50 万人次。其中投入 14532 万元建设

---

① 海南省人民政府:《海南省教育事业十一五规划》,http://www.hainan.gov.cn/data/zfwj/2011/12/3825/.2011-12-03/2015-04-23,海南省人民政府网,2011-12-03/2015-07-25。

了 21 个职教中心和 48 个专业建设,新增学位 20000 个;投入 40440 万元完成 12 所省级示范中等职业学校建设,新增学位 19000 个;投入 7991 万元,建成 3 个共享型实训基地和 10 个专业实训基地,每年满足 16000 人次的学生培训;投入 80316 万元,用于免除中等职业学生的学费和住宿费①。

根据 2007 年至 2016 年海南省统计年鉴统计(见表 2-2、表 2-3),全省地方财政预算用于教育的经费投入每年都在递增,2007 年,海南省地方财政预算用于教育的投入仅有 40.31 亿元,占地方一般预算支出的比重为 16.45%;2011 年省政府出台了《关于进一步加大财政教育投入的实施意见》,为确保教育经费保障,要求足额征收 3%的教育费附加,从 2011 年 1 月 1 日起按照 2%比例开征地方教育附加,按 10%的比例从土地出让收益中计提教育资金,2012 年地方财政预算用于教育的投入达到 127 亿元,增长达 3 倍之多;到 2014 年,地方财政用于教育的投入增长到 176 亿元,是 2007 年的 4 多倍;从 2007 年到 2014 年,教育经费的年平均增速达 25.1%,其中普通教育经费投入从 2007 年的 32 亿元增长到 2014 年的 133 亿元,增长将近 4 倍;职业教育经费投入从 2007 年的 3.9 亿元增长到 2014 年的 15.46 亿元,增幅将近 5 倍;用于教师进修及干部继续教育的资金投入从 2007 年的 5320 万元增长到 2014 年的 1.8 亿元,增幅达 3 倍多。除地方财政预算内教育资金的持续投入外,还有中央财政和社会资金的持续投入,仅教育扶贫移民工程项目,从 2008—2014 年,总计投入达 14.7 亿元,其中中央财政投入将近 10.96 亿元,香港言爱基金会投入达 3.75 亿元②。生均公用经费标准也得到稳步提高,2009 年全省小学、初中生均公用经费分别提高到 300 元和 500 元,2010 年分别提高到 400 元和 600 元,2011 年生均经费再分别提高到 500 元和 700 元③;随着教育经

---

① 海南省人民政府:《海南省 2008—2012 年重点民生项目发展规划》,http://www.hainan.gov.cn/hn/zwgk/jhzj/hyzygh/200911/t20091110_413099.html,海南省人民政府网,2009-11-10/2015-07-13。

② 崔力文:《香港言爱基金会捐建海南思源学校年薪 12 万招聘校长》,http://edu.people.com.cn/h/2012/0308/c227696-4247555735.html,人民网,2012-03-08/2015-07-14。

③ 谭基虎:《对〈关于优化教育资源配置和布局结构,提高学校均衡化水平的建议〉的答复》,http://www.hainan.gov.cn/zxtian-5409-1.html,海南省人民政府网,2013-05-24/2015-07-16。

表 2-2　2004—2017 年海南省全省教育经费总投入①

（单位：亿元）

年份　　教育经费总投入	2004	2005	2006	2007	2008	2009	2010	2011	2012	2013	2014	2015	2016	2017
全省教育经费总投入	38.8	46.85	55.66	75.80	92.90	114.91	143.79	175.98	218.34	229	242.47	281	306.88	
比上年增长率	17.9%	20.7%	18.8%	36.2%	22.6%	23.69%	25.1%	22.4%	24.1%	4.88%	5.88%	15.89%	9.21%	
国家财政性教育经费投入	24.79	31.42	39.02	55	68.7	88.56	114.81	139.75	176.61	189.3	200.03	234.1	249.65	
比上年增长率	19.2%	26.7%	24.2%	41%	24.9%	28.91%	29.6%	21.7%	26.1%	7.18%	5.67%	17%	6.8%	
当年生产总值	790.12	905.03	1052.85	1223.28	1459.23	1654.21	2064.5	2522.66	2855.54	3177.56	3500.7	3702.76	4044.51	4462.54
教育经费总投入占 GDP 的比率	4.91%	5.18%	5.29%	6.2%	6.37%	6.95%	6.96%	6.98%	7.64%	7.2%	6.92%	7.58%	7.59%	

注：此表根据 2004—2017 年《海南年鉴》数据整理。

① 参考数据可见《海南年鉴》，海南史志网，2004—2016 年，http://www.hnszw.org.cn/web/hnnj/？Class=4823&Deep=3。

（单位：万元）

表 2-3 2007—2017 年海南地方财政用于教育的支出

指标 \ 年份	2007	2008	2009	2010	2011	2012	2013	2014	2015	2016	2017
一般预算支出总计	2451967	3579708	4860624	5813379	7787952	9116730	10111713	10997444	12394322	13764846	
教育总计	403268	556331	744989	983344	1272712	1587881	1745722	1759548	2068383	2142445	
教育管理事务	8847	16272	15758	21168	28358	29150	44035	52510	70162	52836	
普通教育	320102	417924	595984	779046	1008252	1166488	1309656	1332278	1554287	1672680	
职业教育	39008	69731	85120	109587	120165	183267	176859	154603	214920	208671	
教师进修及干部继续教育	5320	7615	7127	10433	11718	16241	17040	18227	20651	31210	
教育支出占地方一般预算支出的比重	16.45%	15.54%	15.33%	16.92%	16.34%	17.42%	17.26%	16.00%	16.69%	15.56%	
当年生产总值（亿元）	1223.28	1459.23	1654.21	2064.5	2522.66	2855.54	3177.56	3500.7	3702.76	4044.51	4462.54
地方财政用于教育支出占GDP比率	3.30%	3.81%	4.50%	4.76%	5.05%	5.56%	5.49%	5.03%	5.59%	5.30%	

注：此表根据 2007—2016 年《海南统计年鉴》整理得出。

费的持续投入,使得海南省基础教育得到蓬勃发展,城乡教育的差距也在逐步缩小。

从近 10 年海南省教育经费的投入来看,海南教育优先发展的战略突显无疑,教育经费的增幅和投入力度在近十年时间增长了 6 倍之多,自 2002 年海南通过国家"两基"验收以来,海南省的教育发展已经开始走向了质量提升之路。提升基础教育质量水平,缩小城乡教育差距已成为海南城乡教育一体化的重要内容,从海南省的城镇化战略,到城乡教育一体化的实施,教育移民政策已成为海南省城乡教育发展的重要实践和示范项目。

五、学校师资队伍建设

学校建设,师资先行。教育移民学校的整体规划和推进,最后的落脚点都肩负在移民学校的教师水平上,为了加强农村中小学教师队伍建设,海南省自 2009 年开始在全国高薪招聘优秀师资来琼任教,2010 年出台了《海南省人民政府关于加强农村中小学教师队伍建设的意见》,进一步为海南城乡义务教育均衡发展奠定了人才基础,从 2006—2010 年,海南省共招聘 3774 名特岗教师到农村中小学任教,极大地改善了贫困地区农村学校师资不足、学历不高和学科结构不合理的问题,2012 年集中安排了 113 名海南生源免费师范毕业生回本省就业。在师资培训上,省教育厅要求所有农村中小学教师每五年一轮的培训周期不能少于 240 学时。全省的骨干教师每五年要全部轮训一遍,省级每年要组织 1000 名农村骨干教师、100 名校长和 10 名县市教育局长进行培训。加大国培计划、特岗计划的实施力度,2012 年,海南省争取"国培计划"培训项目经费 2200 万元,共培训教师达 23435 人,先后组织"千名农村骨干教师培训项目"、"百名农村校长培训项目"、"上海对口支援思源实验教师培训项目"、"中小学骨干教师赴天津、广东跟班培训项目"等;并在全省建设了 5 所县级示范培训基地。同时,为了切实帮扶农村中小学,海南省实施了城镇学校与农村学校的对口支援工作,鼓励和引导城镇办学水平较高的学校与农村中小学建立"结对子"、"手拉手"等多种形式的对口支援工作,推动教育资源的教学共享,鼓励省优、特级教师到农村学校挂职任教,建立义务教育中小学教师轮换交流制度,提升农村薄弱学校的师资水平。还出台了鼓励师范毕业生到经济欠发达地区任教补偿机制,从 2010 年起,每年从省内外招聘的师范毕业生鼓励到国家级、省级贫困市县任教,服务期为 5 年,工资实行定级标准,试用期满,薪级工资高定一档,在服务期满后,所高定的工资待遇予以保留,在正常晋升时增资不予冲销;在服务期的第二年起,每人每年按 5000 元标准,由政府代偿学费,所需资金由市县财政按 7∶3 比例分担;还出台了农村中小学培养硕士师资计划,从省高校选拔优秀毕业生到农村任教,并在岗完成教育硕士学位,重点提升薄弱地区学校的师资水平。为了保障教育师资培训工作的顺利实施,海南省要求各市县学校按照不低于农村学校年度公用经费预算总额的 5% 比例来安排教师培训经费,保障教师参加培训所需的差旅费、伙食费、资料费和住宿费等开支。

第二节 教育移民政策前后的成效对比

海南省教育移民政策自 2005 年开始试点以来,取得了积极的社会效益,在 2008 年两会期间,中央电视台"小丫跑两会"更是对其进行了专题报道,引起全国对海南教育移民项目的关注。国家领导人习近平、刘延东、李源潮等先后实地考察了海南教育移民试点地区,并对教育扶贫移民给予积极肯定。自 2008—2014 年,海南教育移民项目已经实施了 7 年之久,从项目试点到全省整体推进,它到底对当地民众带来了哪些可喜的变化,是否达到了当初所设定的目标? 教育移民政策的实施是否帮助民族贫困地区的教育实现了跨越式发展,提升了民族地区的师资水平;是否促进了城乡教育均衡发展,为民族地区教育发展提供了可供借鉴的实际经验等,让我们从已有的实践成效中去梳理下。

一、昌江教育移民试点成效

自 2005 年以前,昌江王下乡是海南省最为偏远和贫困的乡镇,由于地处生态保护区霸王岭腹地,离县城有将近 52 公里的山路,交通极为不便,经济收入一直处于贫困水平。王下乡有 5 个村委会(牙迫、三派、大

炎、钱铁、洪水)、11 个自然村,全村人口将近 3000 多人,其中牙迫村委会
由于生活条件艰苦,于 2005 年整体搬迁到县城石碌镇,改名为水富村;王
下乡是全省重点的扶贫乡镇。自 2006 年之前全村没有考出 1 个大学生,
全乡小学考上县城中学的仅 10 余人,教育水平相对全省也是落后地区。
自 2005 年昌江开始实施教育移民政策以来,王下乡开始教育资源整合,
把原来王下乡的教学点全部集中到王下乡中心小学,并在中心小学开始
修建幼儿园,终止了该乡镇没有幼儿园的历史,并于 2012 年开始投入使
用。为了提高王下乡中学生的整体水平,原王下乡初级中学生被整体迁
入到县民族中学进行寄宿学习;县政府额外拨付 500 多万元资金用于移
民学生的生活费、交通费、床上用品、医疗保险、校服等其他办公经费支
出,成立了王下乡移民学生管理机构,由民族中学校长领衔,配两名专职
老师对移民学生进行教育管理;为了让移民学生迁得来、留得住、学得好,
县政府给予每位移民学生每月 210 元生活补助,还有 75 元的贫困生补
助,2012 年将贫困生补助提高到每人每月 125 元。每年发 10 个月,每生
每年的助学补助将近 3225 元,这不仅大大减轻了贫困移民学生的教育成
本负担,也让移民学生能安心地在城镇就学。同时,移民学生在城镇就读
期间学费全免,在校期间的一切医药费用和车费由政府补贴。自 2006 年
至 2015 年,昌江民族中学共接纳王下乡移民学生达 784 人(见表 2-4),
其中考上高中人数为 133 人,高中录取人数占总移民人数的 16.96%,考
上大学人数为 62 人,是移民学生总数的 7.91%,考上高中及大学人数占
移民学生总数的 24.87%;相比较移民前该乡没有出过 1 个大学生、仅有
十几名中学生而言,王下乡的教育移民政策效果是相当显著的。从表
2-4 可见,近几年,王下乡移民入学人数呈下降趋势,2006—2009 年曾达
到峰值,每年民族中学接纳王下乡移民将近 100 余人;到 2010 年以后呈
现下降趋势,到 2015 年王下乡的初级中学移民学生仅有 33 人,据民族中
学反馈,王下乡已呈现出外向型移民趋势,大多数村民已开始移民到城镇
上学,王下乡的学龄人口已经慢慢减少。教育产生的社会效益已经开始
显现,自从移民学生考上大学走出大山,王下乡村民对教育的重视程度开
始逐步显现,越来越多的家庭开始主动送小孩去读书。据昌江民族中学
2009—2012 年王下乡大学生跟踪调查发现,18 名大学生基本都实现在城

镇就业生活,无一人再返回王下乡务农。

相比教育移民前,王下乡的教育发展有了较大的突破,从只有十几名高中毕业生到现在有 132 名学生考上高中;从没有 1 名大学生到现在考上 62 名大学生;王下乡俨然成了教育的明星村寨,从 2006 年起,总共 774 名移民学生中,除了考上大学的学生,剩余的移民学生几乎都得到政府的免费资助,继续就读于昌江职业中学,接受企业的订单培养,学生毕业后基本上都留在了城镇就业生活,完全脱离了原来的生存环境和生活方式。最让人欣慰的是,教育所产生的社会效益已经开始显现,王下乡村民开始主动地转变以往的生活观念,对教育的重视程度越来越高,开始举全家之力送孩子上学;认为要走出大山,需要知识和技能已成为村民的共识,以往认为教育无用论的观念开始得到根本转变,王下乡村民的生活也有了根本的好转,已经不再靠以往"输血式"的扶贫救济,而是开始主动外出打工挣钱送孩子上学,王下乡移民学生的命运因为教育移民发生了根本转变,他们越发珍惜教育所带来的机会和平台。城镇生活对于王下乡村民而言不仅仅是经济收入的变化,更重要的是让其自身转变了生存的观念,主动去学习新的知识和技能,并开始融入城镇的发展建设中。

表 2-4　2006—2015 年昌江王下乡移民学生历届高考情况

年　份	2006	2007	2008	2009	2010	2011	2012	2013	2014	2015	合计
移民学生 入学人数	123	138	131	113	73	56	54	37	33	26	784
考上高中人数		3	8	13	11	21	25	21	17	14	133
考上大学人数					3	7	7	7	17	21	62
考上高中及大学所占 移民学生总数比例											25.19%

注:此表根据《昌江县民族中学"教育移民"情况的汇报材料》整理。

二、城乡教育均衡发展成效

自 2008 年海南省教育移民政策在全省推广以来,教育移民所产生的社会效益和教育效益逐步显现。从海南省 2004—2013 年近 10 年的教育发展数据来看,教育移民政策所带来的显著变化是城乡教育均衡发展的差距在逐步缩小,少数民族贫困地区的办学条件和师资水平得到了有效的提升。

　　1. 城乡中小学校数对比情况

　　为了能较为直观地分析海南省教育移民政策前后的发展变化,笔者选取了海南省 2004—2016 年城乡中小学校分布及学生数变化情况进行分析,我把数据分为两个阶段,第一阶段是从 2004—2008 年,海南省开始推动农村教育发展探索阶段;第二阶段是从 2009—2016 年,海南省教育移民政策实施阶段,通过两个阶段的比较,可以较直观地看出海南城乡教育移民政策所产生的具体效果。首先,我们来看城乡中小学布局调整的情况,从图 2-1 可见(具体数据见表 2-5、表 2-6、表 2-7),2004—2010 年,城市小学学校数从 163 所整合到 93 所,然后从 2011 年开始新建和改扩建到 2016 年的 256 所;县镇小学学校数保持较为平稳,从 2004—2010 年一直保持在 300 所左右,到 2011 年激增到 737 所(含城市结合区),并在 2012—2016 年一直保持不断整合的趋势,截至 2016 年整合为 499 所;变化最大的是乡村小学学校数的变化,从 2004 年开始,乡村学校一直保持着撤并的趋势,到 2016 年,乡村学校从 2727 所锐减到 899 所。从表 2-6 和表 2-7 可见,2011 年开始,学校布局分布呈现出往镇区和镇乡结合区扩散,不断撤并乡村学校数,并逐步增加城乡结合区、镇乡及镇乡结合区学校数。2004—2008 年期间,海南城市和县镇小学学校数下降趋势较缓,而农村学校数撤并达 300 余所,也就是说在这一阶段,海南学校布局调整的重点放在了撤并农村学校。从 2009—2016 年来看,也就是教育移民政策实施期间,城市小学学校数开始不断回升,到 2011 年达到历史最高的 263 所学校(含城乡结合区),之后开始逐步调整到 2016 年的 256 所;县镇小学学校数也出现增加趋势,从 2009 年的 284 所增加到 2011 年的 737 所(含镇乡结合区学校数),然后开始逐步调整到 2016 年的 499 所;农村学校的撤并趋势 2009—2016 年从 2135 所减少到 899 所,每年平均减少 154.5 所乡村学校。

　　从图 2-2 可见,乡村学校教学点 2004—2011 年从 678 所下降到 438 所,这个时期正好是乡村学校的撤并整合时期;2011—2016 年,乡村学校教学点扭转下降趋势并一直增长到 2016 年的 862 所,占乡村学校总数的

95.88%。从图 2-3 和图 2-4(具体数据见表 2-5、表 2-6、表 2-7)可见，2004—2010 年海南省县镇和城市小学教学点占学校总数之比一直在 2% 以下徘徊，到 2011—2016 年，海南城市小学教学点占比提高到 6% 左右，县镇小学教学点占比达到 30.02%；2004—2008 年海南农村小学教学点占学校总数之比一直在 26% 以下；到 2009—2013 年教育移民政策实施期间，农村小学教学点占学校总数之比提高到 65.92%，并且从 2011 年开始，海南省开始在城乡结合区域新增教学点，以补充农村教学点的不足，截至 2016 年，农村小学教学点占学校总数之比提高到 95.88%，基本上把原有的农村学校都转变成了教学点。可见，自 2009 年实施教育移民政策后，海南城市、县镇和农村小学教学点所占学校总数比重有了较大比例的提升，特别是农村、城乡结合区和镇乡结合区的小学教学点，说明政府在教育移民政策过程中教育资源开始向城市及城乡结合区、县镇及镇乡结合区的集中，乡村学校大多转变为教学点，城乡教育资源的分布从以往城市、县镇、乡村三级教学层次转变为城区、城乡结合区、镇区、镇乡结合区、乡村五级教学层次结构，乡村基础教育整体"上浮"的趋势明显。

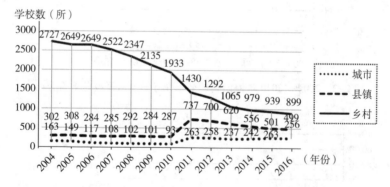

图 2-1　2004—2016 年海南省城乡小学学校数结构调整趋势图①

　　从 2004—2016 年数据来看，海南城乡小学数整体出现了大范围的撤并，那么城乡中学和高中数又有哪些变化趋势呢？从图 2-5(具体数据见

---

　　① 图 2-1 具体数据见表 2-5、表 2-6、表 2-7。其中 2011 年后中国教育统计年鉴把学校数分成了城市、城乡结合区、镇区、镇乡结合区、乡村五个层级，为便于与 2008 年以前进行比较，笔者把 2011 年后的城市和城乡结合区汇总为城市；镇区和镇乡结合区汇总为县镇进行统计。以下图表数据类同。

乡村教学点数

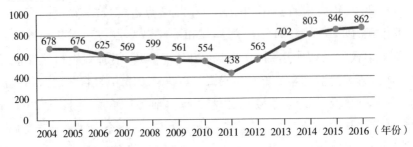

图 2-2　2004—2016 年海南省乡村教学点数变化趋势图

注:图 2-1、图 2-2 具体数据见表 2-5、表 2-6、表 2-7。

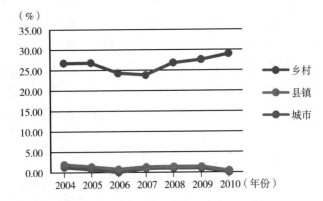

图 2-3　2004—2010 年海南省城乡小学教学点占学校总数百分比

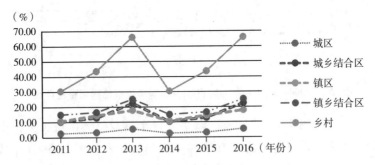

图 2-4　2011—2016 年海南省城乡小学教学点占学校总数百分比

注:图 2-3、图 2-4 的具体数据见表 2-5、表 2-6、表 2-7。

表2-8、表2-9、表2-10)可见,农村中学学校数从2004年的206所下滑到2013年历史最低的48所,之后开始逐步增长到2016年的58所;县镇中学数从2004年的191所增加到2016年的255所(含镇乡结合区中学15所),其中2010年的县镇中学从205所激增到2011年的289所(含镇乡结合区学校26所),增速达1.4倍。城市中学数从2004年的53所增加到2016年的106所(含城乡结合区中学10所)。再看下城乡高校学校的变化趋势,从图2-6可见(具体数据见表2-11、表2-12、表2-13),农村高中数从2004年的15所下降到2011年历史最低仅4所,截至2016年增长到7所;县镇高中数2004—2010年从55所增长到64所,从2011年开始逐年下滑到2016年50所(含镇乡结合区中学10所);城市高中数从2004年开始一直保持逐年增长的趋势,从2004年的34所增加到2016年的70所(含城乡结合区高中8所);由此可见,农村中学和高中数在12年间出现了较大幅度的撤并,乡村中学撤并了70%左右的学校,全省农村高中仅只有7所。县镇中学数有较大幅度的增加,12年间增长了24.4%。县镇高中出现了一个波峰的下滑趋势,从2004年的55所增长到2010年的64所,再下滑到2016年的50所。城市中学数和高中数都出现了较大幅度的增加,其中城市中学增长1.34倍,城市高中增长了2.05倍。通过城乡学校的变化,可以看出海南教育移民政策对教育资源进行了较大范围的布局调整,对城乡小学进行了较大范围的撤并,把中学和高中层次的学校重点放在了县镇和城市。一般而言,学校数的增加或者减少,基本都与学生入学人数有着直接的联系。从农村学校的撤并和城市、县镇学校的增加来看,可以预测,从2009年开始,小学生入学人数开始不断地从农村转移到城市、城乡结合区和县镇、镇乡结合区就学,导致这些区域的学校数不断增加,而农村学校数开始不断锐减。由此也可以推测出,农村学校数的锐减说明农村适龄入学人口的减少和农村生源学生的外向型迁移,导致农村人口的不断减少。究其原因可能是由于海南城镇化不断推进,使得农村人口开始不断地涌向城市和县镇生活,随之而来的是农村入学人口的锐减,入学人数的下降,进而导致农村学校的撤并。从2004—2013年学校数变化来看,海南教育移民政策对区域教育资源进行了分配调整,全省的教育资源投入越来越倾向于城市、城乡结合区

和镇区、镇乡结合区学校建设;这与海南省城镇化战略推进相呼应,政府开始不断加强城镇教育资源的投入,以反哺城镇化的人力资源需求。

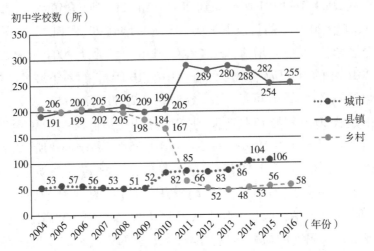

图 2-5　2004—2016 年海南省城乡中学学校数发展趋势图

注:图 2-5 的具体数据见表 2-8、表 2-9、表 2-10。

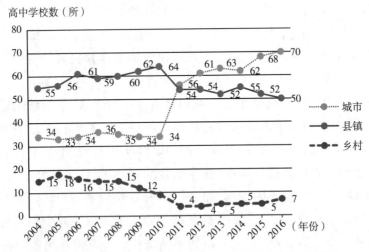

图 2-6　2004—2016 年海南省城乡高中学校数发展趋势图

注:图 2-6 的具体数据见表 2-11、表 2-12、表 2-13。

2. 中小学生数对比情况

为了较为直观地了解教育移民政策对招生数的变化,笔者选择了

2004—2016年海南城乡中小学招生数进行比较,从小学、中学和高中三个群体近12年的数据来了解发展趋势。从小学来看,海南农村学校招生人数从2004年到2016年间出现了较大幅度的下滑,如2004年,海南农村小学招生总数是104482人,到2016年下降到29707人,降幅达72%;而城市和县镇的小学人数却出现了一定程度的上升;如2004年城市小学招生总数是21615人,到2016年城市小学招生总数达到58812人(其中含城乡结合区4926人),增长2.72倍;县镇小学招生总数2004年是35844人,到2016年镇区小学招生总数达到了63286人(含镇乡结合区7225人),增长1.77倍。见图2-7(具体数据见表2-14、表2-15、表2-16)。

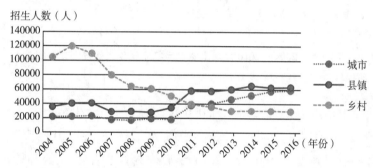

图2-7 2004—2016年海南省城乡小学招生人数发展趋势图

注:图2-7的具体数据见表2-14、表2-15、表2-16。

从中学生2004—2016年的招生数来看,农村中学的招生人数也出现较大的下滑,如2004年农村中学招生总数为41308人,到2016年农村中学招生总数仅有6285人,降幅达85%;城市中学2004—2016年的招生总数却出现了较大幅度的上升,如2014年城市中学招生总数为23705人,到2016年城市中学招生总数达到54368人(其中含城乡结合区4880名中学生),招生人数增长2.29倍;县镇2004—2016年初中招生总数呈现出一个抛物线似的下滑,从初中招生总数来看,生源出现一定的下滑,但大部分是被分流到城市、城乡结合区和镇区、镇乡结合区去了;如2004年县镇初中的招生总数为93595人,到2008年曾经增长到101199人,从2009年开始,初中生源开始出现分流,到2016年镇区初中生源招生总数只有54501人,但不包括镇乡结合区还有6258名初中生;同时城市和城乡结合区的初中生源也出现了较大的增长。见图 2-8（具体数据见表 2-14、表 2-15、表 2-16）。

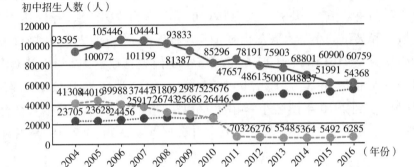

图 2-8　2004—2016 年海南省城乡初中招生人数发展趋势图

注：图 2-8 的具体数据见表 2-14、表 2-15、表 2-16。

从高中招生数来看，2004—2016 年，农村高中学生数有一定幅度的下滑，如 2004 年农村高中学校招生总数为 2780 人，到 2013 年农村高中招生总数下滑到仅有 1607 人，2014 年后农村高中招生人数开始出现一定程度的回升，截至 2016 年增长到 3355 人；城市高中学校招生总数出现了较大幅度的增长，如 2004 年城市高中招生总数为 13211 人，到 2016 年城区高中招生的高中生达到了 34763 人，其中还不包括城乡结合区高中招生了 3674 人，其中 2010 年城市高中招生数为 19208 人，到 2011 年增长到 36600 人（含城乡结合区高中生 1260 人），增长 1.9 倍，这正是教育移民政策带来的直接影响；县镇高中的招生数从 2004 年到 2010 年一直保持增长，如 2004 年县镇高中招生数为 23643 人，2010 年县镇高中的招生总数增长到 34057 人，但从 2011 年开始，由于统计口径划分为城市、城乡结合区和县镇、镇乡结合区，招生总数出现了一定程度的分流，到 2016 年镇区高中的招生总数为 19150 人，镇乡结合区高中招生总数为 5242 人，两者相加较 2004 年的县镇高中招生数还是有一定程度的增长。见图 2-9（具体数据见表 2-14、表 2-15、表 2-16）。

综上所述，海南省教育移民政策通过对区域教育资源的重新分配，有

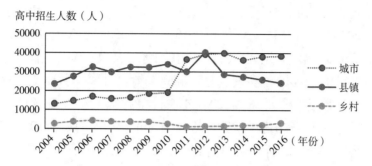

图 2-9　2004—2016 年海南省城乡高中招生人数发展趋势图

注:图 2-9 的具体数据见表 2-14、表 2-15、表 2-16。

几个较大的变化,一是加大了农村学校的撤并,把更多的教育资源用于加强城市与县镇学校的建设,大幅提升了城市、城乡结合区、县镇、镇乡结合区的教学条件。二是大幅增加了农村教学点数,为缓解农村学生上学路途远的顾虑。三是从小学、中学和高中学生数整体来看,2004 年城市、县镇和农村小学招生总数为 161941 人,到 2016 年城区、城乡结合区、镇区、镇乡结合区和乡村小学招生总数下滑到 151805 人,小学招生总数出现了较大幅度的下滑;2004 年城市、县镇和农村的中学生招生总数为 158608人,到 2016 年城区、城乡结合区、镇区、镇乡结合区和乡村的中学生招生总数下滑到 121385 人;2004 年城市、县镇和农村的高中学生招生数为39634 人,到 2016 年城区、城乡结合区、镇区、镇乡结合区和乡村的高中学生招生数增长到 66184 人,增长 1.67 倍,出现了较大幅度的增加。综合三个学生群体的变化,结合表 2-14、表 2-15、表 2-16 的数据统计,可以看出海南城乡学生群体在 12 年间出现了较大程度的变化,原来的小学生群体占主体地位慢慢转变成初中和高中占据主体地位,可以推测出小学升初中和高中的人数在十年间有了较大的增加,海南基础教育的层次有一定程度的提升。四是从不同群体在 12 年间发展的趋势看(见表2-14、表 2-15、表 2-16),农村学生在近十年间出现较大程度的分流,农村学生占主体的是小学生,开始移民到县镇和城市就学,导致农村生源萎缩,而城市和县镇近十年的小学生数出现了大幅增加,如 2004 年农村小学生由 104482 人下滑到 2016 年的 29707 人,降幅达到 7 成,而城镇小学招生数在十年间却增长了 2.4 倍;同时城市高中生数从 2004 年的 13211

人增加到 2016 年的 38437(含城乡结合区 3674 人),增长 2.91 倍;县镇高中生从 2004 年的 23643 人增长到 2016 年的 24392 人(含镇乡结合区 5242 人),增长 1.03 倍。五是区域教育结构的变化,农村学校的主体是小学,中学和高中开始向城市和县镇转移,如 2004 年农村中学数量是 206 所,到 2016 年中学数量下滑到 58 所;2004 年农村高中数量是 15 所,到 2013 年只剩下 7 所高中;而县镇的中学数量从 2004 年的 191 所增长到 2016 年的 255 所(含镇乡结合区 15 所),县镇的高中学校数量从 2004 年的 55 所整合到 2016 年的 50 所(含镇乡结合区 10 所);城市中学的数量从 2004 年的 53 所增长到 2013 年的 106 所(含城乡结合区 10 所),城市高中的数量从 2004 年的 34 所增长到 2013 年的 70 所(含城乡结合区 8 所)。由此可以看出海南教育移民政策开始把中学和高中层次的教育上移,农村重点放在小学教育层次;区域教育层次结构的变化,反映出政府政策的出发点是想通过撤并农村偏远的"空巢"、"麻雀"学校,以整合农村小学教育资源,把农村基础教育建设成标准化的学校校园;同时把中学和高中层次的教育上移到县镇和城市,依托县镇和城市较好的师资条件,带动基础教育整体质量的提升;而偏远农村地区的学生通过教育移民的外向型迁移,让农村学生享受与县城孩子同等的教育条件;实现教育起点和教育过程的公平。

表 2-5　2004—2008 年海南省城乡小学校数、教学点数及班数

年份		2004			2005			2006			2007			2008		
城乡		城市	县镇	农村	城市	县镇	农村	城市	县镇	农村	城市	县镇	农村	城市	县镇	农村
学校数(所)		163	302	2727	149	308	2649	117	284	2649	108	285	2522	102	292	2347
教学点数(个)		2	2	678	1	2	676	0	2	625	1	1	569	1	1	599
班数(个)	总计	3218	5055	21338	2870	5581	20872	2703	5348	20614	2693	5349	19550	2602	5447	18412
	一年级	549	810	4007	474	877	4031	466	873	3975	472	854	3821	459	871	3570
	二年级	551	793	3860	461	838	3705	434	809	3668	440	816	3510	435	831	3315
	三年级	562	826	3645	486	878	3532	443	824	3442	427	811	3275	429	842	3099
	四年级	544	843	3409	496	945	3328	455	888	3290	442	881	3080	418	882	2905
	五年级	516	867	3206	486	994	3144	463	950	3132	442	952	2965	424	968	2769
	六年级	496	916	3075	467	1049	3036	442	1003	3043	460	1035	2867	437	1053	2740
	复式班	0	0	136	0	0	96	0	1	64	0	0	32	0	0	14

注:此表根据《中国教育统计年鉴》2004—2008 年数据统计。

表 2-6　2009—2013 年海南省城乡小学校数、教学点数及班数

年份		2009			2010			2011					2012					2013				
城乡		城市	县镇	农村	城市	县镇	农村	城区	城乡结合区	镇区	镇乡结合区	乡村	城区	城乡结合区	镇区	镇乡结合区	乡村	城区	城乡结合区	镇区	镇乡结合区	乡村
学校数（所）		101	284	2135	93	287	1933	215	48	565	172	1430	212	46	532	168	1292	197	40	477	143	1065
教学点数（个）		1	1	561	0	1	554	6	5	61	26	438	7	6	77	28	563	11	9	85	36	702
班数（个）	总计	2672	5460	16449	2607	5784	14830	4654	476	7993	1662	9665	5271	487	8097	1725	9258	4889	481	7857	1592	8629
	一年级	458	870	3210	454	945	2904	819	82	1451	296	2016	1019	90	1489	314	2006	924	85	1415	281	1816
	二年级	450	816	2994	424	882	2726	761	78	1290	279	1846	907	83	1379	289	1826	854	83	1373	285	1743
	三年级	445	858	2796	430	897	2520	738	76	1277	261	1674	835	77	1257	264	1598	817	79	1303	256	1509
	四年级	447	909	2573	437	972	2340	774	81	1273	269	1449	834	80	1303	284	1357	772	81	1234	257	1262
	五年级	438	964	2469	439	1012	2201	787	80	1330	275	1373	830	78	1292	283	1279	754	78	1241	256	1182
	六年级	434	1043	2400	423	1076	2136	774	79	1367	279	1286	846	79	1377	291	1184	768	75	1291	257	1114
	复式班	0	0	7	0	0	3	1	0	5	3	21	0	0	0	0	8	0	0	0	0	3

注：此表根据《中国教育统计年鉴》2009—2013 年数据统计。

表 2-7　2014—2016 年海南省城乡小学校数、教学点数及班数

年份		2014					2015					2016				
城乡		城区	城乡结合区	镇区	镇乡结合区	乡村	城区	城乡结合区	镇区	镇乡结合区	乡村	城区	城乡结合区	镇区	镇乡结合区	乡村
学校数(所)		199	43	441	115	979	212	51	405	96	939	207	49	403	96	899
教学点数(个)		9	7	114	62	803	12	9	118	62	846	13	9	121	62	862
班数(个)	总计	5095	484	7910	1397	8283	5597	626	7547	1173	8205	5866	645	7585	1177	7804
	一年级	971	93	1411	252	1741	1064	116	1337	217	1716	1088	122	1306	218	1642
	二年级	894	84	1361	244	1654	997	113	1296	203	1618	1047	113	1283	209	1559
	三年级	850	78	1335	240	1496	928	102	1264	199	1461	995	109	1268	198	1393
	四年级	824	78	1306	227	1218	907	103	1274	198	1269	945	108	1255	195	1154
	五年级	784	77	1228	217	1116	872	95	1222	182	1109	909	98	1260	187	1070
	六年级	772	74	1269	217	1056	846	96	1153	174	1028	880	93	1213	170	985
	复式班	0		0	0	2	0	1	1	0	4	2	2		0	1

注:此表根据《中国教育统计年鉴》2014—2016 年数据统计。

表 2-8　2004—2008 年海南省普通中学校数及班数

年份		2004			2005			2006			2007			2008		
城乡		城市	县镇	农村	城市	县镇	农村	城市	县镇	农村	城市	县镇	农村	城市	县镇	农村
学校数(所)	合计	53	191	206	57	199	200	56	202	205	55	205	206	53	209	198
	初级中学	21	163	141	20	171	134	14	166	123	15	171	115	15	161	105
	九年一贯制	32	28	65	37	28	66	42	36	82	40	34	91	38	48	93
班数(个)	合计	1243	4024	2064	1271	4167	2077	1269	4393	2055	1308	4450	1988	1400	4492	1885
	一年级	432	1526	779	425	1550	764	444	1612	747	463	1627	716	495	1617	668
	二年级	430	1356	698	429	1382	702	419	1485	693	440	1490	670	468	1523	641
	三年级	381	1142	587	417	1235	611	406	1296	615	405	1333	602	437	1352	576

注:此表根据《中国教育统计年鉴》2004—2008 年数据统计。

表2-9　2009—2013年海南省普通中学校数及班数

		2009			2010			2011					2012					2013				
城乡		城市	县镇	农村	城市	县镇	农村	城区	城乡结合区	镇区	镇乡结合区	乡村	城区	城乡结合区	镇区	镇乡结合区	乡村	城区	城乡结合区	镇区	镇乡结合区	乡村
学校数（所）	合计	51	199	184	52	205	167	77	5	263	26	66	80	5	256	24	52	77	6	262	26	48
	初级中学	14	154	94	14	147	88	30	4	169	12	37	28	4	167	11	28	25	2	166	12	23
	九年一贯制	37	45	90	38	58	79	47	1	94	14	29	52	1	89	13	24	52	4	96	14	25
班数（个）	合计	1384	4579	1760	1476	4377	1675	2497	135	4354	620	515	2426	180	4126	545	444	2469	201	4045	591	390
	一年级	488	1623	627	496	1511	586	862	47	1479	215	170	840	65	1414	186	156	872	73	1400	206	138
	二年级	462	1557	592	507	1480	571	820	44	1480	212	174	802	60	1390	185	147	820	67	1359	196	132
	三年级	434	1399	541	473	1386	518	815	44	1390	193	171	784	55	1322	174	141	777	61	1286	189	120

注：此表根据《中国教育统计年鉴》2009—2013年数据统计。

表 2-10　2014—2016年海南省普通中学校数及班数

年份		2014					2015					2016				
城乡		城区	城乡结合区	镇区	镇乡结合区	乡村	城区	城乡结合区	镇区	镇乡结合区	乡村	城区	城乡结合区	镇区	镇乡结合区	乡村
学校数（所）	合计	80	6	259	23	53	94	10	241	13	56	96	10	240	15	58
	初级中学	25	2	161	10	26	32	4	151	5	29	32	4	150	5	29
	九年一贯制	55	4	98	13	27	62	6	90	8	27	64	6	90	10	29
班数（个）	合计	2523	212	3940	468	401	2812	256	3663	401	429	2867	264	3526	349	435
	一年级	868	77	1359	158	141	959	86	1231	119	144	976	92	1207	126	156
	二年级	850	72	1337	159	142	946	87	1210	115	145	950	87	1183	114	143
	三年级	805	63	1244	151	118	907	83	1222	167	140	941	85	1136	109	136

注：此表根据《中国教育统计年鉴》2014—2016年数据统计。

表2-11 2004—2008年海南省高中学校数及班数

年份		2004			2005			2006			2007			2008		
	城乡	城市	县镇	农村	城市	县镇	农村	城市	县镇	农村	城市	县镇	农村	城市	县镇	农村
学校数（所）	合计	34	55	15	33	56	18	34	61	16	36	59	15	35	60	15
	高级中学	4	3	1	6	4	1	5	5	2	5	4	2	4	5	2
	完全中学	30	52	14	27	52	17	29	56	14	31	55	13	31	55	13
	十二年一贯制学校															
班数（个）	合计	657	1020	133	727	1142	177	866	1331	199	893	1409	218	897	1534	218
	一年级	257	401	52	276	445	72	321	520	77	294	502	72	301	532	72
	二年级	209	325	43	243	377	56	290	446	66	317	484	78	299	506	69
	三年级	191	294	38	208	320	49	255	365	56	282	423	68	297	496	77

注：此表根据《中国教育统计年鉴》2004—2008年数据统计。

表 2-12　2009—2013 年海南省高中学校数及班数

年份		2009			2010			2011					2012					2013				
城乡		城市	县镇	农村	城市	县镇	农村	城区	城乡结合区	镇区	镇乡结合区	乡村	城区	城乡结合区	镇区	镇乡结合区	乡村	城区	城乡结合区	镇区	镇乡结合区	乡村
学校数（所）	合计	34	62	12	34	64	9	53	3	45	9	4	56	5	43	11	4	57	6	40	12	5
	高级中学	4	4	1	4	4	1	38	3	39	9	2	39	3	35	9	2	41	4	32	10	2
	完全中学	30	58	11	30	60	8	5	0	4	0	0	5	1	6	2	0	4	1	6	2	1
	十二年一贯制学校							10	0	2	0	2	12	1	2	0	1	12	1	2	0	2
班数（个）	合计	942	1547	181	976	1594	141	1739	59	1040	250	64	1799	93	1157	278	81	1933	143	1216	318	86
	一年级	340	533	65	337	553	49	601	19	384	93	22	630	49	445	121	29	672	64	419	120	31
	二年级	299	515	56	333	520	47	568	18	333	79	23	607	26	382	86	26	646	50	427	114	28
	三年级	303	499	60	306	521	45	570	22	323	78	19	562	18	330	71	18	615	29	370	84	27

注：此表根据《中国教育统计年鉴》2009—2013 年数据统计。

表 2-13　2014—2016年海南省高中学校数及班数

年份		2014					2015					2016				
城乡		城区	城乡结合区	镇区	镇乡结合区	乡村	城区	城乡结合区	镇区	镇乡结合区	乡村	城区	城乡结合区	镇区	镇乡结合区	乡村
学校数（所）	合计	56	6	43	12	5	60	8	41	11	5	62	8	40	10	7
	高级中学	41	4	32	9	2	43	5	32	9	2	44	5	30	8	4
	完全中学	4	1	6	2	1	6	2	4	1	1	7	2	4	1	1
	十二年一贯制学校	11	1	5	1	2	11	1	5	1	2	11	1	6	1	2
班数（个）	合计	1900	173	1264	314	124	2024	214	1178	295	129	2119	212	1118	295	148
	一年级	627	60	424	107	43	676	66	403	101	45	701	69	362	95	69
	二年级	648	64	412	102	44	664	71	386	99	43	714	69	379	100	39
	三年级	625	49	428	105	37	684	77	389	95	41	703	74	377	100	40

注：此表根据《中国教育统计年鉴》2014—2016年数据统计。

表2-14　2004—2008年海南省城乡中小学生数

年份			2004			2005			2006			2007			2008		
城乡			城市	县镇	农村	城市	县镇	农村	城市	县镇	农村	城市	县镇	农村	城市	县镇	农村
小学	毕业生数(人)		22732	43095	101717	21660	47442	102262	21876	51219	105406	22618	54210	99725	22754	56927	91421
	招生数(人)	总计	21615	35844	104482	22118	40609	119975	23038	40828	109883	17735	28766	79950	16792	29092	63962
		其中受过学前教育	18803	24579	48998	19614	27457	52111	21837	29522	56956	16835	24229	47116	16422	25649	39691
	在校学生数(人)		139490	242451	619894	142629	270242	643859	139257	278746	629233	140376	279326	563685	137133	279355	489881
初中	毕业生数(人)		19301	72741	31677	21020	75484	33841	22655	88859	33730	22301	93280	35575	22521	97779	35561
	招生数(人)		23705	93595	41308	23628	100072	44019	24456	105446	39988	25917	104441	37447	26743	101199	31809
	在校学生数(人)		68949	255944	114199	71163	276685	118338	69736	292990	112639	72252	296061	106392	75233	291810	96737
高中	毕业生数(人)		8564	16509	1676	10452	17910	2315	11004	18935	2533	13037	22183	2973	14685	26856	3920
	招生数(人)		13211	23643	2780	14838	27637	3958	17016	32577	4542	15895	29873	4022	16562	32525	3980
	在校学生数(人)		34180	61646	6806	38841	69906	9418	44869	82041	11064	47700	86825	11886	49232	93709	11833

注：此表根据《中国教育统计年鉴》2004—2008年数据统计。

表2-15 2009—2013年海南省城乡中小学生数

年份 城乡	2009 城市	2009 县镇	2009 农村	2010 城市	2010 县镇	2010 农村	2011 城区	2011 城乡结合区	2011 镇区	2011 镇乡结合区	2011 乡村	2012 城区	2012 城乡结合区	2012 镇区	2012 镇乡结合区	2012 乡村	2013 城区	2013 城乡结合区	2013 镇区	2013 镇乡结合区	2013 乡村
小学 毕业生数(人)	24237	57593	87511	21107	55006	70790	37745	2656	57850	10423	36167	40780	2924	56273	9787	31168	40586	2924	56586	10162	27492
小学 招生数(人) 总计	19340	27947	60857	18148	34474	50969	35332	2532	49177	8916	39446	37464	2767	49309	8197	35748	43185	3001	51102	8742	29997
小学 招生数(人) 其中受过学前教育	18005	24914	39177	17356	31434	36253	32522	2383	42828	7962	27060	36815	2707	45866	7880	29272	42168	2621	48812	8559	25545
小学 在校学生数(人)	139868	272629	421519	135664	287515	357356	236819	16700	322571	57809	206229	244889	16987	324351	54859	182947	246582	17781	325160	55929	168451
初中 毕业生数(人)	22577	96681	33483	25367	90498	30412	48002	2409	85372	13405	8261	46182	3242	80791	11182	7971	43458	3390	71215	10271	5827
初中 招生数(人)	25686	93833	29875	26446	81387	25676	44968	2689	73529	11767	7032	44796	3817	68354	9837	6276	45725	4285	65684	10219	5548
初中 在校学生数(人)	77081	280869	87890	80832	259597	81164	138908	7840	231263	36890	22226	135194	10842	210249	30173	19234	133971	11565	196478	30367	16341
高中 毕业生数(人)	16450	31064	3818	17173	31035	2390	30990	1206	19542	5423	955	31949	1314	19401	4442	1270	31680	1025	20476	4649	1495
高中 招生数(人)	18556	32410	3863	19208	34057	2780	35340	1260	24072	6105	1197	35964	3227	25476	6720	1529	35945	4010	22619	6101	1607
高中 在校学生数(人)	51155	94444	10294	54417	98115	7929	102060	3634	63214	16868	3255	102838	5906	67918	16932	4770	106149	8696	68253	17926	4645

注:此表根据《中国教育统计年鉴》2009—2013年数据统计。

表 2-16　2014—2016 年海南省城乡中小学生数

年份 城乡		2014					2015					2016				
		城区	城乡结合区	镇区	镇乡结合区	乡村	城区	城乡结合区	镇区	镇乡结合区	乡村	城区	城乡结合区	镇区	镇乡结合区	乡村
小学	毕业生数（人）	39741	2825	52735	7698	24781	40959	3422	48675	6023	23938	43005	3722	48562	6345	22856
	招生数（人）总计	48638	3433	56889	8407	30351	53107	4652	55650	7141	30333	53886	4926	56061	7225	29707
	其中受过学前教育	46452	3258	54133	8199	27047	51949	4322	53555	6851	27319	51456	4734	54337	7168	27502
	在校学生数（人）	261753	18773	329264	47660	161626	287592	24655	323266	40481	162388	300074	25915	333732	43029	159747
初中	毕业生数（人）	42775	3453	62505	7767	4977	47237	4290	55184	5151	5243	48074	4449	54656	5384	5552
	招生数（人）	44522	4315	61317	7484	5364	47513	4478	55110	5790	5492	49488	4880	54501	6258	6285
	在校学生数（人）	135330	12064	185945	22690	16075	144274	13606	167663	16796	16952	144977	13776	161687	17311	17072

续表

| 年份 | | 2014 | | | | | 2015 | | | | | 2016 | | | | |
城乡		城区	城乡结合区	镇区	镇乡结合区	乡村	城区	城乡结合区	镇区	镇乡结合区	乡村	城区	城乡结合区	镇区	镇乡结合区	乡村
高中	毕业生数（人）	34139	1637	22024	4705	2303	36111	3727	22493	5359	1947	37033	4418	19984	4996	1809
	招生数（人）	32886	3443	22025	5493	2036	34445	3601	20700	5320	2208	34763	3674	19150	5242	3355
	在校学生数（人）	103104	10360	67424	16500	5996	105043	12098	61254	15412	6029	105118	11371	57568	15348	7213

注：此表根据《中国教育统计年鉴》2014—2016年数据统计。

表 2-17　2004—2008 年海南省城乡小学教学点占学校总数百分比

年份	2004			2005			2006			2007			2008		
城乡	城市	县镇	农村	城市	县镇	农村	城市	县镇	农村	城市	县镇	农村	城市	县镇	农村
小学　学校数(所)	163	302	2727	149	308	2649	117	284	2649	108	285	2522	102	292	2347
教学点数(个)	2	2	678	1	2	676	0	2	625	1	1	569	1	1	599
小学教学点占学校总数的百分比	1.23%	0.66%	24.86%	0.67%	0.65%	25.52%	0.00%	0.70%	23.59%	0.93%	0.35%	22.56%	0.98%	0.34%	25.52%

注：此表根据《中国教育统计年鉴》2004—2008 年数据统计。

表 2-18　2009—2013 年海南省城乡小学教学点占学校总数百分比

年份	2009			2010		
城乡	城市	县镇	农村	城市	县镇	农村
小学　学校数(所)	101	284	2135	93	287	1933
教学点数(个)	1	1	561	0	1	554
小学教学点占学校总数的百分比	0.99%	0.35%	26.28%	0.00%	0.35%	28.66%

年份	2011					2012					2013				
城乡	城区	城乡结合区	镇区	镇乡结合区	乡村	城区	城乡结合区	镇区	镇乡结合区	乡村	城区	城乡结合区	镇区	镇乡结合区	乡村
小学　学校数(所)	215	48	565	172	1430	212	46	532	168	1292	197	40	477	143	1065
教学点数(个)	6	5	61	26	438	7	6	77	28	563	11	9	85	36	702
小学教学点占学校总数的百分比	2.79%	10.42%	10.80%	15.12%	30.63%	3.30%	13.04%	14.47%	16.67%	43.58%	5.58%	22.50%	17.82%	25.17%	65.92%

注：此表根据《中国教育统计年鉴》2009—2013 年数据统计。

表 2-19 2014—2016 年海南省城乡小学教学点占学校总数百分比

年份	2014				2015				2016			
城乡	城区	城乡结合区	镇区	镇乡结合区	乡村	城区	城乡结合区	镇区	镇乡结合区	乡村	城区	城乡结合区	镇区	镇乡结合区	乡村

		城区	城乡结合区	镇区	镇乡结合区	乡村	城区	城乡结合区	镇区	镇乡结合区	乡村	城区	城乡结合区	镇区	镇乡结合区	乡村
小学	学校数（所）	199	43	441	115	979	212	51	405	96	939	207	49	403	96	899
	教学点数（个）	9	7	114	62	803	12	9	118	62	846	13	9	121	62	862
	小学教学点占学校总数的百分比	4.52%	16.28%	25.85%	53.91%	82.02%	5.66%	17.65%	29.14%	64.58%	90.10%	6.28%	18.37%	30.02%	64.58%	95.88%

注：此表根据《中国教育统计年鉴》2014—2016 年数据统计。

3. 农村教育师资水平提升

教育质量提升的关键是教师队伍的师资水平,笔者从近几年的调研过程中,明显感觉到海南教师师资水平的提升,加上政府对引进师资的政策倾斜,全国很多优秀的师资相继来到海南生根落叶,为海南的基础教育贡献自己的力量。特别是教育移民政策中重新建立的思源学校,从校长、学科骨干到教师队伍的师资水平都得到了很大的提升,相对于以往民族地区的重点学校,思源学校的师资水平不仅学历高、熟悉业务,并且大多呈现出年轻化的趋势,为海南基础教育搭建了一个很好的师资队伍体系。为了能较为直观地了解海南城乡师资队伍的提升,笔者通过对 2004—2016 年海南城乡教师学历合格率设定了一个纵向的坐标系,把城乡的教师队伍进行下比较,首先来看下城乡小学教师的学历合格率,从图 2-10(具体数据见表 2-20、表 2-21、表 2-22)可见,从 2004—2013 年,农村小学教师的学历合格率增长最快,从 2004 年的 98.17%增长到 2016 年的99.79%;县镇小学教师的学历合格率从 2004 年的 99.36%增长到 2009年的 99.86%,2010 年出现了下滑,到 2016 年又回升到 99.97%,2016 年镇乡结合区的小学教师学历合格率达到 100%;从整体来看,县镇小学教师的学历合格率相较 2004 年也有较大的提升;城市小学教师的学历合格率也出现了较大提升,从 2004 年的 99.35%增长到 2016 年的 99.99%,与此同时,城乡结合区小学教师的学历合格率也达到了 100%。可见,教育移民政策近几年,农村小学教师的学历合格率得到了较大的提升。

再来看下城乡中学和高中教师的学历合格率,从图 2-11(具体数据见表 2-20、表 2-21、表 2-22)可见,农村初中教师的学历合格率从 2004年开始出现了断崖式的下滑;从 2005 年开始农村教师的学历合格率出现了爬坡似的上升,从 2005 年的 93.55%一直增长到 2016 年的 99.30%,其间 2011 年出现了一些波动,2013 年相较 2012 年也有些许的下滑,反映出农村初中教师队伍可能出现了一些波动,从整体上来看,农村初中教师的学历合格率保持着稳步增长的趋势;县镇初中教师的学历合格率从 2004年的 95.98%增长到 2016 年的 99.50%,近 12 年一直保持稳步增长;城市初中教师的合格率增长较为平缓,从 2004 年的 99.17 增长到 2016 年的99.84%,从 2011 年开始,重新划分的城乡结合区初中教师学历合格率已

经从 2011 年的 99.78%增长到 2016 年的 99.90%;镇乡结合区初中教师
的学历合格率从 2011 年的 97.66%增长到 2016 年的 99.56%;整体来看
初中教师的学历合格率,增长最快的是农村和县镇地区;说明教育移民政
策近几年的师资投入重点放在了县镇和农村,特别是城乡结合区和镇乡
结合区的师资学历水平已接近 100%的学历达标率。

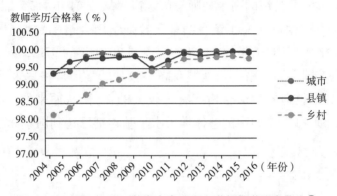

图 2-10 2004—2016 年海南省城乡小学教师学历合格率①

注:小学教师学历合格率=(具有中师和高中以上学历的专任教师/专任教师总数)×100%;具体数据
　　参见表 2-20—表 2-22。

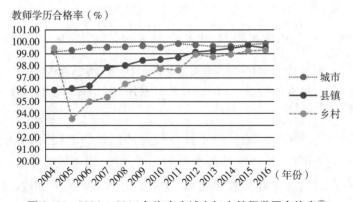

图 2-11 2004—2016 年海南省城乡初中教师学历合格率②

注:初中教师学历合格率=(具有大学专科以上学历的专任教师数/专任教师总数)×100%;具体数据
　　参见表 2-20—表 2-22。

---

① 图 2-10 中 2011—2016 年城市数据涵盖了城乡结合区数据,县镇数据涵盖了镇乡结合区数据。
② 图 2-11 中 2011—2016 年城市数据涵盖了城乡结合区数据,县镇数据涵盖了镇乡结合区数据。

　　最后来看下城乡高中教师的学历合格率,从图 2-12(具体数据见表 2-20、表 2-21、表 2-22)可见,城市、县镇和农村增长幅度最大的是农村,农村高中教师的学历合格率从 2004 年的 66.67%增长到 2016 年的 98.93%,并超过了城市和县镇的教师合格率,不过 2016 年农村高中学校仅有 7 所,基本可理解这 7 所高中的师资达标率基本是按照较高的师资标准来配备的。县镇的高中教师学历合格率从 2004 年的 75.22%增长到 2016 年的 94.94%(汇总了镇乡结合区教师学历合格率);城市高中教师的学历合格率从 2004 年的 91.70%增长到 2013 年的 97.53%(汇总了城乡结合区教师学历合格率);从城乡高中教师的学历合格率来看,近十二年时间,高中教师的学历合格率有了较大的提升,从原来的 66%左右都提升到了 96%以上,教师的整体学历水平基本都已达到国家标准。

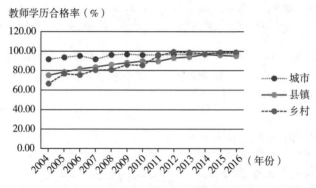

图 2-12　2004—2016 年海南省城乡高中教师学历合格率①

注:高中教师学历合格率=(具有大学本科以上学历的专任教师数/专任教师总数)×100%;具体数据
　参见表 2-20—表 2-22。

　　教育移民政策的实施促进了城乡教师队伍学历的提升,但仅仅看学历合格率是不够的,从海南基础教育的实际来看,海南城乡学校的师资中还一直存在着代课老师和兼课老师,这是历史遗留下来的问题,通过近十年的发展,海南城乡师资中到底还有多事代课和兼课老师? 占多大的师资比例? 这也是衡量教师师资水平的一个重要指标。我们把师资分类为小学和中学两个群体,从表 2-23、表 2-24、表 2-25 可见,2004 年农村小

---

① 图 2-12 中 2011—2016 年城市数据涵盖了城乡结合区数据,县镇数据涵盖了镇乡结合区数据。

学专任教师 31504 人,代课老师有 1253 人,占专任教师比例为 3.98%,兼任教师有 52 人,占专任教师比例为 0.17%;到 2016 年农村小学专任教师人数为 14662 人,代课教师仅有 50 人,占专任教师比例为 0.034%,兼任教师增长到 319 人,占专任教师比例为 0.22%,可见农村小学近十年代课老师有了较大的减少,但兼课老师还有一定程度的上升;县镇小学 2004 年专任教师为 12294 人,代课老师为 196 人,占比为 1.59%,兼任老师为 34 人,占比 0.28%;到 2016 年县镇小学专任教师为 19478 人(含镇乡结合区教师 2527 人),代课老师为 13 人(其中镇乡结合区代课老师 0 人),占比 0.07%,兼任教师为 231 人(含镇乡结合区兼任教师 40 人),占比 1.19%,县镇小学代课老师和兼任教师占比比 2004 年有较大幅度的下降;城市小学 2004 年专任教师为 6310 人,代课老师有 80 人,占比 1.27%,兼任教师有 9 人,占比 0.14%,到 2016 年,城市小学专任教师人数达到 11784 人(含城乡结合区专任教师 1193 人),代课老师 48 人(含城乡结合区代课老师 1 人),占比 0.04%,兼任教师 1376 人(含城乡结合区兼任教师为 148 人),占比 1.17%,代课老师占比与 2004 年相比有一定幅度的下降,兼任老师占比有一定比例的提升。可见,城乡小学师资中,城市和农村师资还存在一定程度的缺口。说明近几年城乡师资结构调整中,虽然城市和农村师资得到了大幅度的充实,但历史遗留的师资缺口问题还在一定程度上存在。

　　再来看下中学师资的情况,2004 年农村中学专任教师为 5915 人,代课老师 95 人,占比 1.61%,兼任教师 8 人,占比 0.14%,到 2015 年农村中学专任教师下降到 2816 人,代课老师有 64 人,占比 2.27%,兼任教师 7 人,占比 0.25%,但到 2016 年农村专任教师上升到 3188 人,代课教师已经没有了,兼任教师增加到 97 人,可以看出农村专任老师在十年间有一定程度的减少,但兼任教师比例并没有减少,可以说历史遗留的问题并没有根本解决;县镇中学 2004 年专任教师为 14905 人,代课教师 250 人,占比 1.68%,兼任教师 111 人,占比 0.74%,到 2013 年县镇中学专任教师增长到 25680 人(含镇乡结合区专任教师 3306 人),代课教师 376 人(含城乡结合区代课教师 53 人),占比 1.46%,兼任教师 365 人(含镇乡结合区兼任教师 38 人),占比 1.42%,较 2004 年有一定幅度的提升,截至 2016

年,县镇专任教师减少到 24978 人(含镇乡结合区教师 2808 人),代课教师下降到 24 人(含镇乡结合区代课老师 1 人),兼任教师还有 237 人(含镇乡结合区代课老师 16 人),可见县镇中学教师较 2004 年增长了将近一倍的人数,但代课教师和兼任教师还部分存在,说明县镇教师还存在一定缺口,或者是以往遗留下的代课和兼任教师并没有被体制所消化。城市中学 2004 年的专任教师 5616 人,代课教师 118 人,占比 2.1%,兼任教师 23 人,占比 0.41%,到 2013 年城市中学专任教师增长到 18274 人(含城乡结合区专任教师 1355 人),增长幅度达 3 倍之多,代课老师 343 人(含城乡结合区代课教师 3 人),占比 1.88%,人数较 2004 年有一定程度的增加,兼任教师 311 人(含城乡结合区兼任教师 64 人),占比 1.7%,较 2004年兼任教师增长了 288 人,占比也有一定程度的提高;截至 2016 年,城市中学专任教师人数增长到 22165 人(含城乡结合区专任教师 1995 人),代课教师 100 人(含城乡结合区代课教师 25 人),兼任教师 676 人(含城乡结合区兼任教师 66 人)。可见,城乡中学代课教师有一定程度减少,但兼任教师比例还一定程度提升,城乡中小学师资缺点普遍存在;其次由于城市高中教师队伍的增幅较大,其代课和兼任教师占比虽不大,但绝对数量有一定程度的攀升,说明师资改编还有制度上的制约;县镇中学代课和兼任教师情况基本平稳,但也反映出近 12 年代课和兼任教师问题还没有得到有效解决,即使在大量补充师资的情况下,代课和兼任教师的问题可能还在一定程度上存在。

从教育移民政策对师资队伍的变化来看,一是农村小学专任教师出现较大幅度的下降,从 2004 年的 31504 人下降到 2016 年的 14662 人,降幅达 63%,这些师资大部分分流到城市和县镇小学中,如城市小学和县镇小学专任教师近 12 年间增长了接近 2 倍。二是农村中学教师近十年间萎缩了一半以上,从 2004 年的 5915 人下降到 2016 年的 3188 人,大部分也分流到县镇和城市中学,导致城市中学专任教师增长了 3 倍,县镇中学教师增长了接近 2 倍。三是农村代课教师和兼任教师问题有一定程度的遏制,但历史遗留问题并没有解决,城市和县镇代课和兼任教师还有一定幅度的增加,这说明体制和机制上还有待完善。

表2-20　2004—2008年海南城乡中小学教师学历合格率

年份		2004			2005			2006			2007			2008		
城乡		城市	县镇	农村	城市	县镇	农村	城市	县镇	农村	城市	县镇	农村	城市	县镇	农村
小学	合计(人)	6310	12294	31504	6387	12840	31371	6125	12956	32554	6164	13722	32459	6174	14449	31955
	高中毕业以上学历人数(人)	6269	12215	30926	6350	12801	30861	6115	12929	32148	6160	13695	32156	6166	14425	31692
	教师学历合格率	99.35%	99.36%	98.17%	99.42%	99.70%	98.37%	99.84%	99.79%	98.75%	99.94%	99.80%	99.07%	99.87%	99.83%	99.18%
初中	合计(人)	3627	11664	378	3843	11606	5613	3906	12387	5751	4018	13265	5872	4251	13967	5890
	专科毕业以上学历人数(人)	3597	11195	376	3816	11155	5251	3887	11933	5462	4000	12983	5599	4233	13692	5682
	教师学历合格率	99.17%	95.98%	99.47%	99.30%	96.11%	93.55%	99.51%	96.33%	94.97%	99.55%	97.87%	95.35%	99.58%	98.03%	96.47%
高中	合计(人)	1989	3241	378	2331	3686	573	2766	4303	643	2974	4624	745	3077	5052	709
	本科毕业以上学历人数(人)	1824	2438	252	2184	2893	440	2633	3511	485	2728	3865	600	2961	4357	573
	教师学历合格率	91.70%	75.22%	66.67%	93.69%	78.49%	76.79%	95.19%	81.59%	75.43%	91.73%	83.59%	80.54%	96.23%	86.24%	80.82%

注：此表根据《中国教育统计年鉴》2004—2008年数据整理。

表2-21　2009—2013年海南城乡中小学教师学历合格率

	年份 城乡	2009			2010			2011					2012					2013				
		城市	县镇	农村	城市	县镇	农村	城区	城乡结合区	镇区	镇乡结合区	乡村	城区	城乡结合区	镇区	镇乡结合区	乡村	城区	城乡结合区	镇区	镇乡结合区	乡村
小学	合计(人)	6265	15016	31087	6001	16197	29858	11285	1179	21570	3944	18728	11730	1174	21499	3799	18014	11808	1198	21430	3821	17228
	高中毕业以上学历人数(人)	6256	14995	30877	5989	16118	29684	11283	1178	21515	3931	18654	11728	1173	21485	3797	17975	11807	1198	21405	3816	17189
	教师学历合格率	99.86%	99.86%	99.32%	99.80%	99.51%	99.42%	99.98%	99.92%	99.75%	99.67%	99.60%	99.98%	99.91%	99.93%	99.95%	99.78%	99.99%	100.00%	99.88%	99.87%	99.77%
初中	合计(人)	4280	14548	5932	4532	14653	5876	7857	451	15264	2094	1983	7834	631	15451	1906	1790	8032	692	15587	2018	1648
	专科毕业以上学历人数(人)	4266	14322	5749	4511	14440	5744	7845	450	15088	2045	1936	7812	631	15313	1896	1771	8000	692	15464	2014	1627
	教师学历合格率	99.67%	98.45%	96.92%	99.54%	98.55%	97.75%	99.85%	99.78%	98.85%	97.66%	97.63%	99.72%	100.00%	99.11%	99.48%	98.94%	99.60%	100.00%	99.21%	99.80%	98.73%
高中	合计(人)	3222	5260	636	3501	5547	455	6071	152	3586	935	208	6575	382	4030	1025	287	6941	524	4207	1118	296
	本科毕业以上学历人数(人)	3118	4631	547	3368	4982	389	5837	148	3220	828	198	6351	368	3724	976	285	6710	508	3940	1067	292
	教师学历合格率	96.77%	88.04%	86.01%	96.20%	89.81%	85.49%	96.15%	97.37%	89.79%	88.56%	95.19%	96.59%	96.34%	92.41%	95.22%	99.30%	96.67%	96.95%	93.65%	95.44%	98.65%

注:此表根据《中国教育统计年鉴》2009—2013年数据整理。

表2-22　2014—2016年海南城乡中小学教师学历合格率

年份 城乡		2014					2015					2016				
		城区	城乡结合区	镇区	镇乡结合区	乡村	城区	城乡结合区	镇区	镇乡结合区	乡村	城区	城乡结合区	镇区	镇乡结合区	乡村
小学	合计(人)	12245	1167	21388	3384	16589	13454	1466	20072	2755	16226	13379	1389	20252	2788	15429
	高中毕业以上学历人数(人)	12245	1167	21366	3383	16561	13454	1466	20070	2755	16203	13378	1389	20246	2788	15397
	教师学历合格率	100.00%	100.00%	99.90%	99.97%	99.83%	100.00%	100.00%	99.99%	100.00%	99.86%	99.99%	100.00%	99.97%	100.00%	99.79%
初中	合计(人)	8338	740	15270	1687	1692	9420	928	14480	1317	1817	9554	975	14470	1375	1858
	专科毕业以上学历人数(人)	8304	740	15185	1682	1674	9395	928	14433	1314	1803	9539	974	14396	1369	1845
	教师学历合格率	99.59%	100.00%	99.44%	99.70%	98.94%	99.73%	100.00%	99.68%	99.77%	99.23%	99.84%	99.90%	99.49%	99.56%	99.30%
高中	合计(人)	7095	667	4614	1169	495	7499	819	4639	1142	466	7828	824	4399	1172	563
	本科毕业以上学历人数(人)	6899	653	4455	1135	482	7307	800	4422	1117	460	7631	808	4158	1131	557
	教师学历合格率	97.24%	97.90%	96.55%	97.09%	97.37%	97.44%	97.68%	95.32%	97.81%	98.71%	97.48%	98.06%	94.52%	96.50%	98.93%

注:此表根据《中国教育统计年鉴》2014—2016年数据整理。

表 2-23　2004—2008 年海南省城乡中小学校教职工数

城乡	年份	2004			2005			2006			2007			2008		
		城市	县镇	农村	城市	县镇	农村	城市	县镇	农村	城市	县镇	农村	城市	县镇	农村
小学	教职工数(人) 合计	7694	13771	33968	7894	14655	33967	7666	14766	35146	7789	15417	34674	7662	16233	34080
	专任教师(人)	6310	12294	31504	6387	12840	31371	6125	12956	32554	6164	13722	32459	6174	14449	31955
	代课教师(人)	80	196	1253	343	185	1033	58	203	1030	68	154	1024	79	188	819
	兼任教师(人)	9	34	52	38	23	78	43	8	36	53	86	197	26	151	194
中学	教职工数(人) 合计	7385	18171	7380	7877	18671	7783	8581	20047	8058	8939	20779	8328	9140	21863	8324
	专任教师(人)	5616	14905	5915	6174	15292	6186	6672	16690	6394	6992	17889	6617	7328	19019	6599
	代课教师(人)	118	250	95	255	420	120	220	570	118	364	554	103	342	723	75
	兼任教师(人)	23	111	8	48	101	24	34	123	21	41	171	2279	25	195	97

注：此表根据《中国教育统计年鉴》2004—2008 年数据整理。

表2-24　2009—2013年海南省城乡中小学校教职工数

	年份	2009			2010			2011					2012					2013				
	城乡	城市	县镇	农村	城市	县镇	农村	城区	城乡结合区	镇区	镇乡结合区	乡村	城区	城乡结合区	镇区	镇乡结合区	乡村	城区	城乡结合区	镇区	镇乡结合区	乡村
小学	教职工数(人) 合计	7602	16808	32889	7362	18160	31563	10880	1239	20143	3755	18523	11231	1216	20119	3644	17964	11132	1175	19550	3664	17077
	专任教师(人)	6265	15016	31087	6001	16197	29858	9551	1143	18658	3552	17798	9915	1116	18606	3424	17275	9862	1059	18101	3419	16460
	代课教师(人)	82	246	956	71	242	766	235	26	267	108	520	323	31	301	114	423	250	35	57	34	169
	兼任教师(人)	14	100	179	18	33	39	32	0	244	147	267	153	0	78	1	66	267	0	125	19	119
中学	教职工数(人) 合计	9313	22825	7979	9955	23204	7535	19179	901	25117	3976	3609	19871	1301	25857	4016	3214	20672	1657	25857	4016	3214
	专任教师(人)	7502	19808	6568	8033	20200	6331	15662	639	21762	3421	3121	16224	1071	22374	3306	2816	16919	1355	22374	3306	2816
	代课教师(人)	320	687	75	286	847	96	556	45	301	67	39	382	3	323	53	64	340	3	323	53	64
	兼任教师(人)	22	93	71	38	43	21	107	11	102	70	16	275	58	327	38	7	247	64	327	38	7

注：此表根据《中国教育统计年鉴》2009—2013年数据整理。

表2-25　2014—2016年海南省城乡中小学校教职工数

年份		2014					2015					2016				
城乡		城区	城乡结合区	镇区	镇乡结合区	乡村	城区	城乡结合区	镇区	镇乡结合区	乡村	城区	城乡结合区	镇区	镇乡结合区	乡村
小学	教职工数(人)合计	11231	1216	20119	3644	17964	11132	1175	19550	3664	17077	11497	1269	18276	2738	15300
	专任教师	9915	1116	18606	3424	17275	9862	1059	18101	3419	16460	10591	1193	16951	2527	14662
	代课教师(人)	323	31	301	114	423	250	35	57	34	169	47	1	13	0	50
	兼任教师(人)	153	0	78	1	66	267	0	125	19	119	1228	148	191	40	319
中学	教职工数(人)合计	19871	1301	25857	4016	3214	20672	1657	25857	4016	3214	24284	2342	24721	3221	3639
	专任教师	16224	1071	22374	3306	2816	16919	1355	22374	3306	2816	20170	1995	22170	2808	3188
	代课教师(人)	382	3	323	53	64	340	3	323	53	64	75	25	23	1	0
	兼任教师(人)	275	58	327	38	7	247	64	327	38	7	610	66	221	16	97

注：此表根据《中国教育统计年鉴》2014—2016年数据整理。

4.城乡学校办学条件改善

自教育移民政策实施以来,海南省加大了基础教育的投入力度,特别针对农村和县镇教育条件进行了改善,按照标准化校园的要求,力图在基础办学条件上实现较大的提升,通过笔者的走访了解到,思源学校的标准化程度最高,并实现专项拨款,校园建设统一按照标准化学校进行建设,使得各市县教育移民学校的标准得到了极大的提升。从生均的教学面积、生均计算机设备和生均图书册等指标上都设定了与城市学校同样的标准,从2004—2016年十二年间,农村和县镇学校各方面的基础设施条件都得到了极大的提升。由于数据指标多,我选取了2004—2016年城乡生均各类教学仪器设备达标比数据进行对比,以比较近十年城乡基础教育办学条件发生的变化(见表2-26、表2-27、表2-28)。首先我们来看下2004—2008年期间,也就是教育移民政策实施前,海南城乡各类学校生均各类教学仪器设备达标比的情况,2004年城市小学生均各类教学仪器设备费是1100元,县镇小学只有300元,农村仅有200元;从2004—2008年,城市小学生均各类教学仪器设备费下降到600元,而县镇和农村小学基本保持不变,还是保持到县镇300元,农村200元,也就是这几年县镇和农村学校各类教学仪器设备费基本保持不变或者投入不大。但到2009—2013年,小学的生均各类教学仪器设备费出现了较大的变化,从2010年开始,县镇和农村小学生均各类教学仪器设备费用开始节节攀升,2011年县镇增长到生均400元,农村增长到300元,2012年县镇小学增长到500元,农村小学增长到500元,2013年城市小学生均增长到900元,县镇小学生均增长到600元,农村小学生均增长到700元,首次超过县镇小学生均各类教学仪器设备费。截至2014年,城市小学生均各类教学仪器设备费超过1000元,城乡结合区小学生均各类教学仪器设备费达到780元,县镇小学生生均教学仪器设备费增长到900元,镇乡结合区小学生均达到1100元,乡村小学生均各类教学仪器设备费也增长到1000元以上。可以看出从2009—2016年,县镇和农村小学的设备投入持续增加,特别是农村小学的增长幅度更大,开始超过县镇小学的投入,城乡教学设备投入差距慢慢开始缩小。

再来看下中学和高中,2004年城市初中的生均各类教学仪器设备费是 400 元,县镇初中生均是 200 元,农村初中生均是 400 元,从 2005—2008 年,城市初中的生均各类教学仪器设备费下降到 300 元,近几年一直保持在 400 元左右徘徊;县镇初中的生均各类教学仪器设备费一直保持在 200 元,从 2004—2008 年没有变化,显著变化的是农村初中的生均各类教学仪器设备费却出现了显著的增长,从 2005—2008 年,一直保持攀升,2005 年生均是 600 元,2006 年生均是 700 元,2007 年生均增长了一倍达到 1400 元,2008 年也保持在生均 1100 元。从 2009—2016 年的数据可见(见表 2-27、表 2-28),城市初中的生均各类教学仪器设备费出现缓慢增长,从 2009 年的生均 400 元增长到 2016 年的生均 1000 元以上,县镇初中的生均各类教学仪器设备费从 2009 年的 300 元增长到 2016 年的 1600 元左右,农村的增长更加显著,从 2009 年的生均 1000 元增长到 2013 年的生均 2200 元,增幅达到 2.2 倍。其中缘由主要有两点:一是农村初中生源出现了较大的下滑,二是近几年教育移民政策加大了对农村和县镇初中办学条件的建设投入。可见,教育移民政策的倾斜,让县镇和农村初中的办学条件有了较大的提升,城乡初中之间的办学条件差距正在不断地缩小。

最后来看下高中,2004 年城市高中的生均各类教学仪器设备费是 3800 元,县镇高中的生均费是 1300 元,农村高中生均费是 2400 元,城市高中生均费是县镇高中的 2.92 倍,是农村高中的 1.58 倍;到 2008 年,城市高中生均费是下滑到 3500 元,县镇高中生均费还是保持在 1300 元,农村高中的生均费增长到 4600 元,是 2004 年农村高中生均费的 1.92 倍,并且农村高中生源也从 2004 年的 6806 人增长到 2008 年的 11833 人,增幅 1.74 倍。可以说农村高中的基础办学条件近几年得到了极大的改善。从 2009—2016 年的数据来看,由于把原来的城市、县镇和农村三级教学体系改成了城市、城乡结合区、县镇、镇乡结合区和农村五级教学体系;在统计口径上出现了一些变化,首先是城市高中的生均各类教学仪器设备费从 2009 年的 3800 元下滑到 2013 年的 3600 元,但到 2016 年城市高中生均各类教学仪器设备费再次增长到 5400 元,城乡结合区高中的生均各类教学仪器设备费也增长到 4900 元,其中 2012 年城市高中生均费增长到 7500 元,是相当高的一个水平;县镇高中生均各类教学仪器设备费从

表2-26　2004—2008年海南城乡生均各类教学仪器设备达标比

	年份	2004			2005			2006			2007			2008		
	城乡	城市	县镇	农村	城市	县镇	农村	城市	县镇	农村	城市	县镇	农村	城市	县镇	农村
小学	固定资产总值(万元)	95160.82	73296.15	191661.9	70834.66	88074.14	224999.53	76632.49	114652.36	201055.12	67706.03	89172.73	210648.49	66126.06	94555.02	201891.55
	仪器设备总值(万元)	14818.08	7114.88	9702.81	11108.13	7210.3	8461.26	7316.56	6927.15	8100.13	8418.18	7314.83	9029.48	8369.47	8106.54	9230.92
	在校学生数(人)	139490	242451	619894	142629	270242	643859	139257	278746	629233	140376	279326	563685	137133	279355	489881
	生均各类教学仪器设备(万元)	0.11	0.03	0.02	0.08	0.03	0.01	0.05	0.02	0.01	0.06	0.03	0.02	0.06	0.03	0.02
初中	固定资产总值(万元)	19922.47	63642.33	60670.79	31031.46	70805.7	99186.53	29810.04	79668.5	80164.49	34506.7	87987.88	130667.95	45743.66	89753.99	72807.72
	仪器设备总值(万元)	3055.24	4595.02	5003.9	3606.1	4507.17	7117.54	2295.61	5181.63	8398.87	2528.89	6500.05	15345.44	2451.08	6160.13	10970.53
	在校学生数(人)	68949	255944	114199	71163	276685	118338	69736	292990	112639	72252	296061	106392	75233	291810	96737
	生均各类教学仪器设备(万元)	0.04	0.02	0.04	0.05	0.02	0.06	0.03	0.02	0.07	0.04	0.02	0.14	0.03	0.02	0.11
高中	固定资产总值(万元)	112239.94	89005.98	11614.49	116148.31	141443.12	16245.92	118321.94	125291.71	20780.62	120643.01	200602	21077.72	137014.33	177147.1	23557.29
	仪器设备总值(万元)	13154.2	8255.62	1622.95	12635.99	23168.49	2004.02	14017.43	11434.41	2315.72	15519.08	12959.42	5136.94	17354.15	11867.15	5501.14
	在校学生数(人)	34180	61646	6806	38841	69906	9418	44869	82041	11064	47700	86825	11886	49232	93709	11833
	生均各类教学仪器设备(万元)	0.38	0.13	0.24	0.33	0.33	0.21	0.31	0.14	0.21	0.33	0.15	0.43	0.35	0.13	0.46

注：此表根据《中国教育统计年鉴》2004—2008年数据统计。生均各类教学仪器设备比=教学仪器设备总值/学生人数。

表2-27　2009—2013年海南城乡生均各类教学仪器设备达标比

分类	年份 城乡	2009 城市	2009 县镇	2009 农村	2010 城市	2010 县镇	2010 农村	2011 城区	2011 城乡结合区	2011 镇区	2011 镇乡结合区	2011 乡村	2012 城区	2012 城乡结合区	2012 镇区	2012 镇乡结合区	2012 乡村	2013 城区	2013 城乡结合区	2013 镇区	2013 镇乡结合区	2013 乡村
小学	固定资产总值（万元）	63727.51	101191.21	370882.39	92448.18	125374.73	244555.79	116529.59	6683.73	172414.57	31495.5	155537.68	153084.62	10354.33	204270.34	33521.5	168672.37	164144.43	10257.65	241694.44	40287.75	199889.42
	仪器设备总值（万元）	7823.45	8441.17	10537.71	7157.1	9873.68	8922	10843.13	369.56	12948.54	2285.63	6384.18	15599.59	1137.95	15559.54	2376.03	9198.74	22360	887.37	18850.36	3283.93	11028.37
	在校学生数（人）	139868	272629	421519	135664	287515	357356	236819	16700	322571	57809	206229	244889	16987	324351	54859	182947	246582	17781	325160	55929	168451
	生均各类教学仪器设备（万元）	0.06	0.03	0.02	0.05	0.03	0.02	0.05	0.02	0.04	0.04	0.03	0.06	0.07	0.05	0.04	0.05	0.09	0.05	0.06	0.06	0.07
初中	固定资产总值（万元）	51368.07	120328.52	81857.49	33973.45	125374.73	111448.92	70648.91	13849.2	195324.16	24695.3	23618.76	80270.77	11614.09	251859.71	40941.31	29466.72	90884.69	16335.5	317018.74	50622.62	42105.68
	仪器设备总值（万元）	2785.59	8896.37	8779.41	2536.29	9873.68	9167.58	4720.31	174.6	20426.16	2348.31	2864.52	6151.57	493.28	19125.95	2208.42	2370.02	10284.11	1099	27587.03	3536.3	3543.41
	在校学生数（人）	77081	280869	87090	80832	259597	81164	138908	7840	231263	36890	22226	135194	10842	210249	30173	19234	133971	11565	196478	30567	16541
	生均各类教学仪器设备（万元）	0.04	0.03	0.10	0.03	0.04	0.11	0.03	0.02	0.09	0.06	0.13	0.05	0.05	0.09	0.07	0.12	0.08	0.10	0.14	0.12	0.22

续表

年份	2009			2010			2011					2012					2013				
城乡	城市	县镇	农村	城市	县镇	农村	城区	城乡结合区	镇区	镇乡结合区	乡村	城区	城乡结合区	镇区	镇乡结合区	乡村	城区	城乡结合区	镇区	镇乡结合区	乡村
固定资产总值(万元) 总计	157934.32	261722.02	20720.57	172215.21	253710.95	14250.95	217298.02	10961	100541.25	19317	19971.41	302005.36	34486.1	150874.94	41794	17269	319243.96	47801	177143.24	49024	55627.3
仪器设备值总值(万元)	19494.42	13866.62	3817.83	13739.1	15771.46	2316.7	23315.15	1647	10150.59	1896.1	2254.01	30443.29	4408.95	10090.65	2340.1	2277	37992.83	4611	13411.84	3308.1	2696.93
在校学生数(人)	51155	94444	10294	54417	98115	7929	102060	3634	63214	16868	3255	102838	5906	67918	16932	3255	106149	8696	68253	17926	4645
生均各类教学仪器设备(万元)	0.38	0.15	0.37	0.25	0.16	0.29	0.23	0.45	0.16	0.11	0.69	0.30	0.75	0.15	0.14	0.48	0.36	0.53	0.20	0.18	0.58

注：此表根据《中国教育统计年鉴》2009—2013 年数据统计。

表2-28　2014—2016年海南城乡生均各类教学仪器设备达标比

城乡	年份	2014					2015					2016				
		城区	城乡结合区	镇区	镇乡结合区	乡村	城区	城乡结合区	镇区	镇乡结合区	乡村	城区	城乡结合区	镇区	镇乡结合区	乡村
小学	固定资产总值(万元)	176478.40	11399.88	296809.08	46216.00	228315.82	209933.23	28933.46	316755.88	48002.64	267809.94	214122.30	26140.26	327105.71	44325.13	287928.18
	仪器设备总值(万元)	26726.84	1472.10	28490.39	5339.01	17422.27	32816.26	3137.76	33083.11	4797.76	21952.83	38074	3782.81	40151.34	5946.38	27457.72
	在校学生数(人)	261753	18773	329264	47660	161626	287592	24655	323266	40481	162388	300074	25915	333732	43029	159747
	生均各类教学仪器设备(万元)	0.10	0.078	0.09	0.11	0.114	0.11	0.13	0.10	0.12	0.14	0.13	0.15	0.12	0.14	0.17
初中	固定资产总值(万元)	133594.81	20351.8	348894.52	38920.59	49851.97	171877.58	22757.24	359622.93	27671.99	68324.78	148930.79	20040.35	364504.91	28108.49	66995.86
	仪器设备总值(万元)	13577.67	1296	35719.75	3816.95	5695.21	22685.18	1622.16	38134.05	2568.93	6515.25	24502.17	1420.87	41733.08	2847.83	7112.39
	在校学生数(人)	135330	12064	185945	22690	16075	144274	13606	167663	16796	16952	144977	13776	161687	17311	17072
	生均各类教学仪器设备(万元)	0.10	0.11	0.19	0.17	0.35	0.16	0.12	0.23	0.15	0.38	0.17	0.10	0.26	0.16	0.41

续表

年份		2014				2015				2016			
城乡		城区	城乡结合区	镇区	镇乡结合区	乡村	城区	城乡结合区	镇区	镇乡结合区	乡村	城区	城乡结合区	镇区	镇乡结合区	乡村
高中	固定资产总值（万元）总计	355443.60	54018.0	252780.24	70548.41	22577.00	402827.82	62177.00	293538.87	71191.49	26041.80	431737.34	61915.21	292719.52	71800.49	111577
	仪器设备总值（万元）	48140.12	5628.0	26873.12	4790.60	4054.80	52217.78	5620.60	32450.55	5229.93	5660.00	57143.65	5632.6	31342.15	5991.88	8193.33
	在校学生数（人）	103104	10360	67424	16500	16500	105043	12098	61254	15412	6029	105118	11371	57568	15348	7213
	生均各类教学仪器设备（万元）	0.47	0.54	0.40	0.29	0.25	0.50	0.46	0.53	0.34	0.94	0.54	0.49	0.54	0.39	1.14

注：此表根据《中国教育统计年鉴》2014—2016 年数据统计。

2009 年的 1500 元增长到 2016 年的 5400 元,镇乡结合区也达到了生均 3900 元,相对 2008 年县镇高中生均费用,增幅达 3 倍;农村高中生均各类教学仪器设备费从 2009 年的 3700 元,增长到 2016 年的 11400 元,是 2009 年的农村高中生均费的 1.95 倍,但农村高中生源却下降了近三成;相对于 2016 年城市高中生均费用而言,城乡之间的生均投入差距已经很微弱了。可以说,从 2004—2016 年十二年间,随着教育移民政策的实施,城乡小学、中学和高中学校办学条件之间的差距,已经开始慢慢缩小,有些农村学校的办学投入在近几年已经超过了城市和县镇学校的投入力度;农村、县镇学校在某些硬件设备投入上已经赶上了城市学校的水平。

三、小结

通过对海南教育移民政策具体实施的梳理,让我们能较为直观地了解政策制定的初衷和具体推进。其坚持为少数民族贫困地区学生提供公平的教育条件为政策导向,从政策的顶层设计、具体的实施内涵和自上而下的责任推导,让教育移民政策真正落实到海南的基础教育中,让贫困学生和家庭切实地感受到受益。从顶层设计上,教育移民不仅局限在教育场域,而且依托在城镇化的大环境下,把城市、县镇和农村的三级教育体系划分为城市、城乡结合区、县镇、镇乡结合区和农村五级教育体系,基本涵盖了地域各类层次的教育人群,让少数民族学生从外向型的移民转向留在城镇就业生活,实现其外向型的迁移生活,并最终为改变其原有的落后的生活观念,并融入城镇生产生活。在具体的实施中,教育移民政策把教育场域作为主要的催化剂,人通过教育场域实现真正的思想蜕变,变成一个有技能有思想的"文化人"。为了做好教育场域的大文章,教育移民政策通过改善基础办学条件、大力引进优秀的师资力量,切实地缩小了城乡教育的差距。在教学层次上,教育移民政策把基础教育重点放在了农村,把农村学校建设成标准化的校园,让农村学生能就近上学;把中学和高中教育层次实现整体上移,重点放在了县镇和城市,以实现教育资源的统筹配置,发挥教育资源最大的社会效益,让少数民族贫困学生在良好的教育条件下,改变其惯有的行为习惯、生活观念,慢慢融入校园并接纳先进的教育文化熏陶。教育移民政策为移民学生搭建了一条向上流动的阶梯,实现了少数民族学生从大山走向城市,从小视野中放眼中国和世界。从 2004—2013 年城乡教育数据的比较可以得出,教育移民政策为城乡教育差距的缩小做出了较大的贡献:一是大幅提升了县镇、农村师资水平,为基础教育搭建了一支队伍年轻化、素质过硬、教育理念先进的教育队伍;二是极大地缩小了城乡基础教育办学条件上的差距;三是为少数民族贫困学生提供了一个公平的教育环境,为其走出大山,实现向上流动搭建了一个良性的输送渠道。

第 三 章

教育移民政策场域中的政府
主体及科层组织逻辑

我们集中讨论教育移民政策过程中不同主体的行动逻辑,就是想分析政府、学校、教师、村委会、学生及学生家长不同群体的行为在他们身处的制度逻辑中相互之间的运动关系,解释他们的行为逻辑及其对教育移民政策的影响。在教育移民推进的每个环节中,我们不难感受到不同主体行为背后所反映出来的——政府主体意志及科层组织逻辑、校长的理性选择逻辑、教师职业发展逻辑、公平享受教育权利的逻辑,这些制度逻辑所呈现的微观行为方式是我们进行理论分析的着眼点。

第一节　教育移民政策政府主体的行为逻辑分析

所谓的政府主体意志包括中央政府对教育领域发布的政策指令,省、市、县根据中央政府意志并结合本省、本地区的实际情况制定政策的实施方案,并负责具体推动。在教育移民政策的实施推动过程中,关于教育公平与教育效率的价值理念是政府主体意志的集中表达,突出表现在让少数民族边远贫困地区的孩子享受与城镇学生同等的教育条件,实现教育起点的公平,彰显公平的教育价值取向;其次针对城乡教育发展的不均衡,整合教育资源实现城乡教育一体化目标是教育效率的具体措施。省市政府为了更好地实现政府主体的意志,在中央教育政策目标的要求下,根据本省、本地区的实际情况进行综合考量,探索性地提出了教育移民政策方案,在全国产生了积极的社会反响。海南省属于教育欠发达省份,教育基础的底子薄、质量低、教育经费捉襟见肘;特别是在国家把教育经费重点集中在省级政府时,地市政府由于教育经费附加征收不足,导致整体的教育经费支出与发达省份有较大差距;同时,在城乡经济差距不断加大,农村人口不断地涌向城镇,农村原有教学点呈现出教育资源过度浪费、校舍维修成本不断增加、教育质量下滑、农村教师留不住的新形势背景,如何保障实现中央的教育政策目标,省市政府必须得整合现有教育资源、最大效率地解决教育发展不均衡的问题,在基础教育质量不断下滑的形式下,省级政府从宏观角度对现有问题作出总体部署,并针对以上问题提出教育移民政策。

在教育移民政策的总体部署上,我们不难看出政府对现有基础教育形式的深刻研判,海南基础教育所反映出的问题已经深深地制约了本地区的经济社会发展,人才的匮乏、教育体系的资源浪费、教学质量的不断下滑、入学率和辍学率的"一低一上"、城乡教育的巨大差距等问题势必会影响到下一代年轻人的教育;更深层地讲,地处贫困地区的年轻人如果不能通过教育提升上升的通道,大多会早早流入社会,从事低层次的社会工作,也会增加社会的犯罪率,当底层年轻群体集聚到一定的规模,势必会影响到社会的稳定和团结。因此,教育的作用显得尤为重要,特别是弱势群体的教育更需要社会的兜底。在这样的形式背景下,政府教育政策紧紧围绕着少数民族地区的贫困孩子,让贫困孩子通过接受教育实现自我的人生价值,这既是社会的责任,也是国家发展的需要。教育移民政策背后的政府主体意志逻辑,就是通过整合现有的教育资源,最大效率地加大对少数民族贫困地区弱势群体的教育投入,提升基础教育质量,实现城乡教育发展的一体化,让少数民族贫困学生享受与城镇学生同等的教育条件;其一是为贫困学生搭建向上流动的平等教育通道;其二是让学生接受良好教育,培养其做社会主义公民的良好品德,养成品德向上的良好行为习惯;其三是种植梦想,实现其人生的最大价值。

从政府主体意志逻辑来看,它为教育移民政策的运行提供了一个总体的框架,但这一框架本身是松散的,在具体的执行过程中会面临很多的不确定性。政府宏观政策的具体实施主要靠各级政府的科层组织体系来贯彻落实的。基层政府官员在教育移民中的角色定位,决定了教育政策实施的效果,从教育政策的执行路径来看,地方政府官员一般面临的是自上而下的政策执行指令,虽然他们执行政策的方式和方法不同,但他们背后遵循的是稳定存在的科层组织逻辑,科层组织逻辑通过组织内部的激励机制和组织外部的环境诱导产生相应的组织行为,如政府基层官员的晋升和组织调动更多地依赖上级官员的考核和评定,政府科层组织逻辑通过压力型体制、向上负责制和激励机制使基层官员对上级的政策指令相当敏感,也就是说,科层组织逻辑迫使基层官员极力完成上级交代的任务,以期有利于自己职业生涯的晋升或者不被淘汰。因此,基层政府官员必须在政策环境的各种相互冲突的目标之间加以权衡,在轻重缓急间加以选择,他们会结合本地区教育资源条件、认真分析矛盾冲突的关键点,做出最有利于其职业晋升或者避免威胁其职业生涯风险的理性选择。在科层组织逻辑下的基层政府官员的相应行为首先会避免教育移民政策所引发的稳定安全事件放在第一位,避免在教育移民政策推进过程中出现危及其职业生涯的事件;其次会结合本地区的教育资源最大限度地完成上级布置的政策任务;当然,政策受众体的满意度只是政府官员在以上前提下所折中的最后结果。根据以上分析,我们认为地方政府官员在对待教育移民政策过程中所选择的态度和行为取决于其任务环境中多重利益冲突目标中的各种代价和收益的总体权衡。如在教育移民政策推行的少数民族市县,有些市县为了保障移民学生的上学安全,发挥各种资源配备校车;而有些市县却因为各种原因迟迟配备不出来,在具体的工作环境中,地方政府官员面临着各种各样的任务,他们需要根据总体任务部署,以及现有的资源有选择地执行政策的方式和方法。在科层组织逻辑的驱动下,政府官员综合权衡的理性选择行为有可能会导致上级政府的教育政策在地方实施时出现"折中执行"或者"政府职能的无效率"事件,即久拖未决,执行不下去;也可能会出现上级政策在落实过程中出现偏差,如政策受众体原有的教学点被无情撤并,出现有些地区享受不了或者要付出一定的代价才能得到政策所预期的同等教育条件,这也被我们称为"政策执行过程中的中梗阻"。

因此,政府主体意志及科层组织逻辑决定了政府政策执行的行为和方式,地方政府官员根据其任务环境的不同而综合权衡选择不同的行为方式应对复杂的环境,我们要关注政府官员所面对的多重利益冲突的任务环境变化,才能理解政府主体意志及科层组织逻辑下的基层政府在推进教育移民政策过程中的行为和方式。以下我选取调研过程中较为典型的个案进行分析,以期了解教育移民政策在推行过程中的政府内生逻辑,以及存在的问题。

政府行政主导的示范个案——昌江牙迫村

昌江黎族自治县是教育移民的试点地区,其地处海南岛西北偏西部,东与白沙县毗邻,东北部隔珠碧江同白沙县、儋州市相望,南与乐东县接壤,西南与东方市以昌化江为河界,西北濒临北部湾,地貌为西北平原、中部台地、东南山区,背山面海,总面积1596平方公里,海岸线长52.2公里。2010年全县人口为22.38万人,少数民族人口为8.86万人,占全县总人口的39.56%,世居着汉、黎、苗等民族,辖7个乡镇174个自然村,其中黎族村庄103个。全县财政经济主要以农业为基础、工业为主导、第三产业相配套,其中大型海矿工业最为有名,但随着市场经济推进及企业改制,昔日辉煌不再,昌江县GDP近几年一直排名居于海南省的末端,属于省级重点贫困县。

昌江县最早实施教育移民试点的乡镇是王下乡牙迫村,"牙迫"在黎语是"缺田少地,山高岭多"的意思,形容自然条件极其艰苦,王下乡地处昌江霸王岭森林公园深处,属于边远贫困的黎族村寨,2001年时任海南省委书记汪啸风到王下乡调研,了解到牙迫村105户村民,500多人仅有28亩水田,农民人均的月收入只有600—800元,由于自然环境恶劣,交通、通信不便,村民只能靠坎山、种山栏等较为原始的方式从事生产,既破坏生态,经济效益也很低。全村大部分村民文化水平很低,自解放后没有出过一个大学生,移民前最高学历的是村支书林书记,也因为家庭经济困难,高中没有毕业。由于牙迫村自然环境恶劣,农民的经济产出较低,同时村民整体素质不高,基本陷入了经济文化贫困的恶性循环,并一直是省级重点的扶贫村庄。海南省政府在深入调研后,牵头省财政厅、省民委、省教育厅依据扶贫政策,从2002年开始规划,把牙迫村整体搬迁到昌江城郊的石碌镇水头村,并组织多次动员会,把责任层层传导,保障移民搬得出、留得住。政府共生态征地1140亩,按照每亩500—1200元补偿给水头村6队和13队村民,其中土地540亩,按照每人8分田落户到人;村委公共基础设施600亩,包括村民自住房、公共道路、文化广场、村委会和移民学校;2005年底新村建设基本完成,水泥路、太阳能路灯,每户170多平方米平房,还有篮球场、文化广场、养老院等,村集体整体设施条件较为完善,显得错落有致,整齐划一,新村改名为水富村,2006年牙迫村正式整体搬迁入住。

整体搬迁后村民,其经济主要收入靠种植农作物和养殖,如甘蔗、养殖霸王鸡等;同时村民可以到周边的工业园打临工,据村支书林书记表述,目前村民到周边打临工一天是100多元,村民还可以种植甘蔗、养殖和编织手工牛皮凳,经济收入较移民前有了较大提高,2013年统计全村人均收入达到2217元,是移民前的3倍。为提高移民村民保护生态的意识,地方政府从2006年开始给予移民村民每人每月发放33元生态补偿款,2008年生态补偿款提高到60元。同时,省民政厅、财政厅和地方政府共同出资为移民村建太阳能路灯和水泵等基础设施,以保障村民的基本生产和生活。在学校教育上,地方政府还争取到社会资金为村民新建添喜学校,从村庄整体移民的情况来看,村民对政府主导的教育移民政策较为满意。

村里的移民小学添喜学校,是由政府牵头组织当地民营企业投资兴办,有两层校舍,6个教室,1个草地操场;2006年共接纳从牙迫村小学移民学生102人,平均每个年级10—20人,现在生源逐年减少,2014年春季,学校共有学生34人,其中一年级6人,二年级7人,三年级8人,四年级4人,五年级4人,六年级5人;学校共有8名教师,其中有1名教师因家庭原因申请调动,目前已经离岗一个学期。7名教师中,其中大专学历5人,中专3人,中文专业5人,普通师范专业 3 人,年龄层次 35 岁以下的仅 1 人,36—51 岁的 3 人,51 岁以上的 4 人(该校留教的主要是年龄较大,或已经在农村安家的乡村教师,年轻教师基本留不住)。由于师资有限,学校仅开设两门课:语文和数学;其他副科都没有开设;学校日常老师上班时间上午是 7:30—11:00;下午是 14:30—17:30;学生上课时间上午是 8:00—10:45;下午是 15:00—17:00;学校没有食堂,因为学生家都在水富村,学校离村距离仅 50 米不到;教师吃饭自理,7 名教师中有 3 名住校,剩下 4 名教师属于走教上班。村里没有幼儿园,水富村村民要上幼儿园得到 7 公里之外的石碌镇幼儿园去,由于路途较远,教育成本较高,大多数学生是没有上幼儿园,到适龄年龄直接到添喜学校上一年级。

从学校状况来看,学校规模小、师资力量相对薄弱,课程开不满,幼儿教育短缺,属于我们常说的"麻雀小学"。但为什么没有撤并呢? 林书记给予了合理的解释,第一,学校属于新建学校,且是村民争取到社会资金集体建设的,考虑到村民和企业捐资者的感情,不能让学校荒废;对于水富村村民来说,学校虽小但让村民上学很方便;第二,学生年纪太小,城镇移民学校离村有 15 公里左右路程,没有班车很不方便,且水富村紧挨工业园大道,来往车辆多,怕出安全事故;根据教育局布局调整要求,下半年开始把 4—6 年级转到县移民学校寄宿上学,添喜学校转为移民学校教学点。对于移民之后的变化,林书记介绍说:移民后村里文化面貌有了很大的提升,我们经常组织邻村一块打篮球比赛、重要节日唱大戏等文化娱乐活动;村民观念有了较大转变,农闲时节大多自发出去打工为孩子挣学费,酗酒、打牌的少了,对教育的期待也高了。2009 年前,全村历史上没有出过一个大学生,截至 2011 年,全村已经有 11 个大学生;教育让村民有了向上流动的阶梯。但调研中,也发现了一些突出问题,村里有不少适龄辍学的学生闲置在家,当问到辍学情况时,林书记说水富村辍学比例较高,主要在初二、初三阶段,占比达到适龄学生的 25% 左右,他的解释有三点:一是学生家庭问题,有些学生家庭条件不好,虽然有了贫困和移民补助,但并不足以支撑上学的教育负担;二是社会环境影响,很多移民学生到了县城后,自制力较差,面对的诱惑多,会有攀比心态,想早点出去挣钱;三是水富村属于定点移民村,他们对口接受的高一级学校是昌江民族中学,林书记认为移民学生的辍学与民族中学的管理有很大关系,学校管理较差,经常有社会青年到学校闹事,移民学生有被歧视的感觉,经常出现打架事件。移民学生本身学习基础差、自制力又较弱,社会诱惑多;还有些不良的社会行为习惯,如抽烟、喝酒,在学校有被歧视的现象;学校管理也相对较为松散,社会青年进校园打架事件频发,使得移民归属感不强,学习的目标不明确,导致后期学习动力不足,跟不上教学进度,最后选择辍学。当问到毕业学生去向时,林书记介绍说大部分没有考上高中的都选择了去昌江职业中学,但中途辍学的也很多,大多选择外出打工了。林书记曾就以上问题以人大代表的名义向县政府和教育局提出过反映,但介于该问题的复杂性,政府一直未能有效解决。

2006 年,昌江在前期牙迫村试点的经验基础上,昌江县针对王下乡教育移民做了几点部署:一是把王下乡中学的 271 名学生整体搬迁到县重点民族中学就读,从 2006 年至 2010 年,在民族中学就读的移民学生达到 709 人。二是对王下乡所属小学进行教育资源整合;划拨专项经费 400 多万元,将王下乡原九年一贯制学校改造成寄宿制中心学校,把原王下乡的 5 所小学 401 名学生整体集中到中心学校实行寄宿制就读。三是成立县政府专门工作组,由县教育局及民族中学校长带队多次到王下乡各村委会做思想动员工作,刚开始移民村民抵触情绪较大,思想顾虑较多,为贯彻执行好省政府的教育移民政策部署,县政府要求乡政府签订责任状,责任层层传导,乡镇政府与村支书和村委会主要同志签订了责任状,要求党员带头动员村民做好撤点并校工作。四是做好政策保障。为消除移民家庭的经济顾虑,县政府针对移民学生实行“四免一补”政策(即免除学费 900元/年·生、住宿费 200 元/年·生、信息费 100 元/年·生、课本费300 元/年·生、补助学生生活费 1000 元/年·生),以减轻移民学生的家庭负担。五是加强学校管理;民族中学成立王下乡移民学生管理办公室,由专人定点负责。对于王下乡中心小学,县政府每年补助学生经费 16.8 万元,拨付学生医疗费 1 万元。从 2005 年至 2014 年,王下乡考上高中人数达 132 人,初中毕业人数达 748 人,2010—2013 年考上大学人数 18 人,毕业去向都留在县城或更大的城市发展。

从试点地区来看,教育扶贫移民政策实施的背后有着政府意志的直接推动,由省委书记直接组织调研,根据贫困地区的实际困难实行定点施策,其政策的直接动机是以对贫困地区扶贫为主要目的,通过异地整体搬迁的方式改变贫困地区的生产生活面貌,在经济收入上、基础社会建设上、村民的农业生产上给予全方位的支持和帮助,让村民有较大的获得感;同时试图以教育为主要手段割断文化贫困导致的地区贫困循环;让村民通过教育实现外向型移民,从偏远农村走向城镇就业生活;减少生态保护区的生态压力,让移民改变以往落后的观念和生活方式,融入城镇化建设中来。

2007 年,时任海南省委书记卫留成再次到昌江王下乡调研,当发现水富村和王下乡所发生的实际变化后,随即组织教育厅、财政厅、民委、省政府政策研究室等部门对昌江试点经验进行总结,并在昌江移民政策的基础上,结合海南省基础教育薄弱、少数民族连片贫困地区教育思想观念落后等现状,在原教育扶贫政策的基础上,提出了新的规划,即以教育移民为主要对象,把连片贫困地区的学生整体迁移到乡镇进行集中上学,让其享受好的教育条件,实现其外向型移民,然后通过部分移民的带动效应让贫困地区村民主动迁出生态恶劣地区,融入城镇化建设中来。2009 年,在省委、省政府的推动下,先后出台了《教育移民实施方案》《生态移民十三五规划》等文件,并组织各少数民族县市分别到昌江调研取经,要求各市县结合本地自身情况,分阶段组织实施教育移民政策,并拉开了全省大范围实施教育扶贫移民政策的大幕。

第二节　政府主导的规则与教育资源整合

城乡中小学布局结构调整是教育移民政策的重要组成部分,它把原有的教育层级体系进行了重新布局,如以往我们所设定的"县级中学、(乡)镇中心小学、村小学"三级学校管理体系进行了重新整合,变成了现在的"县级重点中学,乡镇中学、完小及完小拖管村教学点"两级学校管理体系,村教学点划归完小教育联合体管理,扩大了乡镇中小学的办学规模,收缩了村校的布点,把一些规模较小、教学质量不高的学校进行整合,按照县域地理环境、学龄人口、办学条件的状况进行统筹规划,目的是实现教育资源的集中投放,促进城乡教育资源的均衡分配,缩小城乡教育质量之间的差距。这种布局整合,地方政府有两个方面的出发点,一是由于城镇化建设过程中,农村外向型移民更多地涌向城镇,很多乡村的小学生源不足,导致很多村小学出现"麻雀小学",这些学校不仅师资不全,而且校舍维修费用高企,教育资源效率较低;二是现有教育资源不足,无法满足现有村小持续的教育经费支出,同时各县市为争取省级教育经费支持而相互竞争,必须把有限的资源重点投入到重点中小学,以提高升学率,这既是政府教育官员政绩考核的条件,也是地区教育发展的显性政绩表现。按照省政府教育移民政策的要求,其目的是实现教育资源的有效整合,最终实现城乡教育资源均衡发展,在保障教育公平的基础上,最大限度地提高教育资源效率和效益。在具体的政策文件中,教育移民政策中把中小学布局结构调整作为首要工作进行推进,这迫使各地区不仅要打破原有教育系统格局,而且需要加大教育基础设施的投入,这对于原本边远贫困的民族市县财政来说,是个不小的负担。地方政府在极力遵循和执行国家意志政策的同时,也在综合权衡基层政府所处的环境,以及在面对自上而下的任务时,如何协调上级任务与基层群众之间的利益矛盾关系。如在教育移民过程中,面临撤并学校的受众体,是否愿意移民到更远的乡镇就学?移民过后原有学校的安置是否会导致国有资产的流失?新扩建的乡镇中小学是否有能力承载大量的移民学生,以及地方政府面临的移民学校管理的长期资金维护压力?我们不难发现,教育移民过程有种多重、相互矛盾冲突的目标。第一,地方政府要做好移民学生及家长,还有村民的思想工作,避免发生群体对抗,或者是学生安全事件;第二,地方政府要保障新建移民学校的顺利运营,迫使地方政府不断加大基础教育的投入力度,而地方政府会根据本地经济财政能力,自觉地在多重任务环境中有选择性地对付出的代价和收益做总体权衡;第三,移民教师群体的安置和调整面临多方利益的调整,如原有乡村教师转为生活教师或者选择性内退;还有大量引进教师的安置和待遇兑现涉及多个部门的权限协调和沟通。由此可见,地方政府的移民维稳和学生安全压力陡增,不得不在多重相互矛盾冲突的目标之间加以权衡,对多重矛盾冲突有选择性地进行压力排序,并做好各方利益的协调,以保证教育移民政策的平稳进行。

1. 保亭黎族苗族自治县布局调整个案

保亭黎族苗族自治县位于海南省南部内陆,五指山南麓,北纬18°23′—18°53′,东经109°21′—109°48′。东接陵水,南邻三亚,西联三亚、乐东,北依五指山、琼中。县境东西宽49千米,南北长54千米,总面积1160.6平方千米,占海南省陆地总面积的3.42%。全县森林覆盖率达70.1%,年平均气温24.5℃,是一个天然度假避寒胜地①。保亭县是海南省5个国家贫困县之一,2007年全县生产总值是79083万元,人均生产总值7137元,全县地方财政收入5211万元,在全省属中等偏低水平,全年城镇居民人均可支配收入7378元②;2010年农民人均纯收入2190元,贫困人口有21760人③,在全省的国家贫困县中具有代表性。2010年全县总人口170398人,少数民族人口113506人,占总人口的66.61%;其中黎族人口102074人,占59.9%;苗族6985人,占4.09%;壮族3632人,占2.13%;回族87人,占0.05%;其他民族728人,占0.427%④。近年来,随着国际旅游岛的建立,该县第三产业得到突飞猛进的发展,目前,该县已形成了以第三产业为主导,第一产业为根本,第二产业为辅的发展格局,地方财政一般预算收入1.56亿元,比2010年增长93.1%,经济水平在全

①　保亭黎族苗族自治县教育局:《保亭县教育概况》,http://baoting.hainan.edu.cn/HTML/jygk/120.html,保亭县教育局网站,2011-08-10/2015-07-20。

②　保亭黎族苗族自治县统计局:《保亭县2007年国民经济与社会发展统计公报》,http://www.tjcn.org/plus/view.php? aid=9238,中国统计信息网,2010-03-15/2015-07-16。

③　根据《保亭黎族苗族自治县2001—2010年扶贫开发工作总结与2011—2020年工作思路》,由保亭县扶贫办公室整理提供。

④　保亭黎族苗族自治县政府:《保亭概况》,http://baoting.hainan.gov.cn/zjbt/201208/t20120806_736036.html,保亭黎族苗族自治县政府网,2012-03-31/2015-07-25。

省属中下等水平①;农民人均纯收入 3453 元,相对于 2000 年 1311 元,已增长了 2.6 倍,但比全省农民人均纯收入 5172 元,低 1822 元,贫困人口从 2000 年底 5.58 万人,减少到 2010 年底 2.176 万人,贫困村委会 43 个,村小组 315 个,属国家级扶贫开发重点县②。

　　保亭县的基础教育情况也相当薄弱,2001—2002 年,全县适龄儿童 10788 人,入学 10767 人,适龄儿童入学率 99.8%;初中在校生 6935 人,入学率为 96.1%;小学的年辍学率为 0.2%;初中年辍学率为 2.5%;小学毕业率为 98.8%;初中毕业率为 99.1%。2002 年全县青壮年人口 57296 人,文盲 42 人,非文盲率为 99.9%。全县高中学校 1 所,2002 年在校生总数只有 371 人,其中少数民族学生 259 人,教师 35 人,有高级职称 7 人,中级职称 16 人,校舍面积 6505 平方米,图书馆 1 间,藏书 24494 册,高考上线人数 2001 年只有 37 人。中等职业技术学校 1 所,在校生 380 人,有 5 个专业,教师总数 36 人,校舍面积 6970 平方米,学校藏书 8000 册③。

　　2004 年,全县共有完全小学 66 所,教学点 14 个,小学教学班 508 个,小学生有 13598 人;完全中学只有 1 所,初级中学有 9 所,小学中附设初中班的有 2 所,初中教学班共有 116 个,初中生 5759 人;高中教学班有 14 个,高中生人数 650 人。中小学教师 1510 人,其中少数民族教师 1140 人,少数民族教师占总人数的 75.1%,学区主任 90%是少数民族干部,中小学校长 85%以上是少数民族;小学专任教师学历达标率 100%,初中专任教师达标率 86.7%,高中专任教师达标率 45.7%,其中少数民族专任教师达标率只有 50%。④

　　教育移民前存在的主要问题是:(1)农村中小学数量多、规模小,存在着许多微型学校、班级,教育资源浪费严重,布局不合理。(2)城镇中

---

①　《保亭县国民经济与社会发展第十二个五年规划纲要》,资料保亭县人民政府办公室提供,2011 年 5 月。

②　《保亭黎族苗族自治县 2001—2010 年扶贫开发工作总结与 2011—2020 年工作思路》,由保亭县扶贫办公室提供整理,2011 年 12 月 9 日。

③　根据保亭县教育局《保亭县民族教育调研工作的汇报材料》整理,2002 年 9 月 12 日。

④　根据保亭县教育局《2004—2008 年保亭县中小学布局调整规划》资料整理,2004 年 7 月 25 日。

小学大班额的问题比较严重,教育投入严重不足。(3)师资队伍整体水平还有待提高,专任教师不足现象比较突出。为了整合教育资源,切实减轻农村家庭的教育负担,保亭县结合自身的具体情况,从 2004 年起开始有步骤地实行中小学布局调整和教育移民,并与农村税费改革相适应。规划用 5 年的时间,调整中小学数量,扩大学校规模,实现教育资源的合理配置,提高教育投资效益和教育质量。

为了做好教育移民,保亭县首先在中小学布局调整中进行了部署,怎么撤并规模小的教学点,做好资源的整合,又要保障农村小学服务于农村小孩,不增加农村孩子的家庭负担,使他们能方便入学。在布局调整过程中,他们定了几个原则。(1)农村小学重点调整村办小学和教学点,农村完全小学的服务半径定在 2.5—3 公里。调整后,农村完小在校生规模要达到 200 人以上,个别偏远的学校在校生可以少一点。(2)城镇小学重点解决大班额问题,使城镇小学每班控制在 45 人以内。(3)在布局调整中,打破村办小学的格局,积极推行村与村联办小学,尽可能地扩大小学的办学规模,有步骤地进行撤并。(4)在交通不便、贫困偏远的地区,撤并完全小学的四年级、五年级、六年级,还要保留适当的低年级教学点,保留下来的教学点不再独立建制,隶属于中心小学或邻近完全小学,教学点积极推广复式班教学。

从 2004 年至 2008 年,保亭县小学布局调整共撤并教学点 14 所,撤掉完全小学 5 所。具体如下(见表 3-1)。

表 3-1　2004—2008 年保亭县小学布局调整撤并情况

乡　镇	学校名称	撤掉完小	撤并数量	教师、学生去向
什玲镇	什玲中小学		合并	什玲九年一贯制学校
	什玲初级中学			
	什胜教学点		1	界村小学
	界村小学			
	毛定小学 4—6 年级	改为教学点	合并	巡亲小学
	巡亲小学			

续表

乡　镇	学校名称	撤掉完小	撤并数量	教师、学生去向
什玲镇	水显教学点		3	八村小学
	什败教学点			
	加答教学点			
	八村学校			
响水镇	金灶教学点		3	徒水河中业希望学校
	毛瑞教学点			
	徒水河中业希望学校			
	毛真教学点			
	什邱小学4—6年级	改为教学点	合并	合口小学
	合口小学			
	新林教学点		1	石艾小学
	石艾小学			
南林乡	南林中心小学		合并	南林九年一贯制学校
	南林初级中学			
保城镇	打南教学点		1	什票小学
	什票小学			
	毛介小学4—6年级	改为教学点	合并	什那小学
	什那小学			
加茂镇	共村小学4—6年级	改为教学点	合并	加茂中心小学
	加茂中心小学			
新政镇	新村教学点		1	七仙一小
	七仙一小			
	番雅教学点		1	毛文小学
	毛文小学			
	什问教学点		1	新政小学
	新政小学			

续表

乡　镇	学校名称	撤掉完小	撤并数量	教师、学生去向
六弓乡	大户小学4—6年级	改为大户教学点	合并	六弓小学
	六弓小学			
	祖响教学点		1	石艾小学
	石艾小学			
三道镇	甘什教学点		1	长生希望小学
	长生希望小学			
合　计	38	5	14	16

注：根据《2004—2008年保亭县中小学布局调整规划》整理，资料由保亭县教育局提供。

　　初中的布局调整原则上每个乡镇办一所初中，规模较小的乡镇，提倡办九年一贯制学校，或与临乡联合办初中，有计划、分步骤撤并一些规模小、质量低、教学效益差的初中。调整后，每个年级要有2个班，学校规模不少于200人，城镇初中每班控制在50人以内。具体如下（见表3-2）。

表3-2　2004—2008年保亭县初中学校布局调整情况

乡镇	学校名称	撤并	撤并数量	教师、学生去向
什玲镇	什玲小学	合并	1	什玲九年一贯制学校
	什玲中学			
	八村学校初中班	合并		
	什玲学校			
响水镇	徒水河中业希望学校初中部	合并		响水中学
	响水中学			
南林乡	南林中心小学	合并	1	南林九年一贯制学校
	南林初级中学			
合计	8		2	3

注：根据《2004—2008年保亭县中小学布局调整规划》整理，资料由保亭县教育局提供。

　　从2004年到2008年，保亭县中小学布局调整情况如下（见表3-3）。

表 3-3　2004—2008 年保亭县中小学布局调整规划

项目	2003 年基本情况					2008 年基本情况						
	学校数	教学点	学生数	班级数	教职工数	校均覆盖人口数	服务半径（公里）	学校数	教学点	学生数	教职工数	校均覆盖人口数	服务半径（公里）
小学	66	14	13598	508	1189	1598	30	61	5	11500	1086	2534	30
中学	12	—	5759	116	552	8788	30	7	—	7900	535	15208	30

注:根据《2004—2008 年保亭县中小学布局调整规划》整理,资料由保亭县教育局提供。

　　2008 年,海南省开始在全省实施运动式的教育移民政策,保亭县为大力争取省级政府对教育基础设施的投入力度,制定了 2009—2012 年中小学布局调整实施方案,并吸引香港言爱基金会资助将保亭一小和原保亭二中合并整合成保亭思源实验中学,总投资 1000 万元,建设寄宿制学校接受教育移民的学生来城镇上学。2009 年,保亭县争取国家拨款 1054 万元,社会捐助资金 1350 万元,共计投入校舍建设资金达到 2404 万元,开始在全县有计划、有步骤开展教育移民工程,继续整合教育资源,目标是到 2010 年,在乡镇建立 2—3 所寄宿制乡镇中心学校,除偏远的南林乡和毛感乡外,每乡镇建 1 所初中,高中整体向城镇高中集中。其中小学的布局调整如下(见表 3-4)。

表 3-4　2009—2010 年保亭县小学布局调整

乡镇	学校名称	撤并学校用途	在校生数	教职工数	教师、学生去向
保城镇	番文小学	改为教学点	65	9	保亭小学
	什聘小学	改为教学点	88	17	
	什罗小学	改为教学点	73	9	
	什那小学	改为教学点	88	13	
	六桥小学	改为教学点	40	8	春天小学

乡镇	学校名称	撤并学校用途	在校生数	教职工数	教师、学生去向
什玲镇	坚固小学	改为教学点	57	10	什玲镇中心小学
	板寮小学	改为教学点	78	14	
	毛天教学点	撤并	18	2	什玲镇红卫小学
	毛定教学点		11	2	
加茂镇	石建小学	改为教学点	38	10	加茂镇中心小学
六弓乡	大户小学	改为教学点	65	10	六弓乡中心小学
新政镇	报什中心小学	改为教学点	61	9	新政镇中心小学
	志妈小学	改为教学点	35	7	
	福和小学	改为教学点	85	9	
南林乡	什龙小学	改为教学点	89	12	南林乡中心小学
响水镇	合口小学	改为教学点	77	11	响水镇中心小学
毛感乡	南春小学	改为教学点	18	2	毛感乡中心小学
合计	17	15	1025	162	10

注：根据《2009—2010 年保亭县中小学布局调整实施方案》整理，资料由保亭县教育局整理提供。

　　小学布局调整中，撤并的小学大多改为教学点，主要接收 1—4 年级学生，5—6 年级学生整体移民到合并的新学校进行寄宿学习，其中毛天、毛定教学点统一合并到什玲红卫小学，其他完小改制成教学点。统计数据可见，教育移民学生数量达到 1025 人，并把 17 所规模小的小学和教学点整体合并到 10 所学校中，使小学的教育资源相对集中，整体提高了学校的办学水平和质量。中学的调整如下（见表 3-5）。

表 3-5　2009—2010 年保亭县初中布局调整

乡镇	学校名称	在校生人数	教职工人数	教师、学生去向
南林乡	南林初级中学	224	18	保亭第二中学
毛感乡	毛感初级中学	288	19	
什玲镇	八村学校	102	10	
响水镇	毛岸学校	125	9	
合计	4	739	56	1

注：根据《2009—2010 年保亭县中小学布局调整实施方案》整理，资料由保亭县教育局整理提供。

　　集中整合了4所乡镇中学合并到保亭县第二中学,使各乡镇的农村孩子集中在县城享受教育,设定每个班级人数控制在50人以内,严格控制师生比例。完全小学规模要求达到200人以上,个别偏远的学校在校生可以少些,主要考虑学生上学的路途不能太远,教学点规模要达到30人左右。撤并后的村小校舍要有效利用,作为村级幼儿教育或者用来作村委会文化活动中心。县教育局计划到2012年全县小学整合成35所左右,教学点增加到26个,主要倾向对年龄尚小的低年级学生,让他们就近入学,到5—6年级再集中到乡镇寄宿就读。

　　2010年,保亭县的学生人数已达到26614人,其中中等职业技术学校学生542人,普通高中学生2628人,初中学生7729人,小学学生12495人,幼儿园在校生3220人。原有的教育规模已越来越不能满足教育的需求,通过教育移民的资金投入,保亭县各层级的教育已初具规模,目前有进修学校1所,中职院校1所,普通高中增加到3所,初级中学6所,小学63所(含民办1所),教学点27个,幼儿园15所,到2011年,在下面乡镇再建3—5所寄宿制乡镇中心校。为了做好教育移民的整体迁入,2010年加大了对中学的建设和布局调整。[①] 主要如下(见表3-6)。

表3-6　2010年保亭县初级中学布局调整情况

乡镇	学校	在校学生人数	合并人数	合并去处
保城镇	昌盛学校初中部	103		
三道镇	新民学校初中部	207	930	新星中学
响水镇	瑞华学校初中部	62		
县城	新星中学	598		
三道镇	三道初级中学	482		
什玲镇	什玲初级中学	439	1392	保亭县实验中学
响水镇	响水初级中学	471		
合计	7	2362	2322	2

注:根据《保亭县学校布局调整实施方案》整理,资料由保亭县教育局整理提供。

[①]　根据《保亭县2010年学校布局调整实施方案》整理,资料由保亭县教育局提供。

2011 年初级中学的布局调整如下(见表 3-7)。

表 3-7　2011 年保亭县初级中学布局调整情况

乡镇	学校	在校学生人数	合并人数	合并去处
六弓乡	六弓乡初级中学	281		
加茂镇	加茂镇初级中学	277	1879	保亭思源实验学校
县城	思源学校初中部	1321		
新政镇	新政初级中学	549		
县城	保亭中学初中部	1090	2784	保亭县实验中学
县城	保亭县实验中学	1145		
南茂农场	南茂中学初中部	554		
金江镇	金江中心学校	376	1689	新星中学
县城	新星中学初中部	759		
县城	新星中学高中部	635		
县城	保亭中学高中部	1803	2546	保亭中学
南茂农场	南茂中学高中部	138		
合计	12	8928	8898	4

注:根据《保亭县学校布局调整实施方案》整理,资料由保亭县教育局整理提供。

通过以上数据可知,保亭县中小学布局调整一直围绕着教育资源的整合,目的是想通过撤并规模小、教学效益差的学校来实现用仅有的教育资源更好地提高当地的中小学教育质量。可以说,成效还是很大的,但是也出现了很多的问题,第一,当地群众在价值观念上并不认同,认为乡村学校是在当地村民一砖一瓦盖起来,现在却被撤并,不仅浪费资源,而且在感情上也接受不了,在学校撤并上,村民与地方政府存在着一定程度的抵触和冲突。第二,上学安全问题隐患较大。很多家长反映小孩上学面临着要去更远的地方,山区路途不好走,孩子年龄又小,上学孩子的安全问题尤为突出,前几年刚刚升起来的入学率有所下降,辍学率近几年也出现上升的趋势,出现入学率和辍学率"一低一上"的现象,也引起了移民学生家长的不满和反感。第三,教育资源分配进行了重新调整,很多被撤并的乡村学校出现闲置和浪费,如何有效利用和管理撤并学校成为亟待解决的新问题;同时教育资源投入过于集中于城镇学校,城乡中小学出现新的教育两极分化。第四,县级教育财政压力不减反增。随着城镇学校规模的不断扩大,越来越多的移民学生转移到城镇,移民学校的日常管理和办学经费压力也与日俱增;由于大多数贫困县除了省级财政和社会资金的投入外,本身财力有限,自身的配套资金压力较移民前负担更大,特别是学生宿舍、教学楼、后勤管理等都需要地方政府教育经费的长期保障。第五,教师队伍的流失与引进矛盾依然存在,一边是原有乡村教师的撤并分流,有些转为生活教师,有些内退或者离岗;另一边又大量地缺乏教师,很多年轻教师不愿到乡村学校服务,即使安排到乡村也仅仅只是把乡村作为职业晋升的一个跳板,使得教师队伍年龄结构和梯队建设失衡,内生动力不足。第六,读书无用论思想在乡村仍然很有市场。随着移民学生向城镇的转移,但真正升学的仅仅是少数,大多数移民学生在升学无望后转入职业中学,但就业前景并不是很理想,回家又不能从事农业,使得部分家长对教育投入的热情降低,认为孩子上学不仅没有以前方便,读书的用处也不大,家长的教育观念导致部分基础较差的孩子过早地辍学,乡村教育思想仍需要不断转变。

可以说,中小学布局结构调整就是海南省教育移民政策的一个缩影,其规模和影响是深远的。各县市教育局依托教育移民工程的资金投入,撤并一批办学规模小、校舍条件差的教学点,整合了优质教育资源,建设了一批标准化的中小学。在教育基础设施条件上得到了跨越式的发展,但是,软环境的建设还有待人才的积累和观念的转变,现实操作的困难还不少,特别是移民学生很多年龄尚小,过早离开家庭,寄宿在学校,学生的管理和关爱,以及家庭教育的成本上升,势必影响教育移民长久的发展。如何让移民学生迁进来、留得住、学得好,还有待出台更多的现实举措。从全省布局结构调整的大趋势来看,也同样面临着乡村教育的弱化和对移民学生切实关爱不足的现实困境。

2. 基础教育与职业教育的衔接

根据省教育移民政策的总体部署,从边远贫困地区撤并的移民学生要实现真正的城镇迁移,需要通过教育把他们从原有的贫困恶性循环链条中解脱出来,最终实现他们的外向型迁移,其中基础教育与职业教育的衔接是重要的环节,让移民学生在实现不了更高层次教育的同时,给予他们更多职业技能培训的机会,让贫困学生在城镇享受职业教育,学有一技之长,并最终能在城镇生活定居。海南省政府在政策的具体部署上也给予了极大的政策保障,比如对考不上高中的学生实行"免学费、免课本费、免住宿费、免信息费",还每月给予每个学生 250 元的生活补助,并安排企业与职业教育学校进行对接,实行对口招生,提前入职等等措施。海南省根据各县市职业学校师资薄弱的基本情况,依托省级职业学校的教师资源,开创性提出了"三段式"的职业教育培养方案,即第一年在县市级职业学校学习基础理论知识,第二年在省属骨干师范职业学校学习技能,第三年到企业实行定岗实习,最终由企业提前选择就业。从目前各县市的执行来看,政策的出发点是好的,但执行的效果并不明显,特别突出的是生源流失比较严重,很多移民学生在入读第一年就开始慢慢辍学,最终毕业率较低;以昌江王下乡为例,2007 年,有 50 名王下乡初中毕业生进入第二阶段到三亚职业技术学校学习,学校不仅给每个学生"四免一补"的优惠政策,连床上用品、生活日常用品都由政府买单,但不到一个学期,大部分辍学,最后仅有 2 名学生顺利毕业,学校同年就业率仅为 2%。

究其原因是多方面的,从省级政策的出发点来看,免费资助毕业生就读职业中学本是一大民生工程,但这种政策的善意并没有得到少数民族移民学生的认同。从调研来看,较为突出的矛盾点在于:一是移民学生及家长对于职教中心的认识与政策的"善意"有较大的偏差。学生认为在职教中心学习的技能在农村用不上,不仅不能帮助务农,就业的出路也没有很大的诱惑力,不如早点让孩子去打工来的实际,读书无用论的意识还是普遍存在。二是职教中心的发展与地方政府支持存在很大关系,目前各县市的职教中心,不仅师资匮乏、资金紧张,有些连基本的实训基地和专业建设也没有搭建起来,大部分是依托省级职教学校师资进行教学,对移民学生缺乏吸引力;同时地方政府每年对于职教中心的支持力度有限,仅能保持基本运行。三是免费资助缺乏可持续性,虽然应届初中生毕业后可以免费入学职教中心,但在第二学年到省属职业学校就读时还是会产生学费、生活费、路费等费用,如昌江职业技术学校学生第二年到省属职教本部就读还是会收取每年将近 2000 元左右的学费,第三年将没有政府生活补贴,这些费用对于移民学生及家长而言,生活压力成本较高。第四,目前县市职教中心的管理还存在很大的问题,没有使学生认识到学习的重要性,纪律涣散,学生养成很多陋习,如抽烟、酗酒、早恋、打架等事件频发,学校管理和三段衔接难以监控,学生没有主动学的意识,而是被动地接受教育。有些县市竟然没有从自身管理和教学上找问题,而是提议通过人大立法来控制职教辍学率,这种本末倒置、简单思维的教育管理方式,令人深思。

第三节　国家政府意志与地方政府的结构关系

在教育移民政策具体推进的过程中,我们可以发现政府内部上下级之间的组织关系,如图 3-1 所示,省级政府、省教育厅是教育移民政策的主导者,垂直管辖着地方政府和县市教育局主管部门,而他们接受省级政府的委托,对教育移民政策进行具体的实施,从组织结构矩阵图来看,县市教育局从横向上接受地市政府的管辖,并与地市政府各部门进行同级的相互协调,同时,地市政府控制着教育局的财政预算、人员编制和职位晋升;从纵向来看,他接受上级教育厅的垂直领导,其主要职责是执行自上而下政策要求,接受上级教育主管部门对其完成任务情况的评估和检查,同时它又必须服从于地方政府目标,如地方政府制定的"十二五"教育规划目标,接受地方政府的绩效考核。

在教育移民具体的政策环境中,省级政府、教育厅与地市政府及教育局之间由于任务目标的分解,责任的不同,相互之间存在着一定的博弈关系,如表 3-8 所示,教育移民政策主导者的目标是实现城乡教育一体化,具体措施通过任务分解传导到地方政府及教育局,省级主管部门负责宏观监控、检查和评估任务完成情况,并根据下级反馈进行政策微调。地方政府及教育局是任务的具体执行者,不仅要保障上级下达的任务完成,重点在于要安全稳定,不能引发群体安全事件。地方政府在自身所处的环

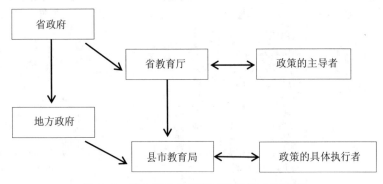

图 3-1 教育移民政策场域政府关系示意图

境中,要充分利用自身资源尽最大努力完成上级任务目标,在与上级政府的博弈中,省级政策主导部门具有绝对的主动权,地方政府只能被动接受任务要求,在执行中选择最佳策略予以应对。在与上级政府的博弈中,地方政府一般有三种应对策略,一是通过正式公文合法渠道向上级主管部门提出主体诉求,如政策推进过程中存在的资金困难,以及申请上级下放一定的行政权限等;在谈判博弈中,地方政府会有选择性地把相关的"私人信息"主动地传递给上级部门,以增加谈判的筹码,争取上级更多的支持。二是在正式公文谈判如果被否,下级政府没有继续谈判的可能,只能被迫选择接受上级主管部门的命令和监督,但下级政府可以选择动用不同形式的资本(政治资本、社会资金、经济资本)来转移上级主管部门检查发现的问题,或者是弱化上级对问题的判断,以减轻责任,减少行政的惩罚和追责。如在职业教育管理中存在的问题,下级主管部门把自身教育管理的问题分担到移民家长教育观念淡薄,政策补助不给力,而弱化自身的行政主体责任。地方政府通过规避风险、隐藏信息、弱化转嫁责任来影响上级对问题本身的认识。三是当正式公文或者非正式渠道都无法在博弈中进行有效谈判,下级政府不得不采取非正式、微妙的抵制方式,通过消极工作,与基层乡镇或者学校进行"合谋",以削弱正式组织权威的合法性及效率,造成行政命令在基层出现"中梗阻",呈现出"集体的无效率"现象。

表3-8　海南教育移民政策实施目标分解

主　体	政策目标	具体措施	财政分担模式	制约因素
政策主导者	城乡教育一体化促进教育均衡发展	布局结构调整师资引进移民学校建设基础教育与职业教育衔接	由省政府、社会资金（香港言爱基金）、地方政府三方按1：1：1共同出资	难以预料的突发事件信息掌握的不全面时间成本
政策具体执行者	安全维稳；尽力完成上级任务目标	与乡镇签订布局调整责任状（任务分解）引进及内退教师队伍加大移民学校和职业技术学校建设	地方政府把土地出让金收入的10%用于教育,按国家规定足额征收教育费附加（1%）和开征地方教育费附加（2%）	地方政府财力不济安全维稳压力大多重矛盾冲突难以协调

　　总之,地方政府及教育局在具体的组织环境下,其政策执行的内在逻辑基本是围绕着自上而下的政策命令进行,并根据其所处的政策环境,在极力推行上级政策目标与谨慎防范之间摇摆,当上级政策目标与下级政府政策实施条件相互契合时,上级政策目标将能较为顺利地达成,但当上级政策目标在下级政府面临多重矛盾冲突时,下级政府会有选择性综合权衡,在保证安全维稳的总基调前提下,有选择地会与上级政府进行博弈,并选择最有利于自身利益的行动策略,通过正式公文或者非正式渠道反馈自身利益,其执行的效果受制于地方政府对自己利益的考量,也会出现规避风险、消极抵抗的行为方式,并最终影响上级政策目标的顺利实现。

第 四 章

教育移民政策场域中学校主体
行为逻辑及利益博弈

在吉登斯的结构化理论体系中,行动与结构在社会生活中扮演了重要角色,它是实践活动的两个相互渗透的侧面,他认为社会研究领域既不是个体行动者的经验,也不是任何形式的社会总体存在,而是在时空向度上有序安排的各种社会实践。结构是社会再生产过程中的具有转换型的某种虚拟秩序的制度性实践过程,它涵盖了规则和资源的不同组合,而处于结构中的主体能动性实践过程是社会再生产的转换中介。实践在吉登斯的结构化理论中具有重要的地位和作用,人类社会本身建立在实践活动之上,实践是人类行动者的存在方式,也是社会系统的基础,吉登斯的社会理论既突出行动者主体的能动性,也肯定社会结构客体的制约性和促动性。在教育移民政策场域中,我们往往忽略了学校教师群体在结构体系中的作用,他们的能动性和习惯性行为逻辑不仅受结构体系的制约,也在一定程度上促进主体自我意识的能动选择,并在社会实践的过程中不断地发生着以资源和规则为中心的权利博弈和利益争斗,并在一定程度上形成相互交织的自主行为和依附关系,并最终支配着社会系统的再生产。

第一节　思源学校校长的理性选择逻辑

在教育移民实施的少数民族市县,我们常常发现这样一种意识,如在访谈某县教育局官员教育移民政策是否提高了教学质量时,该官员的回应是"把移民学生移到新的学校,教学条件较以前好了,接受教学的水平提高了,教学质量当然提高了"。很多基层官员以为把边远乡镇小学的移民学生转移到条件较好的县城上学,教育质量自然就提升了,这其实是一个误区。布局结构调整导致的撤点并校对教育质量的提升并没有直接的关系,要提高教育质量,重点还在于师资的建设和学校的管理。比如,在调研中,也有政府官员提出这样的质疑,撤点并校把有些教学质量较好的小规模学校也撤并了,近几年该地区学生的升学率较以前有下滑,觉得有些可惜。从整体上来看,教育移民政策使得县城中小学和移民学校的规模和教学条件有了较大的改善,特别是大批优秀师资的引进,使得原有中小学校教学水平有了一定程度的竞争,迫使政府和主管教育部门对原有师资队伍进行了一次较大规模的整合,如把一些年龄层次较高、学历较低、教学水平不高的教师通过竞争机制有选择性地进行了内退,使得整个教师队伍较以前有了较大的提升,教学质量和学校管理水平整体上有了较大程度的提升。但从另一方面说,布局结构调整对原有的教师队伍冲击是最大的,他们不仅失去了原有教学的岗位,同时面临着与更多较高水平的引进教师在同水平上进行竞争,在部分地区也出现本地教师"抱团取暖"共同抵制引进校长的教学改革,打小报告、写举报信给政府,造成教学队伍的不团结,使得有些引进校长不敢或者是非常小心地进行改革,试探性地了解政府是否真正有促进教学改革的决心,如果有些地方政府不能给予支持,引进校长就会显得有些水土不服。因此,教育移民政策在各地区是否真正促进了教学质量的提升,没有一个系统的评估,但可以肯定的是,教学质量的提升重点在于教师队伍提升和学校管理;如在教育移民政策推进了三年后的保亭黎族苗族自治县,新任教育局局长上任后的第一个重点工作就是抓师资管理和教学水平,他认为布局结构调整后,师资管理和教学水平不仅没有大的提升,反而产生了很多的教学矛盾。

因为教育移民政策所导致的教师队伍的矛盾,可能是地方政府所始料未及的,主要突出矛盾表现在以下几个方面:一是原有教师队伍的安置于新引进教师之间的竞争;二是各地区教师编制数满编与缺编并存,也就是按学生总数来看,教师编制数已满编,但又缺很多专科教师和学术骨干,这使得教育局和地方政府不得不对原有教师队伍中进行部分清理或者是内退;三是教育移民撤点并校后,大部分教师调整到县城,那么让谁留守在农村教学点,原有政策中要求师范生必须五年服务基层,撤点并校后,有些未服务满五年的调整到县城,这必然会导致教师之间竞争的矛盾,也考验着地方政府如何在教师待遇和安置上给予公平的对待;四是引进校长与地方政府及教育局之间的信任与磨合,是否给予引进校长一定的治校权以及人事权,这必然关系到引进校长有多大的动力推进教学改革。如果教师队伍不稳定或者说教师没有把大部分精力放在教学上,教育质量的提升也就失去了根基。因此,深入了解移民学校(思源学校)校长和教师群体在教育移民政策场域中的内在行为逻辑有助于我们较为更深入地探寻教育移民政策运行过程中的内在困境。

思源学校(移民学校)校长群体是教育移民政策中的关键群体,是推动教育移民政策理念实现的传导者和践行者。他们怀揣着教育的理想和对乡村教育的责任,他们肩负着下一代教育发展的希望,他们有着丰富的教育经验,有着对基础教育深刻理解和实践思路,可以说,他们是基础教育的实践专家和专业技术骨干。自 2009 年海南省实施教育移民政策以来,第一批全国引进的思源学校校长达到 12 名,且都是高级职称,有着多年的校长经历,且教学和管理经验丰富。海南省政府和香港言爱基金集团为了引进这些校长,2009 年开出了年薪 12 万元的高薪,到 2015 年引进年薪最高达到 50 万元,政府求贤若渴,希望通过校长的专业能力改变海南基础教育相对薄弱的现状。7 年以来,思源学校的校长们为海南基础教育的发展写下了浓墨重彩的一笔,为海南基层学校培养了一支专业技术相对过硬、结构合理、充满朝气的师资队伍,大大提升了基础教育的教学和管理水平,且得到了当地学生和家长的认可。几年以来,思源学校校长也有着不同的发展轨迹,有的把移民学校办成了海南省基础教育的标杆,成为省级优秀校长,全国教育系统先进集体;也有些地区移民学校校长处在多重矛盾冲突中显得水土不服,动力不足,谨慎地维持着现状;也有些校长由于处理不好当地的矛盾冲突,迷失了来海南办教育的初衷,陷入了违法违纪的窘境。在深度调研访谈校长群体的过程中,我深刻感觉到思源学校校长虽然有着高薪的待遇,但却有着较为沉重的心理压力,这种压力导致他们在工作中显得谨小慎微,更多是考虑如何处理好各种矛盾关系,而不是专心地做好教学和管理。

　　根据笔者的观察,思源学校校长面对的矛盾冲突焦点主要集中在:第一,思源学校校长的价值理念与地方政府及教育局官员的价值冲突。在行政管理上来看,思源学校校长受地方教育局的领导和管理,接受地方政府的绩效考核;但从教育移民政策部署上来看,思源学校属于省级重点项目,还要接受省教育厅的督导和评估,有时存在垂直越级领导。校长有时要在两级领导的多重目标中进行权衡,地方政府分管着移民学校的日常维护经费,省级政府分管着教育移民学校的配套建设经费;使得校长谨慎地游离在两级政府之间,既要完成地方政府的教育目标,也要完成省级政府下达的政策任务。当任务发生冲突时,校长会显得力不从心,在两方都不得罪的前提下,校长会不自觉地选择通过"时间"来解决。在价值理念上,思源学校校长更多的是从教学规律的角度思考如何办好学校,他认为教育是一个长期的影响,需要久久为攻的耐心,而地方政府更多考虑的是硬性指标的达标,如入学率、升学率、辍学率等。从校长治校的角度来看,校长希望上级能给予更多的人事权和绩效分配权,让其能按照自我的教学理念来推进教学改革;但地方政府对于校长的权力分配显得格外谨慎,一是担心自我行政裁量权的削减导致对思源学校校长的管理失效,二是担心给予思源学校校长如果改革不力,地方政府还得承担主要责任,相互之间的信任与磨合还存在较大的距离。根据思源学校校长的观点来看:他们认为管理教育的不懂教育,懂教育的管不了教育,存在一种行政体制的双向悖论。

　　第二,思源学校校长作为一个外来的"和尚",初来乍到,在教学与管理群体中,其本人话语权显得较为弱势,特别是在移民学校师资队伍中,很多本土教师对于新校长的改革更多是从自我利益出发,对有些改革存在一定程度的集体抵制。如东方第二思源学校校长发现学校的管理过于松散,经常在办公室和教室找不到教师,于是他提出坐班打卡制,同时他发现学校的期末考试仅有一个监考员,他提出必须要两个监考员,要求严肃考试纪律,设立考试制度。本土教师对于校长的改革,虽然没有出现反对声音,但存在消极抵制的情况,制度执行过程让校长很是无奈。从校园管理场域来看,应该是两个不同的文化场域,一个是正式的管理场域,校长通过行政命令以正式公文的形式行使管理权限,保障政令畅通,但这种管理会让教师有一种被动服从的感觉,虽没有在心里认同,但也不公开抵制,行使一种集体的消极工作状态;还有一种是隐形的文化场域,这种场域在非正式的场合我们才能看到,如在日常聚餐、集体活动、朋友交际过程中,我们会发现教师会愿意把自己的诉求和想法通过朋友的身份告诉给校长,这种非正式的场合其实是一种有效率的交流,校长的理念是否得到认同,或者说校长是否能适应本土的隐形文化,是本土教师划分你是不是他们一个队伍的重要依据。因此,思源学校校长在行使行政权力的过程中,会不自觉地受隐形文化的影响,考虑本土教师的想法和诉求,在这种相互谈判的过程中,找寻一种适合本校发展的管理方向。

总之,从思源学校校长的内在逻辑来看,外来引进的校长大多带着对教育本身责任意识和对教育的深刻理解来到海南,是想寻求一个施展自己教育专业知识的平台,办一所自己理想的学校作为第一目标。但现实总是残酷的,他们只能从所处的环境中在理想和现实中寻求平衡,当他们的价值理念与地方政府教育主管部门的利益相契合时,或者在相互的磨合中达成较大的一致时,校长的价值理念将会发挥较大的作用,如果相互之间的博弈导致价值理念不一致时,校长就会消极的抵制,或者选择与教师队伍产生集体的无效率现象,导致教育质量的提升在可控的范围。而与此同时,校长与本土教师之间也存在一定程度的博弈关系,当校园管理不是很规范的时候,校园的维护大多是通过隐形的文化力量来维持,隐形的文化会把校长的权力进行分解或者消耗在时间的拖延中,当校长与隐形文化达成相对的默契的时候,校长可以通过正式的行政渠道进行教学改革,并引导隐形文化形成较为规划的校园文化;当校长与隐形文化产生较大冲突的时候,本土教师会通过消极抵制,或者非常规的方式,如写举报信、投诉等方式让校长的改革面临多重阻隔,难以实施,导致校园行政命令出现"中梗阻"。

随着教育移民学校布局调整的推进,教师队伍和学校校长也随之进行了调整,按照部署,为了提高移民学生的教学质量,新建移民学校(思源学校)校长都是从外地引进,各乡镇学校也都集中撤并到乡镇中心校。

从校长群体来看,主要有两类群体,一类是引进的校长;另一类是本土撤并调整后的乡镇完小校长。

一、外来的思源学校校长

校长是一个学校的灵魂,培养什么样的学生,怎么管理和促进教学,主要看校长具有什么样的视野和理念,在思源学校的教学管理中,各个思源学校的校长都带着不同的教学理念和方式在实践教学。同时思源学校的校长又是教育移民政策的关键环节,他们是地方政府与教师和学生之间的中间力量,他们既要与地方政府做好沟通和协调,又要教师按照自己的理念把握教学,促进学生的全面发展。从已有的调研资料来看,思源学校校长虽然都带着各自的理想和信念而来,但面临的困难还是很多的,如人事制度的掣肘、教育经费的维护、管理制度的落实、教学改革的推进等。为了较为深入地了解他们的生存状态,笔者选取了较有代表性的昌江思源学校和东方第二思源学校进行了田野观察和访谈,基本情况如下:

个案分析

1. 样版示范学校的"高原期"——昌江思源学校

昌江思源学校是海南省 2009 年第一批成立的移民学校,属九年义务教育学校,含小学和初中,2013 年学校共有班级 39 个,其中小学 21 个班,中学 18 个班,学生一共有 1843 人,其中小学生 957 人,中学生 886 人,平均班额在 50 人以下;学生组成主要由整体搬迁的生态移民学生 268 人,少数民族优秀选拔学生 540 人,贫困家庭学生 794 人,其中贫困家庭学生分为三类,一类是孤儿、单亲、低保户家庭孩子;二类是特殊家庭孩子,包括残疾、低保户和离异家庭孩子;三类是一般贫困孩子,家庭贫困,没有固定收入,有村里的贫困证明,这类孩子的名额有限,学校一般会进行家访,了解实际情况再选择录用。昌江思源学校寄宿学生达 1602 人,占学生总数的 87.1%;黎族学生 1346 人,占学生总数的 73.2%;孤儿有 10 人,单亲家庭学生有 97 人。

学校教职工编制数有 130 人,在编在岗人数是 127 人,其中,面向全国招聘的学科骨干教师是 7 人,特岗教师有 31 人,以政府购买服务方式解决的临时雇用工勤人员是 36 人(含食堂员工 24 人,校警 6 人,水电、勤杂工 2 人,清洁工 2 人,校医 1 人,生活老师 1 人)。

　　思源学校孙校长是陕西人,来海南之前一直在陕西担任小学校长,2009 年作为第一批引进的思源学校校长被分配到昌江思源学校;到我访谈之前,他已在思源学校工作了 6 年,也就是从教育移民政策开始之后引进并一直工作到现在的思源校长。2013 年 7 月至 2015 年 12 月,笔者曾两次到昌江思源进行调查,原本每次计划了访谈提纲,但每次与孙校长的访谈持续了将近 3 个多小时,畅谈相当深入。我能深刻体会出孙校长对思源学校的感情,以及希望外界对他们工作的理解和支持。我根据访谈的录音和自己对孙校长方言的理解,梳理了他对昌江思源情况的看法。

　　　　昌江思源的情况:昌江思源学校是由昌江的四个小学撤并而成,原来的四个小学改成了教学点,成为昌江思源的托管学校,原四个学校覆盖区域的学生直接对口到思源学校就读。思源学校主要接纳的是教育移民学生、贫困、低保、离异家庭的孩子和孤儿;还招生选拔优秀的少数民族学生,但名额相当有限,如 2013 年,优秀少数民族学生名额只有 128 人,但有 456 名学生报名申请。这些学生不是没有学校接受,而是大家认可昌江思源学校的教学质量更好。昌江思源的管理突出了行为习惯和公民道德素质的培养,升学率还不是最主要的,但是近几年通过行为习惯和公民道德素质的培养,升学率得到了稳步提升,昌江思源的生源是全县最差的,但考试却是全县最好的,如 2013 年全县数学比赛,前 4 名有 3 个是思源学校的学生;有个五年级学生,家庭比较贫困,没有任何电脑知识,却在全国的计算机比赛中获得一等奖;近几年昌江思源学生升高中的学生比例越来越多,2010 年有 21 人,2011 年有 41 人,2012 年上升到 135 人,2013 年达到 188 人,2014 年预计将有 240 人考上高中;这些都是思源学校建立后发生的变化。

　　　　思源学校的定位:孙校长表述海南省教育移民工程是海南教育近几年的唯一亮点,它真正促进了城乡教育的均衡发展,在帮助少数民族弱势群体上是一个很有效的教育模式。因为思源学校的生源都是社会最需要扶持和帮助的群体,如贫困、孤儿、单亲和低保户家庭的孩子,他们生活在社会的最底层,缺少了社会的关爱和帮助。思源学校的目的和意义应该是最大限度地减少和降低了未来社会的犯罪率,从社会兜底的原则来看是非常有意义的。思源学校的教育的最大不同是别的学校的孩子有父母的教育和关心,而思源学校的孩子是从学校学习了基本的公民道德知识回去教育和影响家长,让学生感恩父母,让学生回去改变家庭,做一些力所能及的事。这是思源学校目前做的最有意义的事。

思源学校对少数民族地区人的行为习惯和公民道德的影响:从孙校长来昌江思源工作后,对少数民族教育的看法有了很大的改变,他认为内地教育模式不能直接移植到昌江来,而应该从最基本的公民道德和行为习惯培养抓起。来昌江最有印象的一件事是陪同县委书记到昌江十月田姜园村考察,姜园村虽然有了楼房和水泥路,但生活卫生很糟糕,在道路的两旁都是猪粪、牛粪和鸡粪;公共卫生环境很差,随处可以见到家禽在公共道路上放养;村里的成年人不干工,喝"老爸"茶、赌博风气盛行。

教育改变村风的例子:大仍村是少数民族黎族村寨,位处于昌江十月田,但那次的械斗事件,大仍村没有参与,大仍村有200多名学生在昌江思源上学,从2009年移民到昌江思源之前,大仍村五六年没有考上1个高中生,但移民昌江思源之后,2012年考上了17名高中生,没有考上高中的学生都就读了职业技术学校;最明显的变化是村风的变化,村里的家长打牌、喝酒、打架的少了,家长都外出打工挣钱为孩子挣生活费。村支书特意给孙校长发送了一条很长的感谢短信(关于大仍村的实地调研将在后面阐述):当地村民认为思源学校教育改变了村民,启发了他们的思想,大大改变了他们的生活观念。

昌江思源的管理与困惑:昌江思源的管理是很繁琐的,我每天的工作时间将近14个小时,并且一直持续了5年多,没有周末;工作非常辛苦,我们教师的工作时间是其他学校老师的2倍还多,通过大家的努力,我们刚刚通过了省级规范化教学评估;因为是新学校,很多的制度和规范都得从零开始,工作量相对大。孙校长体会到:现在思源学校的管理已经进入到一个高原期,一是外部环境的不给力;二是内部职工的疲惫期;外部环境的不给力是体制机制的不顺,干多与干少一个样,教师素质低,管理水平落后;三是老师工作强度大,工作不规范,设定的目标难实现、工作不好做,老师有抵触情绪。思源学校的教师主要是由原来撤并学校引进过来的,还有全国招聘的学科骨干和特岗教师组成;队伍较年轻,但长期以来工作的高强度,让教师会有比较心态,认为干得多,待遇要有所体现,或者是认为已经通过省级规范化学校,没有必要再那么辛苦,像其他学校一样,做得差不多就行了,教师得过且过心态较为严重。如果要上一个新的台阶,需要政府的大力推动,由上而下继续推进,还需要当地政府和教育局对教师队伍管理和服务的跟进,完善用人的体制机制。

2. 瓶颈与困境——东方市第二思源学校

该校 2009 年 5 月筹建,9 月投入使用,占地面积 70 亩。学校规划师资配备编制有 108 名,目前专任教师只有 92 名,其中特岗教师 30 多名,中学高级 10 人,中学一级 19 人,中学二级 38 人,小学高级 20 人,小学一级 2 人,没有职称 3 人;专科 12 人,本科 80 人,双学士 1 人,研究生学历 1人,少数民族 13 人,党员 24 人,教师平均年龄 36 岁;92 名专任教师中,班主任 28 名,管理人员 25 名。学校自 2009 年至今已经换了三任校长,前两任校长一个是刘志刚调到陵水思源去当校长,第二任校长是陈世友,原铁中的校长,全省唯一的海南籍校长,是省教育厅特批。新来的王校长,是山东人,原来一直在新疆当校长,这次引进的待遇最高,年薪达到 40 万元,学校还提供一套住房。学校的师资队伍结构分为校领导、特岗教师和学科骨干;特岗教师引进的前 3 年由财政全额拨款,每月工资 1000 多元,三年后普遍能达到中级职称,一般工资能拿到 3000—4000 元/月,还有每年 30%左右的绩效工资,每月能有 5000 多元。学校学术骨干最高的一月工资能拿到 10000 万/月,最低的也是 6000 元/月,还有每年 5000 元的补贴,学校配有每人 66 平方米的住房,还有每年一次公费探亲,目前学校有学科骨干 4 名,2016 年计划再招 6 个。除学术骨干和特岗教师外,其余教师大多是从当地撤并和调配过来的,教师待遇较以前有了很大的提升。

　　思源学校校长的困惑:王校长,是山东人,2015 年 9 月底从新疆引进,2016 年 1 月 8 日老校长退休,王校长在熟悉工作半年后正式任命。此前他一直在新疆工作,从事教育工作有 20 多年,1995 年 3 月开始当小学校长,一直担任校长至今。2014 年 9 月入读北师大校长高级研修班,2016 年 3 月结业。选择来海南前,对海南基础教育情况了解甚少,机缘巧合中得到了省教育厅领导的支持,同时也特别喜欢海南的生活环境。来到东方思源工作半年后,王校长发现学校情况与自己的期望还是有很大的落差,首先是当地基础教育相当薄弱。东方市第二思源学校属于教育移民学校,它对口招生的学生基本都来自少数民族移民地区的贫困学生,由于学习基础差,加上近几年地方政府要求思源学校不再实行招考制,而是由各移民教学点进行选择推荐制,各教学点为了保留相对优秀的学生,推荐到思源学校的学生基础就更差,如 2015 年思源学校对四年级全体移民学生进行摸底测试,入读学生的语文、数学平均分仅为 20—30 分(见表 4-1),这种生源的质量与他最初的设想有很大的差距。其次是教学管理不规范,教师没有把教学放在第一位,老师基本不坐班、教学不规范,连基本的监考等都没有形成规范文件。这些问题所反映的深层次原因是教育主管部门的不作为;很多教师的工作没有规范性的文件引导,不知道如何开展工作,学校管理基本靠人治。最后是行政队伍人际关系复杂,在王校长调研三个月后,准备就教学改革征求教师意见,就有教师给教育局打小报告、写举报信,给教学改革增加阻力;王校长坦言教学改革既怕教师抵触,又怕教育局的不支持;教学队伍中会干事的人、想干事的人不多,很多教师人浮于事。王校长坦言在东方思源工作半年后,内心的工作压力和心理压力很大,有一定程度后悔来海南工作,曾经也出现过打退堂鼓的心态。但从目前地方政府组织部和教育局对他的考察反馈来看,校领导层和部分教师对王校长的工作有一定程度的抵触情绪,大部分的教职工对王校长的到来还是有很大的期待,对王校长近期的工作还是比较认可的。

表 4-1　2015 年思源学校四年级新生摸底测试成绩统计①

地区	语文平均分	数学平均分	总平均分	地区平均分排名
整体	23.7	31.4	45.1	
中沙	24.5	25.9	50.4	3
大田	29.9	22.7	52.6	1
东河	20.3	19.1	39.4	4
华侨	19.3	17.5	36.8	6
江边	28.3	23.7	52	2
天安	18.5	20.6	39.1	5

注:所有试卷为上学期全市三年级(下册)期末达标检测试卷,语文、数学科目满分分别是 100 分。

教学理念:王校长通过 3 个多月的调研、听课、考察;他认为目前东方市教育局的管理很不规范,对教育的内涵和规律理解不够,没有系统地来研究教育教学,各学校的校长管理和教师教学管理不规范;各校校长教学理念参差不齐,有些学校校长也不坐班,在学校找不到校长,教师队伍人浮于事,教育管理的体制机制不顺,行政官僚作风盛行,办事效率差;城乡教育质量发展极不均衡,教师教学不规范,不知道如何教,教师教学科研不浓,基础教育整体发展陷入瓶颈期。在深度了解东方思源学校的情况后,王校长结合实际情况提出了东方市第二思源学校三年的发展规划征求意见稿,提出的教学理念是"双主体育人"教育理念;他坦言说:从事 20多年校长工作以前一直崇尚的是"适合教育"理念,但他觉得适合教育理念目前在东方思源实行不了;他认为现在首先需要明确教师的主体责任,才能促进学校教学往更高层次发展。所谓的双主体育人理念是指教师首先得明确自己的责任和任务,才能发挥教师的主观能动性,发挥"我要做"的内驱动力;其次是教师的双主体责任既要"教书"又要"育人",教师不是仅仅上完课就完了,要了解课上完后,有多少学生知晓了,要调动学生自我学习的主观能动性,为学生自我发展搭建平台,创设学生自我成长的环境,要真正落脚在"培育什么样的人"、"怎么培育人"。上课时为了

① 该表数据根据海南省东方市教育局汇报资料和东方市第二思源学校 2015 年四年级新生摸底测试成绩报告资料汇总整理。

更好地育人，要规范课堂教学，让学生敬畏课程，尊重教学，培养学生良好的学习习惯，这是实现素质教育的关键。因此，他提出抓规范、促内涵建设。他来到思源之后，有两个变化，一是培训多了，以培训凝聚共识，二是会风好了。他举了几个例子，以前上课铃响，教师不及时进课堂；以前考试是一人监考制，现在实行两人监考制，以前监考不规范，没有分数的概念，期末考试还有老师迟到或者不到位的现象；以前体育课老师教学就是让学生自己玩篮球，不整队、不报数；纯粹应付教学。这些现象反映了教学管理的散漫，以及对待教育的极不严肃性。

教师的问题：王校长认为现在学校管理最主要的问题是人的问题，教师队伍建设亟待加强，教师心不在教学上，职能部门执行不到位，教师与校长的教学理念有偏差，或是没有形成共识；而要解决人的问题，关键是要落实校长的治校权。王校长坦言，学校2011年引进了4名学科骨干，但并没有发挥学科带头的作用，校长要做人事调配，阻力重重，感觉到人际关系复杂，教育局的服务主体责任不到位，支持力度呈现"弹簧门"，让校长很是无奈。其次是教师缺口的问题，目前学校师资配备基本满足需求，但副科教师缺乏，如学校的音体美都开齐了，但由于没有音乐功能室，副课没有开足，全校还缺3个体育老师、3个音乐老师和3个美术老师。教辅、功能室和后勤人员也存在着缺口，如学校有12个教辅编，目前只有1个教辅人员到位，缺11个；导致目前很多教师都是一人有双重责任；学校无法根据自身需求申请招人，其人事管理权限受市编办的制约。最后是教师的工作劳动强度大，激励机制不完善，导致很多教师积极性不高。如班主任工作没有人愿意干，只能是政治摊派。如学校要求学生每天7点30分早操，8点10分上课，班主任早上、中午要查寝；下午课后有晚自习，9点学生下晚自习，9点30分班主任要查寝，一般要忙到晚上10点30分才能回家，每周日晚上班主任要到校为学生开主题班会，点名到位情况，周一到周五晚上班主任有坐班制，校领导轮流值班。目前学校有28个班主任，其工作强度和付出的时间都超出了正常教师的工作量，但由于教学管理没有与绩效挂钩，激励机制不健全，导致很多班主任老师牢骚满腹，对待工作存在应付心理，工作纪律性不强，这深层次反映了学校的管理极不规范。

移民学生及家庭教育:思源学校现有学生 1477 人,分初中部和小学部,小学部只接收江边、中沙、天安、大田、东河五个少数民族地区的四年级移民学生;初中部除接收小学部学生外,还要重点接收江边、中沙少数民族地区的全部小学移民学生,剩余的学籍指标再在全区域进行招考。移民学生每周回家一次,周五下午学生包班车回家。地方政府资助移民学生每月 500 多元的生活补贴,还有 70 元的交通补助,免学费和住宿费。王校长说思源学校的移民学生有 97.6% 的学生是黎族学生,大多是从小学四年级就移民到思源,且很多是单亲、孤儿、低保户家庭孩子,由于家庭教育缺失,自我独立意识差,养成了很多不良的行为习惯,如不讲个人卫生、打架、酗酒、破坏公物、翻墙逃课等违纪违规事件频发;针对问题学生进行家访后发现,很多家长的教育观念也存在很多问题,他们认为把学生送到学校,学生的好与坏应该是教师的问题,而不是家长的问题,抱怨学校没有把孩子管理好,王校长举例:有天晚上,有个学生得急性肠胃炎,班主任老师半夜把孩子送到医院(学校没有医务室),并通知家长来校,但家长却责怪学校没有照顾好学生,这种家庭教育与学校教育理念之间的差距,让教师很是无奈。王校长认为这种行为的背后,深层次地折射出移民学生及家长的德育教育的缺失,他认为家庭教育、学校教育和社会教育是三位一体的,家庭教育的缺失,是学校教育很难弥补。因此,他认为学校目前亟待加强德育教育,把德育作为教师教学工作的重点,成立学生社团组织学生参与进来,让学生在活动中学习和感悟,理解对与错、理解何为感恩,明白怎么做人和做事,并通过他们的感悟去影响他们的家长。从目前思源学校的实践成效来看,它对移民地区的教育起了很大的促进作用,如东方市 2014 年中招 9 年级升高中,全市分市直属的铁中、八中、汉区乡镇、少数民族区,思源学校 2014 年中招位列汉区第一名,这个结果其实是很不容易的,因为这批学生刚进思源学校的时候,江边、中沙区的学生是位列汉区倒数第一。说明思源学校的师资水平和教学质量确实帮助了这些学生,改变了他们的生活命运。这种帮助贫困地区学生的教育实践模式证明是可行的,但教育是一个潜移默化的过程,不可能一蹴而就,如果坚持做下去,过个 5—10 年,这些学生会影响一大批人,也会影响一大批的家庭和村民,其对贫困地区的文化影响将会是深远的。

二、本土教师的坚守与无奈——乡镇中心校校长

乡镇中心校的校长基本都是从本土教师中竞争选拔出来的,且对当地教育的情况非常了解,在地方布局结构调整的过程中,他们被选拔成为乡镇基础教育的中坚力量,由于他们大多长年居住在乡村,与村民生活在一起,通过他们的言语你能真实地感受到他们对农村教育的责任和感情,也能体会到他们从事基础教学管理的困惑。

1. 东方江边乡中心小学基本情况:江边乡是少数民族黎族乡,属于海南省级重点贫困乡镇,全乡有 19 个自然村,10 个村委会,一共有 6500 名左右村民,村民主要靠种植水果、橡胶,以及外出打工为生,近几年通过政府扶贫资助种植橡胶树,生活水平较以前有了好转。江边乡最为贫困的村是马眉村和永洞村,这两个村都是 1992 年因为东方大广坝工程移民到江边乡的,两村离中心校有 4 公里左右,每个村在江边中心校的学生有 10 余人。离学校最为偏远的村庄是新明村,离学校有 8 公里,有 50 多名学生,每次需 3 辆校车接送。在教育移民前,江边乡原有 7—8 所学校,2009 年移民后合并为四个学校,分别是那文小学、白查小学、国界小学和江边中学,2014 年全部撤并到江边中心小学,中学全部撤并到思源学校。目前学校有教师 44 人,小高 11 人,小学一级 28 人,小学二级 5 人。教师中有本科学历 42 人,专科学历 2 人,本科学历中有 10 人是 50 岁以上的代课老师转正的,基本都是通过函授等方式升为本科学历,这些老师目前主要做生活老师、保安、跟校车送学生等,不从事教学;学校共有 4 个特岗教师,音美体教师各 1 人。学校占地 48 亩,有运动场、标准乒乓球桌等公共设施,属于标准化校园,为了方便江边乡学生上学,政府从 2014 年起为学校配置校车,现有校车 8 辆。江边乡是思源学校重点对接的少数民族移民覆盖区域,中心校学生从四年级开始根据指标输送到思源学校,六年级以后全部送到思源学校就读。

学生情况:目前江边中心校有 640 名学生,共 13 个班级,平均班额在 50 人左右;还有一个学前班,共 88 人,学前班是 2006 年新开设

的,目前没有幼师,都是由中心校教师兼任。2009年由于学校的撤点并校,原有各村的学校撤并后,学生都集中到中心校,现有371名小学寄宿生(含1—6年级);为了留住移民学生,政府实行了四免一补政策,学生基本不用交钱,2009年资助每名学生每月100元生活补助,2012年提高到300元每月,每学期资助学生补助1500元,但有时发放不及时,要到学期末才发,家长有些还需要垫钱,特别是有两三个孩子的家庭还是有些压力,一时凑不出那么多钱。近几年中心校的生源出现萎缩的趋势,如目前一年级学生有两个班共98人,二年级学生有两个班共110人,生源较上年减少了12人。主要原因一是现在江边乡的出生率呈下降趋势,以前一个家庭生3—4个孩子,现在一般只生两个孩子;二是有部分村民外出打工,随城镇化落户外地,江边乡的村民外向型城镇的趋势开始显现。

学校的作息时间是每天早上6:30开校车到各村接小孩上学,7:30分之前到校,寄宿生早上7:10分早操,7:30分早读,8:00早餐,8:10分上课,上午10:30下课,11点吃午饭;11:30—12:00生活老师检查宿舍,学生中午全部住校,下午3:00—5:30上课,校车5:30左右送学生回家,寄宿生晚上7:00—9:00晚自习,9:30—10:00查寝,班主任一般是晚上10:30下班,学校教师要求周一至周五必须住校。

在调研过程中,刘校长给我的印象很朴实、谦虚,40多岁,穿着白格衬衫,黑色西裤,黑色皮鞋,说话慢条斯理,在乡村中一眼就能看出是个文化人。刘校长出生于江边乡东河村,属于土生土长的本地人,他于1997年9月中师毕业后到江边乡那文小学(已撤并)教书,20岁参加工作,1997年底从那文小学调到江边中心校,2007年又调到那文小学当校长,2009年学校撤并时任命为江边中小学副校长,还兼那文小学校长,2013年随那文小学一起撤并到江边中心校,成为中心校校长。现有两个孩子,女孩15岁,在东方八中读初三,男孩1岁;爱人也是江边乡人,现在学校卫生室工作。刘校长自从事教育事业以来,他一直在江边乡工作至今,可以说对江边乡的教育有着很深的感悟:

（1）关于思源学校反映的江边乡移民学生生源质量低的问题，他坦言江边乡的学生成绩差的主要原因是学校的教学管理的问题，一是教师的积极性不够，学校管理不规范。二是江边乡的基础教育太弱，重教意识不强，很多村民本身就没有多少文化，生活习惯很差，如在农村经常随地大小便是很正常的，小孩随意惯了，在学院一时很难改变过来。目前江边乡的很多家庭是女人外出打工，男人在家务农管理小孩，很多家庭基本不怎么教育小孩，家庭教育缺失；很多小孩3—4年级就开始酗酒、抽烟，家庭对孩子的教育期待不高，不知道怎么教育孩子，送小孩上学基本就是托付给学校管理，孩子在学校破坏公物现象频发，组织纪律差，翻墙、逃课等现象时有发生。三是由于思源学校对口四年级招生不再实行招考制，实行推荐制，江边学校为了保留学生成绩好一点的孩子，把一些成绩差的孩子推荐到思源学校去，导致思源学校的生源质量出现较大的下滑。

（2）教师的问题，他坦言教师目前的待遇水平较以前有了很大的提高，如小学高级每月有5000多元，还有$856×1.5＝1284$元/月的绩效；小学二级教师每月有3000多元，还有856元的绩效，刘校长现在每月有6000多元，工资水平比较满意。但教师的整体教学水平还亟待提高，学校的教学管理和常规工作没有抓好，对地方政府和教育局的教学管理有一定程度的抵触情绪，教师普遍反映教育局在扶贫津贴补助发放中有失公平，如按照省里文件规定，应该给予贫困地区的乡村教师每月发放300元的津贴补助，但教育局只发给了靠近城区的学校，江边乡中心校本属于贫困地区，却没有发放。因此，学校老师经多次反映无果后，曾组织集体罢课的方式进行抗议，目前该问题还没有得到教育局有效地回应，导致教师教学积极性不高，对待教学有应付的心态。为了安抚教师情绪，促进教学质量，刘校长也出台了一些措施，一是开展随堂听课，抓教学；二是重点抓三率一分，即优秀率、及格率、差生控制率和平均分，一项达标奖励500元，超额完成，按每一个百分点10元累加，今年有个老师最高拿到了2300元奖励；三是开展集中备课，分教研组开备课会；四是加强教师的外出学习，提高教师的业务水平。

(3)学生辍学问题：他认为目前江边乡的学生管理还存在很大的问题，突出表现在学习基础较差，厌学的情况较为突出，学生的行为习惯有待改善，辍学问题较为突出。如刘校长反映目前学校问题学生有20多个，平均一个班有2—3个，有些班有5—6个，这些学生经常逃课、喝酒、抽烟，养成不良的生活习惯，逆反心理突出、经常无故破坏公物，自身行为习惯不好，如在校园随地大小便；个人宿舍卫生状况很差，更为突出的是道德教育缺失；让老师教育难度很大，有些学生经多次反复教育，多次家访后效果不大的，学校只能选择劝退，目前学校每年辍学的学生有5—10人。

(4)教育移民的效果：近几年的教育移民政策对学校的投入比以前有了很大的提高，学校不再为了经费问题而苦恼，对当地村民的教育影响还是很大的，他感觉到的明显变化一是江边乡的村民对教育的重视程度提高了，村民基本的行为习惯和礼仪较以前有了很大变化，随着教育对村民的文化熏染，教师得到了应有的尊重，如现在教师到各村去，都会被村民称呼"老师"，比较热情，这在以前是没有的。二是教育帮助村民培养了大学生，近几年大学生越来越多，如2008年江边乡出过8个大学生，2015年出了22个大学生，其中2个上了一本，创了历史纪录，也起到了很好的示范效应。

(5)对刘校长感触最深的一件事。刘校长表述，1998年，他刚到学校工作一年，当时江边乡的基础教育很差，由于当时上学还需要交30—40元的学费，刘校长去各村做动员让学生来学校读书，但开学两周了，来上学的学生还是很少，很多家长没有钱，只能把鸡、猪拿到学校让学校收孩子读书，当时学校也不能收，眼看着孩子不能入学，心里很是无奈。当时有个叫王军的记者来采访，写了一篇报道《班级只有一个学生》，报道了江边乡的初中班到开学两周了，只有一个学生来报到，让当时亲历的刘校长感触很深，他觉得江边乡需要教育，需要改变；他在1998年曾有机会调到县城，但考虑到当时刚带的学生熟悉了，有点不舍，就放弃了去县城，他选择了坚守，再后来在江边成了家，也就没有再考虑离开江边，江边虽然条件艰苦，但他对这片土地有着深深的感情，他希望能为江边乡做些什么。说着当时的情形,刘校长流下了眼泪,他说1997年来校有4名教师,后来只剩下2人,乡村条件艰苦,留不住人才。到目前而言,他对江边的教育还是有着很多的思考,希望把教育教学抓上去,他说现在很多的家长是他的学生,他的孩子又是他的学生,学生和家长对他的认同,就是他价值的最大体现。他举了一个叫符文光的学生,曾经是他五年级学生,很调皮,后来读到初一就辍学了,过去10多年后,他在江边成了家,在家务农,现在他的孩子也在江边小学读书,每次在村里喝喜酒的时候,符文光总是要跑过来跟刘校长敬杯酒,对刘校长说,当时太不懂事,他对刘校长的这种尊敬和认同,让刘校长很是欣慰,虽然这个孩子没有走出大山,但教育对他的影响却是深远的。

(6)对乡村教育的建议:刘校长认为2004年曾经调了20多名教师到江边乡任教,当时这批教师对江边的教育影响是很大的,他们基本改变了江边学生,学生学会用普通话交流,不再用黎话交流,这批教师跟学生打成一片,给江边乡的教育带来很大的变化,但现在20多名老师只剩下4名教师在坚守了。现在江边乡中心校的学生经费比较充足,一年大概是10万—20万元,学生经费达到了560元/生,教师的培训经费基本足够,学校现在给教师配了46台电脑,学生电脑有48台,信息教学基本足够,学校的操场都是按标准化校园建设,下学期将建塑胶运动场;现在学校教学条件和教师待遇都比以前好多了,更应该为乡村教育做点事。

刘校长认为现在政府限定新来的教师5年以后才能调动,2009年全县分配了400多名师范类教师,但很多的教师不到5年也借调或者调动了,而乡村学校的教师却没有调动,导致学校教师对教育局的安排有意见;把年轻老师限定在乡村,没有出路,是有失公平的。建议地方政府和教育主管部门不要对教师实行定编制,不能把教师限定到乡村,这样会束缚了老师的积极性,建议实行城乡轮岗制,前提是乡镇教师愿意与县城教师进行互换轮岗交流,最好是三年或者一年一轮,希望教育局对教师的管理机制灵活一些,调动教师的积极性。

2. 东方下红兴村小学:东方市共有6个汉族校区(三家、四更、新龙、板桥、八所罗带、感城),4个少数民族校区(江边、东河、天安、大田),下红兴村位处东方市区周边,离市区车程15分钟左右,村庄有3000多人,属于东方八所罗带中心校区;汉族学区。下红兴村小学属于教学点,有幼儿园、1—3年级,总共生源90多人,其中幼儿园有40多人,一年级有30人,二年级有10人,三年级仅有9人;教师有10人,其中7个小学高级老师,3个小学一级老师;教师平均年龄45岁以上。访谈的高校长在东方从事教学工作有27年,在下红星村小学工作有17年。由于在东方教育战线从事多年,在访谈过程中,高校长对乡村教育谈了很多值得深思的问题。

(1)农村学校的自然减员现象严重。下红兴村有3000多人,适龄儿童应该有300多人,但随着农村外出务工家庭的增多,有将近200多孩子送到了城里或者务工地上学,还剩100多孩子,其中还有些把孩子送到离家不远的县城区读,下红兴村离县城八所较近,很多家庭花钱把孩子转学到县里较好的小学上学。这样本来3000多人的村庄,小学仅有90多人在上学;农村学校自然减员的情况非常普遍。我问花钱转学大概要多少钱,他说有关系的没关系的不一样,从2000—10000元不等;有钱的就送到好点的学校;没有钱的就在农村继续就读。

(2)东方教师师资情况:高校长认为东方市教育近几年的老龄化相当严重,农村教师的老龄化达到总师资的80%;教师队伍臃肿,超编与缺编并存,最缺的是副课老师,如计算机、音乐、体育、美术和英语老师。学校师资的管理归学区调配,如下红兴村归罗带中心校管理,学区管理覆盖了14个自然村小学,中心校有198名老师,其中有20多名被借调到八所学习(高校长认为所谓的学习其实就是到八所任教,有关系的可以提前调,教育局原有规定必须到基层学校工作3—5年才能调动),剩余的170多名教师统一归学区主任调配,如下红兴村下学期有9个三年级学生要转四年级,但罗带中心校负荷不了,下红兴村就要开四年级,就缺1—3个教师,需要学区主任调配教师过来。那怎么调配呢? 由学区主任根据每年考试的成绩,排名最末的进行调配。各村教学点教师基本都是走读的,并没有把家安在学校,所以现在的学校情况是,下课铃一响,学校就变成空校,老师一走,学生跟着屁股回家;学生上学来了,老师后面跟着来上课。学生课后找不到老师,老师的心思也跟着离开了学校;很多老师的心思并没有真正放在教学上,应付教学的情况很多。这跟学校的管理体制有很大关系;学校管理不规范。他认为国家投了很多钱在教育上,没有用在点上。他建议学校的规范化建设,要把教师的周转房建在学校,让教师真正把家安在学校。很多老师带走教的心态,不管有没有学生,照样领工资,做一天和尚撞一天钟。

(3)校长的自主权:我问校长有没有自主权,他说我做了20多年校长,不知道我有什么权力,教学经费上,国家规定是按350元/人拨付,但到校长只有200元/人,他认为教育局巧立名目克扣了,如信息费、教研费、活动费等。校长对教师也没有制约作用,如有些老师讲课不好,校长找谈话,谈得不好,人家自己可以找关系调到其他学校去,根本可以不用搭理你校长。在学校管理上,教育局干预太多,主要是经费方面,他提到昌江第一思源的引进校长,待了几年,但工作开展不了,最后辞职走了,教育体制内留不住人;我问是否有具体事例。他提到思源学校的食堂应该是公益性的,国家给学生给予了餐补,虽然不多,但学校校长是有管理权的,但最后学校食堂变成了私营盈利的了,很多移民学生吃不起,导致学生意见很大,校长又管不了,因为食堂承包有教育局撑腰,工作开展不了。

(4)辍学问题:高校长在下红星村小学工作了17年,我问到是否有辍学的学生,他回答说汉区基本没有辍学,一是汉区家庭比较重视教育,二是现在上学都不要钱了,免费读基本没有辍学;但是从他所在学校出去的学生,有大部分在初二、初三阶段辍学了,并且都是群体辍学;我问这种情况是什么原因? 他提到现在的小孩从小学教学点读到三年级就转学到县城去上学,五年级、六年级的孩子到县城读书,没有家长的照顾,单靠学校的管理很难制约,老师不敢体罚,也不敢太伤孩子的心理,如果有家长来闹,或者孩子自杀、跳楼,教师的职业生涯就结束了,教师现在就怕孩子出事,安全责任压力太大;同时移民的学生到新的环境,面对社会的诱惑很容易学坏,易染上打架、抽烟、酗酒、上网等不良习惯,初一如果跟不上,到初二、初三基本就开始逃课、厌学、逃学;最后就辍学了,这种辍学很多是一批玩耍的、集体的辍学,让人很是担忧。有些家长不放心小孩到县城陪读,但这样很多家庭是承担不了的,特别是少数民族的移民学生辍学就更严重了。我们常说的家庭教育、学校教育和社会教育是三位一体的,但这里家庭教育和社会教育是很大缺失的。他提到少数民族的家庭教育基本没有,很多家庭是不管孩子的,因为他本身就没有多少文化,小孩到县城读书后,本身学习基础就不好,学习跟不上,在学校容易被排挤在小的圈子,会慢慢染上一些坏习惯,并对学习失去兴趣,少数民族学生破坏公物情况特别普遍;孩子的行为习惯是很难一时半会改变过来的。(我到思源学校实地调研后发现,辍学并没有高校长说的那么严重,但也明显感觉到这种现象的存在)

(5)教师工资水平:一直以来东方教育水平低、留不住人是因为待遇的问题,但通过访谈了解到,东方教师的工资是很高的,高校长是小学高级老师,他每月工资是6758元,再加上校长的津贴1285元/月,每月工资收入将近8000多元;他说他们的工资涵盖了基本工资、工龄工资、绩效工资和津贴工资;一般而言,小学一级教师的工作也达到5000多元/月,这个工资水平在东方市不错的,全省教育战线,三亚、东方和昌江都是不错的。但我了解到昌江并没有他们那么高。我问到少数民族地区的教师是不是工资低,所以没有人去;他说少数民族地区的教师工资比城区工资每月还要增加400元/月;待遇是很不错了。他认为近几年国家对教师待遇的提高是可以了。

(6)城乡教育的差距:当我问到现在很多农村学生为什么要转学到县城上学,是不是县城的教育质量好些。他很无奈地表示,其实县城的师资和建设条件比农村是好些,但那么多的农村孩子转学到县城,原本50人的班额增加到60—70人,教育质量再好,也不能兼顾到每个学生;那么多农村孩子转学主要是家长不想孩子输在起跑线上,导致很多农村学校生源不足;城市学校人满为患;再加上教育管理的不规范,很多家长跑关系、争着把孩子送到重点小学去,导致不好的社会风气,以下红兴村为例,本来随着城镇化的进程,农村孩子随父母外出打工就读,已经自然减员,剩下的有条件点家庭把孩子转学到县城,农村教育更成为没有条件家庭的最后的收容所;教育局也更会把教育资源倾向于城区学校,农村教育条件只会越来越差;他提到下红兴村共 90 多名学生,按 200 元/人的学生经费,一共就20000 多元,要雇一个厨师、一个水电后勤人员,还有校警等,基本就没有费用,学校的公共设施维护,以及体育设施等基本没有经费;学校是 20 世纪 90 年代建的,现在已经成为危房了,打了几次报告了,也没有资金建设。因为学生少,自然没有资源会倾向投入,导致越来越多的家庭会把孩子送到县城去上学,虽然城市教育并不一定适合农村孩子,但家长都想送孩子去城里上学,形成一种恶性循环。

高校长认为近几年农村教育越来越薄弱,他认为中国的教育基础在农村,如果农村教育搞不好,城里教育也很难搞好,现在出现的情况是教师队伍水平亟待提高,很多老龄化的教师应该要考核转岗,不适合教学的要尽早转,把引进的师范类年轻教师培养起来。2009年,东方市把挤压几年的师范类毕业生 540 人,全部安排到少数民族地区教学,这些年轻人是不错的,有干劲,有激情;但要给这些年轻人平台。教育局的管理不能越俎代庖,要充分给予校长的自主权,主抓学风、教学;把教师的专业带起来,很多教师不知道怎么教,要搞公开示范课,讲课比赛,营造好的教学氛围;校长每年要培训,让优秀的校长谈经验,做示范引领,让各学校校长充分交流,总结经验,尊重教育教学规律。现在老师的待遇有了很大的提升了,如每年引进的优秀师范教师,不仅给一套房、引进安家费,还报销教师原来师范学校的学费;但是如何把这些人的价值用起来,需要体制机制的改善。农村学校现在变得更加的薄弱,县城的优质教育资源慢慢变成了一种有偿的教育资源,有钱的孩子就可以送,没有钱的只能选择留守在农村;这种现象必须要改变,要不然农村教育会越办越难,教师也会从教学变成形式上的应付教学,只要有学生就行,工资照领的心态还将继续存在。

以上关于乡镇学校校长的调研资料在肯定教育移民政策所取得的显

性教育成果的同时,也反映出一些深层的教育问题,从学校校长的生存状态来看,虽然他们的待遇提高了,但校长的作用并没有得到有效的发挥,校长在整个教育移民政策场域中所展现的治校自主权还受到体制机制的制约,在与地方政府和教师群体的相互关系中,校长显得左右为难,隐形的问题显现出乡村教育行政管理体制已经掣肘了乡村教育以人为本的教育目标的实现,校长并不能按照自我的教育理念去实践教学改革,而沦为学校地方政府组织工具化的代言人。思源学校的校长在理想与现实之间找寻一条适合本校自身的道路,其面临的困境是如何在地方政府与教师群体之间找到平衡点;本土学校校长的生存困境在于如何争取更多的资源以满足现有乡村教育的需求,让更多的乡村教师活的更有尊严,而不是教育系统的弱势群体,让本就羸弱的乡村教育缺失了人才的动力。从城乡教育一体化的进程来看,贫困边远地区的乡村教育状况让人堪忧,撤点并校并不能实现乡村教育的跨越式发展,反而加剧了乡村村民对有限教育资源的竞争,使得人人共享的乡村教育成为一种有偿代价的稀缺资源;乡村村民呈现出两极教育的分化,一极是越来越多的学生考上了大学,一极是越来越多的学生因为各种原因面临着辍学的危机,因此政府要深入调研了解基础教育的状况,不要大面积的撤并乡村学校;而应该加大对部分地区的乡村教育的投入,如果没有乡村教育的基础,也就没有了城镇教育的长期发展;要让乡村教育成为村民人人可以共享的资源,而不是有偿代价的稀缺资源。现有的学生状况所反映出乡村教育呈现出"破窗效应",即移民学生从小就没有在乡镇学校养成良好的行为习惯,没有在思想道德上得到有效的引导,等移民到城镇学校时,显得极不适应,教师教育的难度也更大,当面临到挫折和批评时,表现出极大的逆反心理,如无故破坏公物,打架、酗酒等违纪违规现象频发。因此,城乡教育一体化的发展不能缺失了乡村教育,更应该重点补齐乡村教育的短板,而不是撤并和抛弃。

第二节　教师职业发展的价值逻辑及身份认同

教育移民政策的推动对乡村教师的影响是深远的,也是巨大的。乡村学校的撤并,导致乡村教师队伍发生了较大的变化,从调整去向来看,乡村教师一是从原有的教学岗位上被淘汰转变为生活老师,负责学生的生活起居,护送移民学生上下学,以保障学生不出现安全事件,有人形象地形容他们为"学生的家庭保姆";二是教学水平相对较好的教师由于学校的撤并被调整到县城或者乡镇中心校,有些被迫得全家搬迁,或者是长时间的两地分居,成为"周末夫妻"。这种调整看似正常,但对乡村教师是一种无情的摧残,他们曾经为了农村教育的坚守换来了教育管理部门对他们的弃用,他们无形中成为教育移民政策的牺牲品。从乡村教师的角度而言,他们的诉求没有表达的话语权,只能被动地服从和适应,很多留守在农村的乡村教师,大多已经在农村成家立业,他们天天与村民生活在一起,懂得村民对教育的期待,对所带学生有着全方位的了解,他们熟悉村庄、熟悉乡村文明,他们能从农村生活中去理解教育应该给予农村孩子所要的希望,他们能更深刻地理解教师职业身上所肩负的责任和义务。但布局调整后,学校的撤并,导致很多教师离开了自己熟悉的村庄,成为"走读"教师,他们跟学生一起来上课,跟学生一起下课,每当放学后,校园里没有了教师,仅仅留下了一所空荡荡的学校。教师和学生对学校的归属感和感情淡了,老师和学生之间的情分也显得淡了,这种变化让我对乡村教育的没落增添了几分伤感,在我记忆里嬉笑热闹的校园显得格外的冷清,曾经乡村文明的家园,变成了一所看似接待旅客的客栈。

在乡村教学点撤并的同时,城镇学校与乡村学校有着迥异的差距,一边是加大投资建立标准化的校园;一边是撤点并校,面临着教育队伍的大范围安置;各市县为了稳定乡村教师队伍出台了一些硬性的文件规定,如要求师范毕业生要在基层服务五年方能调动,这种行政命令给很多年轻乡村教师带来了困扰,一是很多应届师范生刚分到乡村教学点,有些需从事1—2年的生活教师才能转教学,有些即使在教学岗位表现突出,即使有较好的机会发展,因为五年服务期不到,限制了其个人发展,最后要么选择离开,要么在乡村结婚生子,成为真正的"乡儒"。而与此同时,有些地区因为撤点并校,部分年轻教师不到五年就借调或者调到了县城,使得乡村教师认为行政管理缺乏公平性,对待乡村教师"说起来重要,做起来不重要"颇有异议。他们认为教育移民政策把大量的资源集中建设县城学校,弱化和忽视了乡村学校的建设,使得乡村教师感觉行政管理部门对乡村教师的诉求不闻不问,做法有失偏颇。如东方江边乡的乡村教师以根据省里文件要求对贫困乡村教师每月多发 300 元的津贴补助为由,对县教育局给靠近城区的学校发放 300 元补助,而不给真正的乡村教师发放补助的做法,多次提出申诉无果后,以集体罢课形式进行抗议;这种由消极抵制发展为公开对抗的爆发,显示出乡村教师对现状的极为不满。从调研来看,很多乡村教学点缺编严重,留不住人才,能够坚守在乡村教育的基本都是已经在农村成家的人,他们已经把教学点当成了自己的家园,选择留守既是生存的需要,同时也在为自我乡村文明的延续和乡村孩子的教育希望而争取权利。

　　乡村教师的生存状态让人堪忧,他们在教育移民政策中的话语权显得如此的微弱,他们既要接受体制的限制,又要面对生活的压力,他们与教育管理部门的博弈处于一种失衡的被动状态,当他们的权益得不到回应时,他们大多选择以消极的方式来抵制行政命令,或者发展成公开的集体对抗,他们在自身生存困境与职业发展之间选择一种妥协,而这种妥协的基础是他们对乡村教育信仰的坚守。一位在农村学校当了 20 多年的校长语重心长地对我说:近几年农村教育越来越薄弱,农村教师队伍老龄化相对严重,教学水平亟待提高,如果农村的教育搞不好,城里的教育也很难搞好,因为中国的基础在农村,如果仅仅重视城市教育,而忽视农村教育,农村就会出现更多素质低下的年轻人,他们没有工作、没有保障、没有生活技能,他们会增加对社会的抱怨,会影响到社会的稳定。这种阐释让我很是震惊,也痛感乡村教育发展过程中面临的困境亟待解决。我们不能让曾经坚守付出的乡村教师,在我们体制改革的洪流中,变成了弱势的群体,我们不能无视他们曾经为乡村文明所做的奉献,在改革的利益面前而一笔带过;我们应该给予他们更多的关心,多倾听他们的诉求和他们对教育的理解,他们是一群有着丰富教学经验、有着对乡村文化更多沉淀和深刻理解的"教育家"。

　　农村基础教育城镇化使农村教师的流动大体呈现两种趋势,一是放弃乡村教师的职业,外出打工或另谋出路;二是优质师资从农村向城市转移,从普通、薄弱学校流向重点学校。流动的原因主要有内外两方面,外部因素是社会生存环境的状况,内部因素主要是个人对职业发展和自身特定利益追求等。而中国整体越来越以城市为中心的政治、经济和社会格局更是为乡村流动提供了助力,制度的不完善也折射出乡村教师流动呈单向上位的流动特点。我国乡村教育的文化上移和城镇化经济利益的侵蚀,让乡村教育逐渐与乡村社区生活文化脱离了紧密的社会关系,乡村教师既是科学文化知识的传教者,又紧密地被乡土文化所包围,在以城市为中心的教育体系下,乡村教师成为文化边缘的守护者,其自身的生存和教育观念在利益的洪流中,也失去了原本对教育本质的认同,在可以预见的未来,市民化教育将逐步统治乡村教育,而城市教育文化与乡村社区文化的脱离,也将宣示乡村文化家园的没落。以下选取了两个学校的乡村教师,通过他们的生存状态来折射出整个乡村教师所面临的生存问题。

一、乡村教育的坚守者

王下乡中心校位于昌江霸王岭腹地的王下乡三派村;2006 年,王下乡最为偏远的牙迫村开始整体搬迁到昌江石碌镇(县城),改名为水富村。昌江县政府开始整合王下乡剩余的 8 个村小学,包括新村小学、老村小学、朗润小学、栋才小学、伢老小学、钱铁小学和三派小学。把 8 个自然村小学统一整合为王下乡中心校,中心校的整合背景是当时的海南省委书记汪啸风通过到王下乡调研提出要把边远的少数民族作为生态移民搬迁出霸王岭;同时王下乡的基础教育条件相当落后,学校黑板用门板,书桌基本是两块板子,各村小学生源很少,教师师资力量不够,基本上是一两个老师上所有的课程,基础课程开不齐。针对以上问题,昌江县教育局指派民族中学的符明祥校长作为工作组长到王下乡各村委会进行动员,并整合中心校。中心校于 2008 年正式建成,原 8 所自然村学校被撤并。现有的中心校有 33 名教职工,其中有 10 名生活老师,教师中有 28 名教师是从原 8 所学校整合过来的,有 5 名教师是新进的年轻老师,教师平均年龄在 45 岁左右。调研访谈的王下乡中心校的韩老师,是本地黎族人,1969 年参加工作,高中毕业后参加村代课老师转为民办,后通过函授提高学历,现为小学一级教师。通过对韩副校长的访谈,主要有以下几点内容:

　　韩老师的基本情况:韩老师于1969年参加工作,原来在王下乡的牙迫村小学当老师,2003年从牙迫村小学调到朗润小学,爱人和孩子在王下乡,原来去上班要走10多里的山路,因路不好走,且没有交通工具,只能走路;在牙迫和朗润小学基本都是一个人代所有的课,语文、数学、体育、音乐等都教;2006年从朗润小学调到王下乡中心校当老师,2007年参加海南省少数民族贫困地区教师脱产培训班学习一年,2008年回到王下乡中心校担任副校长,分管总务和后期。从这些年的发展来看,韩副校长还是比较满意,他从在王下乡担任教师以来,原来学校基本没有什么教学设备,教室、黑板和课桌凳都是先凑的,学生从1—6年级没有多少学生,1—2个老师包几个年级的所有课程。2006年整合中心校时,韩副校长和符明祥组长曾到各个村委会进行动员,开群众会议。当时各村的抵触情绪还是很大的,很多家长认为孩子太小,不想送孩子到那么远的地方去上学,只能做思想工作。他认为整合是很有意义的,一是教学条件好很多;二是学生多,学习上有竞争,学习的氛围好些。说到个人待遇,韩副校长说2004年之前是140元/月,2008—2009年工资达到了1900元/月,现在的工资待遇达到3000多元/月,比以前好多了。

　　学校管理的基本情况:王下乡中心校现有1—6年级,共有140多个学生,还有一个新建的幼儿园;学校现有教师33人,并配齐了音乐、美术、英语、体育老师。现在学校教学上有学科组,有语文、数学学科组,并设有学科组办公室,这在以前是没有的;学科组现在可以组织听课、备课、评课等活动,对教学互动提升是有很大帮助,当我问到是否可以看下学科组的备课记录或者教学手册等,韩副校长借口办公室没有。学校现有20多台电脑,可以上计算机课。学校配备了2个校警、3个工友,人员配备基本齐全。学校占地有10多亩,有一个大的操场,操场是砂土面,不算平整,有些地方长满杂草,没有体育设施,仅仅是一个推的较为平整的空地,操场背靠着学校一栋教师宿舍楼,有3层楼;操场正面对着教学楼,但要走过20来级较陡的台阶,有两栋教学楼,教学楼也是3层,教学楼看起来很新,但走进一看基本没有多媒体,教学楼的右边是宿舍楼,宿舍卫生环境也很差,虽然是放假期间,但明显感觉到很多学生的脏衣服都放在床上;左边是公共厕所,厕所卫生显得特别的脏。韩副校长解释说是没有水冲,山上水比较缺(我认为行为习惯也是很大的原因)。

生活老师情况:韩副校长说每周一升旗,学生从一年级到六年级寄宿制,住的近的也可走读,住得远的每周回家一次,主要是父母接送或者是委托亲戚接送,没有家长接送的;由生活老师护送回家,10个生活老师,分成5个组,1—2个生活老师负责一个村,每周放假,由生活老师带队护送回家,最远的学生路途有10多里,要走2个多小时。老师最担心的是学生安全问题,怕学生上学和放学出问题,主要通过大会、小会讲安全意识,还有就是把责任传导到生活老师,生活老师的安全责任很大,特别是到杜果成熟季节,小孩爬树、游泳等安全隐患很多,还有就是小孩太小在宿舍点火、用电等安全隐患;所以很多老师不愿当生活老师。除此之外,生活老师还要负责照顾学生的生活起居,因为1年级的小孩很小,对家庭依赖度大,不会独立生活,特别是每周一,送过来后,很多孩子哭哭啼啼,舍不得父母;只能是一个村大一点的孩子照顾小的孩子;生活老师还要负责教孩子洗衣、洗漱、叠被子;教学生早起、学习、吃饭、生病联系家长等,学生生病由生活老师送到乡卫生院,可记账,每学期校长统一一次结账;如果哪个学生没有来上课,生活老师要及时了解情况。生活老师的安排由校党委决定,主要是做老师的思想工作,把那些专业不怎么好,年级比较大的老师安排为生活老师,还有就是刚来的年轻老师,要先熟悉情况,锻炼1—2年后,转为任课老师。韩老师说,安排生活老师是件很麻烦的事情,很多年轻人不愿意干,但是必须有人去做;因为安全的责任太大了。

学校存在主要问题:韩副校长认为现在学生上学全部免费,政府政策好很多了,学校教学费用政府财政全额拨款,教学条件较以前好很多。目前学校的主要问题是水不够,就是学生洗澡、洗衣服等日常用水不足,现在主要是用乡政府的蓄水;目前已向教育局申请了5000元做个蓄水池,但现在水还是不够,特别是到夏天,水就不够用。我问到是否有什么解决办法?韩副校长的回答让我有些诧异,他认为主要是老师的奉献意识不强,不会节约用水;我问教育局的拨款是否及时,他说一般情况没有什么问题的话都很快的;或许他以为我是政府派了调研的,有些顾虑。

从以上资料可见,韩老师对教育移民政策是相当拥护的,从其本身的职业发展来看,他对现在的生存状态很满足了,因为他已经安家在农村,以前的教育基础太差,现在的教育条件让韩老师对职业有了更多的期待。但通过他的表述,我们可以发现乡村年轻教师的生存状态并不是很好,一是年轻教师刚来很难从事教学,要从生活教师干起,对于很多年轻人而言,认为教师的职责应该是教学,而不是做个学生保姆,我想这是留不住人才的关键。二是职业发展的空间让年轻人很困惑,他的发展面临学校隐形行政氛围的压制,如果不能服从学校的安排,其职业发展的空间很难跳出乡村学校的管理。三是乡村教育的教学管理还很不规范,教学的任务已经让位于学生安全维稳的政治任务,教学管理和校园文化建设还没有形成基本的可操作的规范化文件;基本处于校长和领导层的人治阶段,年轻教师的发展还面临很多亟待破解的体制和机制制约。四是教师扎根乡村的软性环境还没有建立,教师的待遇虽然有所提高,但乡村教师还是很难有吸引力,如何让乡村教师把事业和家庭都安在农村,还有待地方政府提供更为良性的职业发展规划。

二、乡村教师的双重身份

水富村原是从昌江王下乡牙迫村整体搬迁到城镇的移民村庄,原牙迫小学也一起搬迁到移民村,通过政府和社会资金筹措建立新的校园,改名为添喜学校。调研访谈的王老师是广西人,1987 年随爱人嫁到牙迫村,并在牙迫村小学代教,她既属于村民又属于代课教师,由于爱人和两个小孩外出打工,留下仅 2 岁的孙子在家,于是她一边在学校代课一边照顾小孩,有时会带着小孩一起给孩子上课。目前她从教已经有 36 年,职称为小教一级。2006 年牙迫村小学根据教育移民政策的部署,整体移民到水富村,并成立添喜学校,2006 年从牙迫小学移民过来的学生有 102 人,每年级平均 10—20 人左右;现在生源逐年减少,2014 年春季,学校共有学生 34 人,其中一年级 6 人,二年级 7 人,三年级 8 人,四年级 4 人,五年级 4 人,六年级 5 人,学校共有 8 名教师,有 1 名教师因家庭原因申请调动,目前已经离岗有一个学期。学校目前只有 7 名教员,其中大专学历 5 人,中专 3 人;中文专业 5 人,普师专业 3 人。年龄层次:35 岁以下 1 人,36—51 岁 3 人,51 岁以上 4 人(该校的师资主要是年龄较大的或已在农村安家的乡村老师,年轻老师大多不愿留下教学)。学校只有两门课:语文和数学;音乐、美术、体育、英语都没有开设。学校平常老师上班上午是 7:30—11:00;下午是 2:30—5:30;学生上课上午是 8:00—10:45;下午是 15:00—17:00;学校没有食堂,教师吃饭自理,有 3 名老师住校;其他的坐车来校上班。学生走读回家吃饭。访问如下:

我问(以下简称"问"):王老师,现在工资能拿到多少钱?

王老师答(以下简称"答"):拿到手每月大概有 3000 多元。

问:你是小教几级?

答:我是小教一级,我也不知道怎么搞得,1991 年中师毕业,1996 年转的小教二级,我 2004 年就转小教一级了,现在都十年了,按我现在的资格,早就应该评高级了,不知道怎么回事,你们帮我反映下。

问:像你工作那么多年,是什么时候转正?

答:我 1987 年在牙迫小学代教,1999 年转正,当时的县政府说一个广西妹子来我们这乡村搞教育时间那么长时间,就算没有指标也要让她转正,我 2004 年获得省级优秀教师。

问:你们学校的学生有没有上幼儿园的?

答:没有一个学生上过幼儿园,都是到年龄直接上一年级。我们这里的孩子都不会拼音的,重新开始教,所以说我们乡村教育搞不起来呢,基础太差了。

问:现在一共有几个教员?

答:一共有 8 个教员,有一个调走了,现在 7 个老师,一个年级一个班,我跟校长两人都是上两门课,我当教导主任。因为老师少忙不过来,我们申请今年下半年把 4—6 年级合并到石碌镇中心学校。

问：能介绍下你的家庭情况吗？

答：老公在外打临工，有两个小孩，有一个孩子已经结婚，有个孙子，孩子拿低保（至于她教师身份是否还可以拿低保，王老师没有回应），家庭收入不高（访谈过程中，小孙子一直围绕在其左右，因她的孩子在外打工，她只能一边上班一边带孙子，大多数时候她哄完孩子睡觉再去上课）。

王老师是落后乡村学校发展的历史产物，由于落后乡村师资的不足，只能从村民中选择较高学历的代课教师，王老师不仅具有村民身份又属于代课教师。这种双重的身份使他在不同的角色中徘徊。她不仅参与村里低保户的名额推荐，又参与代课教师的转正职称评定。从牙迫小学到添喜学校，她从事了36年的乡村教师，她不仅见证了水富村教育的发展与变迁，也把家庭和自我的职业发展全部融入乡村的发展之中。相对于其他村民而言，她有一定的社会地位和优越感，大多村民对她还有一定程度的嫉妒和不满。而与此同时，王老师认为乡村教师的身份并没有带来更多的待遇，反而是教师的责任压力和坚守的疲惫；对于乡村教育的发展，她更多地表现出自己的无能为力和对现实家庭困境的得过且过；相对而言，她更关心的是自身职称的评定和家庭收入的增加。添喜学校能提供给孩子的，不是一个让人感觉到有浓厚学习氛围的乡村文化中心，而只是一个乡村教育的"托儿场所"。

乡村教师的生存一直在道德理想和现实困境之间徘徊，在乡村中他们自我的身份认同同样受到现实的拷问。在农村基础教育城镇化的背景下，教师总是在"留"与"走"之间徘徊，农村基础教育进行资源整合以后，很多以前村小的代课老师大多转岗或者内退，师资的整合让以前为了农村教育发展而坚守的代课老师在竞争中失去了认可；而新进的教师虽然学历层次更高，精力更充沛，但对农村教育的坚守，却在做着内心的挣扎和选择。农村基础教育城镇化是想让整体师资的质量得到提升，但在现实的实践过程中，也存在着农村教师的留不住，代课老师身份不认可的问题。身份的错位，或者不认同，以及在乡村面临的生活压力与文化困境，导致农村师资队伍存在流失的情况。乡村教师的隐性与显性的问题，不同程度反映了乡村教师的生存困境,这不仅是教育本身的问题,也是社会的问题。

第三节　移民学生个体及家长公平
享受教育权力的逻辑

教育政策的研究,总是面临着教育价值的本体思辨,即教育政策到底是为了谁,教育政策受众者的利益表达是否缺席,为何在执行的过程中会有价值错位的质疑。在教育移民政策场域中,以政府为主导的资源和规则的结构体系中,政策受众体总是处于相对弱势的地位被动进行着自我的选择。那么他们在特定的政策场域中遵循着怎样的行为逻辑,又与政府主体保持着怎样的互动关系和利益博弈。让我们从政策受众体的角度去洞察教育移民政策实践背后的深层逻辑。

教育移民政策的真正受众者,或者说是政策的落脚点就是移民学生及其家庭,关心移民学生及家庭的教育利益和诉求是整个教育移民政策的内涵,从政策的推进来看,教育移民政策给予了教育移民学生及家庭很多的政策优惠,如为移民学生建设标准化的校园,为移民学校引进最好的师资队伍,为移民学生提供接受高一级教育的平台,推荐移民学生在城镇就业等;同时为了减轻移民家庭的教育成本负担,为移民家庭给予移民学生的生活补贴、交通补贴;为从生态移民区移民的家庭还给予生态补偿等。这些措施有效地促进教育移民政策的有效推动,也得到了移民学生和家庭的积极拥护;在教育移民政策推进的几年,很多地处边远贫困地区的农村史无前例地涌现出了很多的大学生,这在以前是很难想象的,村民感到相当的欣慰,在涌现出大学生的同时,教育也潜移默化地影响到乡村的文明,村里的家庭不再认同教育无用论,父母也不再天天赌博、酗酒、无所事事了,而是选择外出打工为孩子挣学费,村里的文化风貌有了较大的变化,孩子们也对教育有了更多的期待,他们对未来有了期待,对教育有了更多的归属感。可以说,教育移民政策真正给予了乡村孩子更好的教育机会,改变了农村孩子的未来,促进了乡村教育的发展。

而与此同时,移民学生及其家庭在享受均等教育机会的同时,也有着自我的利益诉求得不到表达。首先,教育移民家庭和学生与教育管理部门的关系是相对被动的,他们对于教育移民政策的话语权是相对弱势的。一是在移民之初,移民家庭很多抵制政府把乡村学校撤并到乡镇,因为他们认为孩子年龄太小,上学确实很不方便,且存在较大的安全隐患,很多村民在村委会集体抵制学校的撤并,他们认为村级学校是他们曾经一砖一瓦盖起来的,就是为了村里孩子的教育而建的,现在把乡村教师撤走,相当于剥夺了乡村教育的就近上学的权利;二是移民学生虽然给予了各种补贴,但他们还得负担孩子在县城的生活费,更为重要的是孩子缺乏了家庭的关爱。在与政府的博弈中,村民最后选择了妥协,各级村委会在地方政府的行政命令和责任状的驱使下,保障了移民的顺利进行。其次,教育移民政策在给予移民学生均等教育机会的同时,也让优质教育成为一种有偿的教育资源,使得农村移民家庭享受教育的权利有了自然选择的差异化。例如,当移民学校成为地区教育教学的标杆时,很多家庭认为优质的教育质量确实能改变学生的未来,开始大力支持孩子到县城去上学,开始举全家之力或者父母在县城租房陪读让孩子接受好的教育,但这些隐形的费用其实大大增加了移民学生家庭的教育负担,如在海南农村一般家庭都有 3—4 个孩子,移民学生的补助对于大多数家庭而言是不够的,移民家庭每月负担的学生车费和生活费将是一笔很大的教育负担。于是,在移民乡村出现了不同的教育差别化情况,家庭条件好的,在幼儿阶段父母就把孩子送到了县城就读,让小孩在县城享受较好的小学教育,进入移民学校后能与城里的孩子在同等条件下竞争;如果家庭孩子较多,或者家庭条件困难的孩子,在农村没有幼儿教育,只能在农村教学点上学,即使升学到移民学校上学由于学习基础薄弱、家庭经济困难等原因会出现自然的教学淘汰。最后,移民政策虽然为移民学生搭建了优质的教育资源,但却让移民家庭付出更多的教育成本,增加了其更多的生活成本,变相地让移民学生教育成为一种有偿的优质教育;随着乡村学校的撤并,移民学生家庭没有了更多可以选择的机会,只能在上学或者辍学之间进行艰难的选择。

在教育移民政策推进过程中,学生安全问题一直是个热点问题。家长、教师和地方政府官员对于学生安全的问题一直颇为棘手,在总体的布局结构调整规划中,地方政府按照省教育移民政策的要求,集中资源打造县市重点移民学校,各乡镇集中建设 1—2 所标准化学校和区域性重点村级完小,根据地域条件、适龄人口状况对很多村级小学和教学点进行了撤并。在撤并之初,教育移民政策在部分地区得到了村民的抵制,各级政府为完成任务目标,驻点蹲村签订任务责任状,保障布局调整的进行。学生移民之后,学生的安全问题却并没有得到有效解决,如在万宁市移民学校学生家庭大多在偏远山区,上学需徒步近 10 里山路到牛漏、新中、三更罗等乡镇才能乘坐公共交通到移民学校,每到周末放学,由于接送学生的公共汽车较少,超载现象严重,有着极大的安全隐患。在昌江调研期间,曾有小学生乘坐公交车提前下车,徒步四五站路后,司机才发现学生走丢。由于撤点并校,原有就近入学的格局发生了变化,学生安全问题成为教育主管部门和教师的头等压力。地方政府和教育局把学生安全压力通过层层传导,都落实到教师身上,使得学校不得不配置一定人员的生活教师,负责学生的上下学安全。在部分教学点,每到周末,生活老师要分批次、分区域护送学生回家,特别是到夏季,学生游泳、爬树摘杧果事件频发,安全隐患极高,导致很多教师心理负担很大。

而与此同时,移民学生家长虽然强烈呼吁学校配备标准校车护送学生回家,保障学生上下学安全。但很多地方政府由于经济财政的掣肘,极力想争取由上级政府来专项拨付,而这又超出了原本教育移民政策的总体预算,由此出现相互之间的推脱。并且很多移民学校校长也不想配备校车,在调研过程中,有移民学校校长道出其苦衷,他们认为移民学校虽然是新建学校,但每年的水电维护费用达到 20 万—30 万元,学校的维护费用地方政府总不能及时拨付,且久拖未决,如果再配备校车及后勤人员,学校的基本维护更加紧张,同时,学校管理变得更加庞杂,本来校长的重点工作是学校管理和教学,现在学生安全的责任也传导到学校教师身上,并且变成重要的政治任务,是影响其教学考核的硬性指标。因此移民学校极力想把校车配备责任推给地方政府,希望政府通过外包服务解决。因此,这种"说起来相当重要,做起来却显得不怎么重要"的学生安全问题,成为久拖未决的棘手问题。这里突出的矛盾焦点在于:第一,省级政府只做总体规划和目标设定,但学生安全问题并没有被前期考虑进去,地方政府根据省级政府的具体目标和要求做具体执行,任务通过层层传导分解到移民学校,出现的学生安全问题应该是由地方政府来具体解决,但由于总体预算和财政编制超出了地方政府的承受能力,导致地方政府处理问题动力不足;第二,地方政府为了保障完成省级政府的目标,在具体的执行过程中,会根据自身所处的环境进行综合权衡,当无法达成目标时,会出现与下级部门合谋抵制省级目标的实现,在每次检查评估阶段,地方政府会弱化或者展示学生安全问题得到有效遏制的假象,以争取更大的权益和行政裁量权;第三,由于任务的层层传导,教育局和移民学校不得不面对学生安全的压力,并成为其职位晋升和职业生涯考核的硬性标准,导致教育局和移民学校不得不调整更大的财力、物力和人力来分担政府的学生安全责任,导致学校的教学管理和教学质量提升成为次要工作,这种轻重缓急的工作排序导致省级教育移民政策目标的落实在基层出现了偏差。

一、移民学生个案

学生是教育的主要对象,在农村基础教育城镇化模式下,农村学生的境遇因不同区域、家庭条件、年龄等因素的影响,其享受教育的条件也有存在着一定的差异,但对于一些边远贫困地区的幼小孩童而言,过早地寄宿教育是他们迫不得已的一种选择。在对海南省少数民族地区进行调研走访时发现,地处边远贫困地区的乡村,在布局调整后,没有了学校,只能到几公里以外的地方求学,交通的不便使得他们早早地寄宿到学校;对于一些年龄稍小的孩子而言,其自我的独立生活能力还未形成,在生活上、心理上还需要家庭的关怀;过早的寄宿生活,很容易让孩子缺乏家庭的温暖,他们虽然享受了比以前更好的教育条件,却让他们缺失了更加重要的家庭教育。在笔者调研的海南省保亭黎族苗族自治县毛感乡中心小学(少数民族移民学校),曾经看到一个7—8岁的学生寄宿在宿舍,床上的衣服堆满了床铺(应该有3—4天没有洗,散发着浓浓的异味),他穿着单薄的衣服,流着鼻涕,蜷缩在床角,脸上带着童年的稚气,宿舍有四个上下床铺,一个公共卫生间和洗漱台,住宿条件还不错。看到我的来访,他明显有些对陌生人的胆怯,我试着打听他为什么一个人在宿舍,但他明显不想回应,我问他几年级,他回应我说二年级;我问跟随我的学校老师,这个孩子为什么不上课,老师回应说可能是没有课(语气有点犹豫,显然他也不是很清楚学生是不是有课)。我问他这么小的孩子还没有自理能力,他们寄宿,生活上你们怎么管,他回应说:有生活老师,可能没有关注到他,一般一周后小孩会自己带衣服回家洗,或者小孩家长来接。我问一般小孩上学离家有多远,教师回应说有2—3公里,最远的有5公里左右。

对于地处偏远的农村孩子而言,可以选择的学校只有这么一所,原有的村小已经被合并,虽然合并后的学校设施条件较以前更好,但对于年龄稍小的孩子而言,让他融入学校教育的过程中,明显有点勉为其难,当其基本的生活自理能力还没有建立起来之前,让其明白读书的重要性该从何谈起。让农村孩子受教育,不仅仅是给农村孩子提供条件较好的校舍,而是要契合农村孩子的成长环境和特点,多些关怀和教育,多些温暖和安慰。

为深入了解移民村学生的情况,我调研走访了生态移民村试点地区——水富村,了解当地移民学生的真实情况:

　　昌江水富移民村访谈①:
　　该村原叫牙迫村,原来地处于王下乡霸王岭一个边远的黎族村寨,2003年,政府为了让他们改变以往落后的生产生活方式,把他们整体搬迁到昌江县石碌镇水头村工业园区,并给他们盖了新房,补偿了土地,旁边还有水泥厂和矿场,方便村民打临工,还在村里建了一所学校叫添喜学校。在该村我随机走访了几个村里的孩子,让我意外的是随机的几个孩子中有两个不在村小读书。一个叫林某,读小学三年级,我问他是否在添喜学校就读,他说没有,他就读于石碌镇英才学校(在石碌镇的一所私立学校,离水富村有7公里左右路

———————————
① 根据笔者在水富村访谈内容整理。

程)，我问："你为什么不在村里上学？"他说："村里的教育不好，学生有偷东西、打架的。"我问："老师不管吗？"他答："嗯。"我说："你在添喜读书不要钱，那你去英才学校要多少钱？"他答："一年得3000元。"我问："英才学校哪里好？"他答："哪里都好，这边只有语文和数学，那边有音乐、美术、体育等。并且可以考到昌江思源实验学校。"（水富村的移民学生对口升学到县民族中学，但近几年随着思源学校教育质量的提升，其升学率已经超过了民族中学，思源学校成为很多移民学生的首要选择；思源学校虽然是昌江重点接收孤儿和贫困儿童以及贫困移民地区学生的学校，但在当地村民中的声誉很高。）我问："父母供你读书压力大吗？"他答："我的成绩比较好，父母愿意供，想让我考思源学校。"（后来了解他的成绩在班上能考前三。）我问："村里像你这样到外面读书的孩子多吗？"他答："不多，就几个，村里的孩子大都不读书。"

另一个孩子，叫林某，读初三，在昌江民族中学就读（添喜学校的学生划片区对口升学到民族中学），家里有一个妹妹、一个弟弟（但有点智障），父母自从移民到水富村后，主要的营业收入是靠种甘蔗，平时自己手工做水富牌的牛皮凳赚点副收入（水富牌牛皮凳是该村的农副产品品牌，一个传统手工编织的工艺品，据林某父亲口述，做个凳子能赚40元，一年能增加600—800元收入），年均收入1万元左右，还得靠政府的补贴。供孩子读书主要靠教育移民的补助。林某成绩较好，理想是想考上大学，多赚点钱，帮父母减轻负担。我问她："村里辍学的孩子多不多？"她说："多。学校的王下乡班级有10多个辍学了。"我问："你认为他们为什么辍学？"她答："我认为辍学的孩子都是没有理想的，没有责任心的。我不懂他们怎么想的。平常我不怎么跟他们玩。"我问她："在民族中学读书有多少钱补助？"她说："政府给我们一学期1500元补助，基本不用花家里的钱，但是因为我学舞蹈，平常要比较节省才行。"我看她老是拉着弟弟，我问她："你弟弟几岁？"她说："弟弟有7岁，但是还不懂说话，不能与人正常沟通，家里比较困难，一直没有钱治，所以托着，平常我回家就帮家里干农活。"

在该村的走访中,确实发现了很多适龄的孩子有辍学的情况,据村支书林书记介绍,该村辍学的孩子占到移民学生总数的 25%,大多是在初中阶段辍学,也有集体辍学的情况,究其原因,林书记解释有三个方面,一是家庭的问题,有些学生家庭条件不好,想早点出去打工挣钱;二是社会环境的影响,学生不想读书,认为读书用处不大,不如早点赚钱;三是学校管理问题,村小学生划片到县民族中学,民族的教育质量可以,但管理较差,王下乡的学生经常被打,还有社会青年经常到学校闹事。导致村里学生感觉被歧视,选择辍学。村里学生没有考上高中的,大多选择读职业中学或者外出打工。

从教育移民政策的出发点来看,农村学校教育真正的受益主体应该是学生,教育的本质是让学生成为全面发展的人。教育移民政策虽然给当地培养了大学生,但同时也造成了教育的两极分化。可见,教育移民后的教育资源整合的落脚点显然没有让移民村的学生满意,小学生宁愿付出更加高昂的教育成本舍近求远去求学,其内在的现实逻辑是教育资源整合后的教育不均衡,教育成为一种可供选择的有价商品,当你付出更多价格时就能享受相对好的教育,反之,教育起点的公平仅仅是满足最基本的"托儿"教育。对于移民村的学生而言,已经产生了不同教育价值取向,学习成绩好的同学认为教育能让他们改变现在他们家庭的现状,多赚点钱,减轻父母的负担,这是他们最为朴素、真挚的想法,却陷入了功利主义的桎梏,让人深思。教育的目的应该是启发心智,发人向善,实现其全面的人格发展;但在农村基础教育城镇化的背景下,农村学生的教育文化观念根据自身的现实体验已经演变成自我的价值选择,他已不再以国家和政府的教育文化观念为转移。而对于那些选择辍学的学生而言,教育的价值取向已不能左右他们外出打工挣钱的脚步,他们早已挣脱失去教育的道德拷问,而寻求一个更为实际和功利主义的现实生活。

在教育移民的过程中,移民学生家长既希望孩子能享受到好的教育,又希望保留原有的学校,但教育资源的整合让他们只能选择到更远的移民学校去就读,这并不是村民主动意愿的选择,而是被动服从政府的"善意",他们何尝不希望政府能提升乡村学校的办学水平,让他们能在家门口享受平等的教育机会。但城里更好的教育资源无形中也吸引着村民把孩子送到城里去享受更好的教育。在调研的过程中,发现大部分的移民学生家长对教育移民政策是支持的;但也对教育移民政策提出一些改进意见:一是认为应当保留原有的教学点;二是认为教育移民政策还存在很多亟待改善的地方,如移民学校的配套不足(如校车、住宿、伙食等),移民学生教育成本的增加,少数民族移民学生的生活学习压力大,学校管理制度不健全等。为了进一步了解移民学生家长对教育移民的看法,我走访了几所撤并的移民学校,昌江思源学校校长曾特意推荐我去看看变化最大的大仍村和生态移民试点的水富村,两个村都给我留下了深刻的印象。

二、移民学生家长个案

大仍村

　　大仍村隶属昌江县七叉镇,属于少数民族黎族村寨,该村离石碌县城有 30 多公里,离七叉镇有 6 公里,交通较为闭塞。该村有 368 户,共 1680 名村民,其中贫困户 132 户,五保户 6 户,低保户 19 户;村民主要收入靠种植水稻、甘蔗、割橡胶,农忙过后主要靠外出打临工补贴家用,主要是到省内大城市做涂料工、泥瓦匠,行情按 180 元/天,因为打临工可以日结,比较方便,所以村民中有 300 多名男人在农忙后都外出打临工,为小孩挣学费。据居委会罗主任介绍,该村年平均收入只有 3850 元,除开低保户和困难家庭,大仍村一般劳动力家庭的年收入在 2 万—3 万元之间,主要靠种植和打临工,一般是 5∶5 的比例,还有粮食直补按 120 元/亩由政府补贴,五保户政府每月补贴 200 元左右,低保户政府每月补 120 元左右;村民平均收入在七叉镇属于中上水平,但离石碌镇有较大差距。

　　该村原有一个 1—6 年级的完小,有 8 名教师,共 200 多名学生,在 2009 年昌江进行教育移民时把大仍村也纳入撤并范围,当时撤并时,村民的抵触情绪很大,村民的主要顾虑:一是低年级的学生年龄太小去县城读书,生活不能自理;二是交通不方便。后来政府通过与村委会做工作,承诺如果试行一年,不行再在村里建个学校。但移民学生迁到思源学校后,村民认为思源学校的教育让孩子有了变化,特别是行为习惯有了很大改善,小孩都开始说普通话了(以前六年级学生还是说黎话,因为以前教学点老师基本用黎话上课),会帮父母干活、懂事了。移民学生的变化让大仍村村民有了很大的改观,认为思源学校的教育比以前的学校管理、教学都要好,一致要求政府不要在村里再建学校了(教育质量的差距让村民对乡村教育失去了希望,他们宁愿付出更大的教育成本供孩子去城里读书)。自2009年搬迁后,学生考上高中的人数越来越多,以前大仍村四五年才出一个高中生,2009年全村移民学生有200多人,到2012年考上高中的学生有18人(其中1人因为家庭特别困难辍学),15人读职业中学;2013年考上高中的学生有16人,12人读职业中学;2014年有8人考上高中,14人读职业中学;2014年有20人考上高中,12人读职业中学;2015年考上大学的有17人;教育产生的变化让大仍村村民对孩子有了更多的期待,据村书记罗书记介绍,以前村里人经常打牌、喝酒、基本不出去干工,现在打牌的少了,喝酒的没有了,农忙一完,大部分劳动力都出去打工赚钱供小孩读书了,村风、村貌有了极大的提升。对思源学校校长孙玄给予了很高的评价,因为思源学校改变了该村的面貌,教育改变了孩子的命运。我随访了两名村民:

1. 村委会委员吉永辉,54岁,有四个小孩,两个小孩已经成家,一个小孩出去打工、最小的小孩今年高考,是村里今年考得最高分的小孩,并被录取为国防生。小孩一考完就出去打临工了,为了减轻家庭负担。他的主要收入是靠种植甘蔗,他有10来亩甘蔗地,一年甘蔗收入大概有个1万多元,其他的就靠外出打临工,由于他爱人身体不好,每年大概要3000—4000元的医药费,按条件属于村里的低保户,但由于是村委员,不能享受低保待遇。农忙时候主要靠外出打临工,他小孩每月的生活费大概要500多块,供一个小孩基本还可以。小孩也较为争气,在学校上学,周末也外出打临工,成绩不错,让他很满意。

2. 村委会委员刘志荣,38岁,有三个小孩读书,该村像他这样两三小孩读书的是正常情况;一个今年考大学,老二读高二、老三读初三,每个月老二、老大要 1000 多元的生活费,老三每个星期给 30 元零花钱,加上生活费等,三个小孩一个月的费用要 1500 元左右;一年得 1 万多元,他家庭收入的 70%用于小孩的教育了,但觉得教育很重要,希望小孩考出去,他主要也是靠种植甘蔗和橡胶,以及外出打临工,一年收入大概是 2 万多元。

村里主要反映的问题有:

1.希望政府能给移民学生陪读家长一定的补贴。大仍村目前在思源学校就读的一年级学生有 10 多个孩子,村里是按每周或者每月安排一个家长去学校陪读,各个家长之间轮换,帮孩子洗衣服、打饭等照顾生活起居,这个问题自 2009 年开始一直存在,因为一是思源学校没有生活老师的配置;二是小孩年龄太小,思源学校老师照顾不过来。

2.目前移民学生到思源学校有 30 多公里,每周五坐班车回家,周末坐班车返校,每次往返要 10 元钱,每个学生每月要固定 40 元的车费支出;班车是委托村里私人班车来接送,目前大仍村移民学生有 300 多人,每次接送要三四个往返,且每次都很挤,安全隐患存在。曾发生过一个二年级学生坐班车上学,在石碌镇临时下车买包子走丢了,这种事情让家长和村委会都很担心。希望政府能给思源学校配置班车。

3.大仍村没有幼儿园,幼儿教育存在很大问题。离大仍村最近的幼儿园在 6 公里以外的七叉镇,但是很多的大仍村村民觉得七叉镇幼儿园教学不好,都是说黎话。宁愿送到 30 公里外的石碌镇上幼儿园,每年的学费是 6000 元/学期;价格不仅高,也很不方便,但村民宁愿多出钱也不愿送到七叉镇,目前大仍村适龄幼儿园有 30 多人;村民对待教育有些偏执,认为教育条件好些,小孩会有出息些。

4.闲置的校园,2009 年撤并后的校园已经荒废,变成了养鸽子场,占地大概有 20 多亩。一是该校园资产属于县教育局,二是该块地原本用来建新学校置换的,但由于后来不再建新学校,该校园一直闲置,很是可惜,问是否可以建成幼儿园。村民觉得这需要政府的努力和支持。

水富村

水富村的添喜学校 2005 年建成,2006 年移民学生整体搬到添喜学校,添喜学校由民营企业主投资兴办,有两层校舍,6 个教室,有操场,目前有学生 34 人,有 6 个年级,6 个班。村里没有幼儿园,村里小孩上幼儿园要到 7 公里以外的石碌镇幼儿园上,或者村民自己安排。当问到为什么学校规模那么小,没有实行教育资源整合搬迁?林书记的回应说,政府提出把添喜学校整体搬迁到县城,但村委会考虑再三最后决定只把添喜学校的 4—6 年级合并到石碌镇小学去。村委会回应政府的理由有三:一是村里处于工业园区,旁边都是工业大道,小孩子上学交通不便,怕有安全问题;二是整合学校学生将到 7 公里外的学校就读,上学很不方便,家长抵触情绪比较大;三是村里盖的学校是村里多方筹措社会资金建设的,考虑到村民和企业捐资者的情感,不能让学校荒废,即使现在的教学质量不好,村里还有个文化中心。相比较生态移民前,学校教育出现了两极分化。一是在 2009 年前,水富村没有 1 个大学生,2010 年至今已经有 11 名大学生,升学效果较为明显;二是适龄辍学的学生也存在一定的比例,他们大多放弃去就读职业中学,认为“读职业中学无用论”的思想在一定程度存在,由于没有技术、没有知识,他们的就业出路只能成为城镇加工厂工人,或者沦落为社会的失足青年,必然给村委会和地方政府造成一定的社会负担。

可见,教育移民政策给移民村庄带来了翻天覆地的变化,主要表现在移民村庄的经济收入、基础设施条件、教育质量都较以前有较大的提升;实现了农村村民向城镇化居民的身份转变,改变了以往的生产与生活方式,农民的生产生活已不再局限于靠山吃山的自然状态,而是转移成城镇的产业工人。这种身份的转变,既是城镇化的应有之义,也是社会发展的趋势。但是,在城镇化的过程中,乡村教育大多面临着撤并的命运,突出表现在政府教育资源效率的功利主义倾向,把大多数的乡村学校整合到城市学校,打造城市教育中心,让很多的移民学生只能变相地付出更大的成本代价去享受优质教育。同时，乡村也表现出对辍学现象的无奈，特别在城市功利主义思潮影响下，乡村辍学生和家庭认为"读书无用论"占据一定的比例。在城乡教育一体化的冲击下，乡村教育的两极分化，使得乡村教育逐渐迷失了启发心智、以学生为本位发展的初衷，而更为突出教育的升学主义和功利主义倾向。乡村文化已被发展主义和城市中心主义的功利所侵蚀，追逐经济利益的驱动把原有的乡村教育传统观念冲击的支离破碎。在城镇化的建设中，忽视乡村教育的现象显得尤为突出，突出基础设施、经济收入以及生活方式转变，而弱化了乡村教育的功能，忽略人的培养和全面发展，也就缺失了城镇化的可持续动力。目的的本末倒置，反映出乡村教育在城镇化价值取向中的边缘地位；也表现出乡村教育在城镇化发展中的工具价值属性，使其成为城市劳动力的加工厂，由此引申出农村城镇化的命运不过是扭曲的、变相的、被包装的城市贫困命运的恶性循环。乡村教育的应有之义，应回归到乡村人口的素质培养和心智全面发展上，它应成为引领乡村文化的复兴之源，更是城镇化取之不尽用之不竭的创新动力源泉。

总的来说，乡村移民学生家长认为教育移民政策的总目标设定是符合村民的教育利益的，但对于政策的执行认为还有很多亟待改善的问题。这些问题的发生显示出教育移民政策的目标设想与现实还存在一定的差距；即使我们把教育移民场域中的问题进行了以上理论的简化，仍可以看出目前呈现的问题面临着多重矛盾的冲突和多样化的演变状态。如在调研过程中，我们发现有些移民村庄虽然实现了村庄教育史上的突破，涌现出一些大学生；但同时也出现了很多年轻的辍学生，这些学生大多闲置在家，既不想干农活，又不想出去打工，眼高手低，无所事事，村委会有时对这些年轻人也很难教育和管理，这无形中给乡村治理增加了更多的困难。谁曾想到，教育移民的政策善意在给乡村教育带来变化的同时，也造成了乡村教育的两极分化和差异化。以上的理论探讨以及提出的国家意志及科层组织逻辑、移民学校校长的理性选择逻辑、教师职业发展的价值逻辑、移民学生及家长享受教育的逻辑为我们大大简化了教育移民政策场域中的复杂性，我们可以发现教育移民政策背后有着多重机制、多重主体之间的互动关系，同时，这种互动关系的复杂性也制约着教育移民政策以后的可持续发展,而这将是教育移民政策一种内生性的特点和运行轨迹。

第四节　结构场域中主体内在逻辑的
互动关系及博弈

本章通过对海南不同地区教育移民政策过程中的个案事例,从不同主体的内在行为逻辑来认识和解读其所呈现的多重矛盾冲突和利益博弈。从教育移民政策的实施来看,海南少数民族地区所实行的移民政策与全国其他地区的教育移民情况有许多的类似之处,但我们尽量不从政府单一的角度去阐述和理解这一现象,因为它未能充分地展现教育移民过程中不同主体之间的行为逻辑及其表现出来的丰富内容,通过结构主义的分析框架,能让我们较为动态和深入地对教育移民政策过程中的不同主体之间的互动关系以及相互博弈有一个较为全面的了解。

一、教育移民政策场域中主体之间的利益博弈

在教育移民政策中,地方政府与学校、教师、移民学生及家长之间构成了教育政策执行的网络结构,他们之间的关系并不是行政科层组织的行政隶属关系,他们具有一定的耦合性和不确定性,相互之间由于教育移民政策的利益关系构成一个相对松散的结构场域;同时由于主体之间不同的利益诉求形成了一种相互制衡和妥协的社会关系结构。地方政府和教育部门是教育政策的重要的执行者,也是教育移民政策的主体,他们根据上级政府所设定的教育政策目标和核定的教育资源总量来重新划分城乡教育资源的分配布局;其行动的态度和逻辑行为取决于其任务环境中多重利益冲突目标中的各种代价和收益的总体权衡。从目前教育移民政策实施的效果来看,教育资源更多地投入到城乡学校的升级改造上,即在城乡建设规范化校园、乡村基础教育整体上移、整合城乡的师资队伍、提升城乡学校的后勤保障力度等;乡村学校开始大范围的撤并、优秀师资整体向城乡转移、乡村教育投入缩减等。这种效果的背后反映出政府认为通过教育资源的整合可以最大限度地发挥教育资源的利用效率,以实现少

数民族市县的教育跨越,争取在最短的时间缩小与发达市县的教育差距;还有一种可能是地方政府在城乡之间教育资源的取舍中选择最大限度地提高城乡教育资源的利用效率、通过整体移民的方式实现乡村教育的转移,这不仅契合了城镇化建设的需求,也满足了让乡村人口向城乡结合区的外向型转移。但教育政策实施所衍生出的新问题反映出政策不同主体之间的博弈导致了教育政策目标与实施效果出现了"偏差"(见图4-1)。

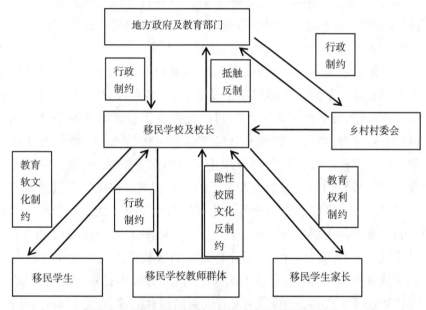

图4-1　教育移民政策不同主体利益博弈示意图

1.地方政府及教育部门与移民学校的利益博弈

地方政府为保障教育移民政策的顺利推进,通过行政命令、政策文本、人事晋升和教育资源分配对移民学校进行实质性的管理,我们可以统称为行政制约,以保障移民学校按照政府的要求完成既定的任务目标。而与此同时,移民学校认为政府的管理越俎代庖,过多的行政管理干预了教学,削弱了移民学校的治校自主权。移民学校承担了更多政府应该负担的学生安全责任、移民学生的安置规模和后勤保障难度,无法把主要工作集中在教学和教育质量的提升。移民学校校长既要提升教育质量、管理好移民学生、创新教学方法、做好学校的后勤保障等,还得在学校教师工作待遇与地方政府的利益博弈中做好沟通工作。当过多的责任转向移民学校,移民学校及校长也会选择一定的反制约手段。一是会选择性地执行上级的行政命令;二是与学校教师形成利益同盟,沉默抵制或者交给时间来解决,让教育政策落实成为"政策空传",无法落到实处;三是通过越级汇报的方式向省级教育主管部门进行情况反馈,已争取上级领导的支持。但这种方式更容易造成地方政府与移民学校之间的紧张关系,导致地方政府在财政预算、人事晋升及后勤保障上的反制。因此,在移民学校与地方政府的博弈中,很多学校目前都处于一种消极应对、疲于奔命的高原反应状态。

2. 地方政府与移民学生及家长的利益博弈

两者的关系是一种松散的、契约性的服务关系。地方政府服务的主体或者说政策的落脚点是移民学生及家长,政府通过教育资源的投入、移民学校的兴建、师资的引进其最终目的是服务于移民学生及家长。从政策的出发点来看,两者的利益契合应该是趋同和一致的。但教育资源的有限性让地方政府在政策的执行中更多地倾向了城镇,使得乡村学校的撤并重组势必影响到移民学生及家长的利益诉求。移民学生过早地寄宿学校、家长陪读、教育成本的上升使得移民学生及家长为了享受平等的教育权利不得不付出更多的成本。最为显著的变化是教育移民政策造成了乡村移民学生的两极分化,一部分有条件的家长积极支持让学生享受更好的城镇学校教育,即使付出再多的陪读时间和成本;另一部分移民学生及家长却选择了放弃,原因一是没有人去陪读和照顾,二是没有一定的经济能力去支撑。由此导致的乡村教育的两极分化,既不是教育移民政策设计的初衷,也有违教育公平的实现。虽然地方政府及教育部门与移民学生及家长的博弈在教育移民政策中一直存在,但移民学生及家长的经济和家庭情况各不相同,很难形成一定的政策合力,这种博弈在实际的执行过程中是弱势的,地方政府占有决定的主动权,移民学生及家长的教育诉求只能在沉默中妥协。

3. 地方政府及学校与教师群体的利益博弈

教师群体的利益诉求主要集中在城乡教师的待遇差距和晋升空间。当地方政府决定把教育资源向城镇倾斜时,乡村教师的撤并安置就一直是地方政府亟待解决的问题。目前乡村教师队伍的流失严重、老龄化趋势明显是目前乡村教育薄弱的症结所在。地方政府大多通过竞聘考试、期末考评、校长推荐等多种方式对乡村教师进行筛选,但无形中导致了乡村教师队伍中的优秀青年骨干教师从乡村流转到城镇,而剩下的老龄化教师既无法承担主要课程的讲授,也对乡村教育的多年奉献产生逆反心理。他们大多通过集体上访、向校长施压等方式向地方政府及教育部门进行申诉,在这种环境下,校长的职能显得尤为尴尬,地方政府及教育部门要求他做好疏导和安全稳定工作,教师群体要求他要为教师的权利而积极争取,如果校长不能得到教师群体的认同,校长的教学管理将受到隐性校园文化的反制约,即教师群体的消极应对和公然抵抗等。

4.地方政府及学校与移民乡村村委会的利益博弈

村委会是村民自治组织,是移民村民群体的代言人,乡村教育的发展直接关系到村民孩子享受教育的权利。当教育移民政策开始推广实施时,上级政府对地方政府及教育部门限定了布局调整的时间表和责任书,一级一级传导到村委会,在要撤并乡村学校时,村委会曾经积极反对,但通过地方政府及教育部门的宣传和沟通,大部分的村委会都服从了政府的安排,但要政府承诺如果教学效果不好,还要重新兴办乡村学堂。但现在集中的问题是:乡村学校已经撤并,要么辍学要么只能选择到更远的城镇上学。村民出现了两极分化,一部分有条件的家庭"飞走了",全家搬迁到城镇陪读;另一部分家庭如果没有条件只能选择中途辍学或者放弃入学。这种两极分化使得原有的乡村教育成为"文化空巢"。当地方政府通过行政制约等手段对村委会进行制约时,村委会也会通过一定的方式进行抵制反制约。如村委会动员村民家庭亲戚社会关系通过非正常渠道进行利益诉求,如有些村委会通过人大代表建言,希望加强乡村教育,鼓励移民学校加强校园管理等。也有部分村委会通过吸引社会资金在乡村办学校,让村民学生方便入学等。

二、结构场域中不同主体的互动关系

结构主义的分析视角的核心是重点关注教育政策过程中主体多重行为逻辑的互动关系,以及由此分析教育移民实施过程中所呈现出的问题,而不是从单一主体的角度去寻求教育政策的完善措施。如省政府在教育移民政策的推进过程中,其教育政策执行的一致性取决于地方政府及科层组织逻辑和学校组织逻辑之间的相互作用,如果我们不关注基层政府或者学校组织所处任务环境的成本参数,不关注移民学生和家长群体的教育成本,就无法解释各地在教育移民政策推进过程中行为方式改变的原因,也无法解释为什么有些地区可以有效地配置好校车,而有些地区却迟迟不能配置;学校组织和移民学生的内在行为逻辑在教育移民过程中所取得的成果取决于地方政府所提供的政策空间以及任务环境所诱导的地方政府政策支持倾向。因此我们不能孤立分割地看待某一机制,而应该从他们之间的相互关系中去认识它。

第一,主体之间的价值冲突。在教育政策场域中,政策总有着重要的价值取向,如主体之间的价值冲突,他们的价值观念都不同程度地通过教育移民政策影响到主体的行为逻辑,我们可以抽象地把他们称为隐形的文化权力影响,主体的价值观冲突在教育移民政策的执行过程中表现的尤为突出。可以说,教育移民政策提供了一个特定的社会网络空间为不同的主体在此时此地发生着相互作用,虽然大多数的时候他们的结构是相对松散的、间断性的。以地方政府推动教育移民政策为例,教育政策所呈现的主体教育价值更多是突出城乡教育一体化的价值倾向,在充分整合教育资源效率的基础上,满足更多的贫困孩子享受起点的教育公平。地方政府借教育移民政策自上而下的压力,在更大范围内把政策权力传导到学校组织和乡村中去,他们所秉持的是如何尽量去完成上级所布置的任务指标,大范围、大广度地对城乡中小学进行资源整合,表现出极为明显的教育功利主义倾向,而不是从本真的教育理念去思考教育移民政策如何为学生主体的全面发展而努力。所突出表现为教育资源效率价值与学生全面发展教育价值之间的矛盾和冲突,在学校集中表现为学校对学生重于管而轻于教,教师重视利益补贴而缺乏责任和奉献、重视学生安全而轻视道德教育、重视学生的升学而轻辍学,学生重视助学和补贴而轻视家庭观念和公民意识教育。因此,地方政府及科层组织的行为逻辑不仅受上级政府考核指标的制约,同时也受学校组织和移民学生及家长公平享受教育权利的影响。在教育移民政策实施的过程中,所凸显出的政府及科层组织逻辑、学校校长的理性选择逻辑、教师的职业发展逻辑、移民学生及家长享受教育权利的逻辑的相互运动关系,为我们较为多维地呈现出教育移民政策复杂性和多样性,也就不难理解教育移民政策在各地实践过程中所表现出的差异性,也能够解释为什么有些地区在推行教育移民政策出现"中梗阻",或者是出现在乡村教育资源整合过程中,过于突出资源效率而忽略学生教育全面发展的价值偏离。

第二,通过结构主义的分析框架让我们能更微观地了解到教育政策过程中主体之间的相互关系,使教育政策的研究建立在更为具体可察的实际事例基础上,让我们能较为动态地分析教育移民政策给主体所带来的行为逻辑的变化。从社会结构的互动关系来看,教育移民政策在给予各主体政策关照的同时,各主体也从自身所处的任务环境中进行理性的行为选择,特别是面对自身利益博弈的过程中,表现出不同形式的应付或者消极抵抗的状态。如地方政府在面对上级政府的政策压力时,会有选择地结合自身的实际情况,与学校组织和乡村组织形成"共谋"的抵制方式,有选择地让上级仅仅看到教育移民政策所取得的成果,而忽略其存在的问题,或者通过有选择地呈现问题,争取上级的政策倾斜和资金支持。为了能较为清楚地阐述各主体之间的博弈关系,笔者把教育移民政策各主体之间的相互关系通过表4-2进行展示。

表4-2　教育移民政策场域中不同主体的利益博弈图

教育移民政策的主体	学校组织	教师群体	移民学生及家长群体	乡村村委会
教育移民政策显性目标	中小学的布局结构调整; 教师队伍重新安置; 外来校长的引进; 教学制度规范文件的落实	教师待遇的提升; 教师职业发展的规范化; 教师师资队伍的合理化	提供更好的上学条件; 提高教学水平; 给予移民学生政策补贴; 提高移民学生的升学率	乡村学校的撤并
博弈的关键点	教育资源整合及移民学校治校权	乡村教师的安置; 本土与外来教师的理念冲突	享受优质教育的成本代价	家庭承担的教育成本与优质教育之间的平衡

教育移民 政策的主体	学校组织	教师群体	移民学生及 家长群体	乡村村委会
各主体消极抵制 的形式	对待上级改革的 消极抵制； 突出升学率的提 高忽视辍学率； 在上级政府与教 师群体之间寻求 利益平衡点	消极应付教学 改革； 对教育理念不 认同； 乡村教师的自我 认同与城镇教师 的差异化； 教师"走教"盛行	学生上学的方便 程度； 学生学习生活上 的不适应； 移民学生的自 我认同和身份 歧视； 表现出辍学、心 理问题、厌学、 打架等不良行 为习惯	把孩子的教育全 权托付给学校； 对学校提出额 外的服务要求； 把孩子学习不 好的原因归因 于学校和教师 的管理
导致的结果	知识权力体系中 学校主体权力的 缺失，缺乏应有 的治校权； 学校主体安全责 任加大； 影响教育移民政 策执行的效果	对教育理想与现 实的差距不认同； 消极应付或折扣 执行教学改革； 行政干预与学校 文化的冲突； 教学理念与实际 教学出现偏离	教育本真价值的 偏离； 学生家庭观念、 道德观念淡薄； 享受优质教育的 有偿代价超过其 承受的范围	移民学生家庭 教育的缺失； 教育成本的增 加； 对学校教育的 依赖； 乡村教育家园 的没落； 原有校园的闲置； 幼儿教育的缺失

如表 4-2 所示,教育移民政策在具体推进的过程中,各主体也面临着相互之间的利益博弈,其利益博弈的结果导致教育移民政策的压力在不同主体之间进行相互传导,如地方政府把移民学生的安置的安全和教学责任传导给移民学校组织,但并没有给予校长一定的治校权,学校组织只能在上级维稳要求的基础上,更加突出学生管理的责任和任务,而面对教学中存在的应付心理而无计可施,从教育本真的理念来看,教育落实为了学生的全面发展在执行中出现了错位;使得学校组织在上级政策要求与教师群体的价值观念上寻求一个平衡点。从教师群体来看,教育移民政策对他们的重新安置导致一部分教师只能驻守在乡村学校,成为真正的"走教"教师,乡村教师的身份认同感不高,并且出现了较大的身份错位,特别是部分地区对乡村教师与城镇教师的差别对待,导致乡村教师选择消极应付的状态来抵制学校的教学改革任务;地方政府对乡村教师安

置考虑的不足,以及乡村教育与外来校长之间的理念冲突,导致教师不能尽心地放在教学上,更多地呈现出应付教学,人浮于事的工作状态;而与此同时,学校管理的规范化超出了学校组织的权利范围,校园文化等软环境亟待加强建设。从移民学生和家庭的角度来看,教育移民政策在给予移民学生更好的教育条件、更多的政策补贴的同时,也无形中提高了移民学生的教育成本,让移民学生家庭只能付出更多的成本代价来享受更好的优质教育;但是乡村教育的缺失,使得移民学生在城镇学校面临更多的压力,如身份歧视、基础薄弱学习跟不上,导致很多移民学生出现较大的逆反心理,如打架、酗酒、破坏公物、心理问题等等;这些问题的涌现应该有多重的问题,但家庭教育缺失、家庭道德观念淡薄、乡村基础教育的薄弱应该是重要的影响因素。从教育本身的最后落脚点来看,教育移民政策虽然提高了移民学生的升学率,但也出现了较大的辍学率,其教育的真正目的并没有落实到帮助移民学生树立良好的行为品德和健康的公民意识上,使得移民学生在教育移民政策中出现了教育的两极分化。从乡村教育的角度来看,其博弈的焦点在于村民是否能够承担起移民的教育成本,他们在学校撤并的同时,必然面临着在有偿优质教育与辍学之间选择的尴尬,大多数移民学生从一年级就开始寄宿,他们过早地独立生活,导致他们家庭观念的淡薄、道德教育的缺失,有些家庭不得不全程在城镇选择陪读,无形中增加了移民学生的家庭教育成本;还有些家庭教育观念淡薄,把移民学生全程托付给学校,导致学校教育越俎代庖,安全管理责任加大;而与此同时,由于乡村学校的撤并,导致学校资产的闲置,幼儿教育的缺失,乡村教育文明呈现出没落的萧条景象。

　　通过多重主体的互动关系,我们能更深入地了解教育移民政策所呈现出的矛盾关系以及存在问题的复杂性,也能更清晰地分析出不同行为逻辑背后所面临的制约机制以及相互影响的结构关系。结构主义的分析视角为我们较为动态地把教育移民政策的内生性的逻辑关系展现出来,如果我们仅仅局限于政府的政策逻辑,我们就无法解释乡村教育在不同时间和地点所发生的变化,也无法解释教育移民政策在提高升学率的同时,为什么会出现移民学生的集体辍学等问题。因此,我们在关注教育现象的同时,一定要深度地分析教育移民政策背后的内在逻辑关系,一是教育政策主体的价值利益诉求是否契合,只有在寻求到价值认同的最大公约数时,教育政策的执行才能取得较大的社会和经济效益;二是教育政策场域所衍生的主体的结构关系本身就是一个相互影响、相互制约的社会网络,他们在政府教育政策逻辑的压力下相互影响和相互制约,当政府政策逻辑影响到主体的自身利益时,主体的利益博弈会影响到政府政策的执行效果,出现主体之间的"共谋"抵制或者部分主体的消极抵抗,这将会导致政府政策出现"中梗阻"或者出现教育价值目标在执行过程中出现偏差。因此,在教育政策的研究过程中,国家政府意志、地方科层组织逻辑、学校校长的理性选择逻辑、教师的职业发展逻辑、学生及家长的享受教育逻辑是影响教育政策的重要因素,他们之间的相互作用以及利益诉求要在一定的程度上反馈到政策的制定上,才能保障教育政策的执行不再出现价值的偏差。

　　结构主义的分析框架的重要意义是引导我们从更为广阔的社会背景来认识教育政策场域中制度变化,虽然政策场域中的主体关系是松散的、间断的,但他们所诱导的行为方式必然影响到教育政策主体的行为变化,我们在分析各个主体行为逻辑的同时,也要充分地考虑到他们所处的特定历史背景和初始条件,这意味着我们如果只停留在抽象理论或者政府政策逻辑的角度,将无法对所发生的现象给予更令人满意的解释。通过教育移民政策的个案分析,我们能够推导出教育移民政策的内生性逻辑,以及这一政策实施所导致的结果的因果机制,从理论上为我们对宏观政策和微观行为之间建立起一个有机的联系,更为我们研究教育政策提供更为坚实的实证基础,从而更好地解释不同历史背景下教育政策所涉及的多重主体逻辑及其相互作用。

第　五　章

教育移民政策存在的问题及归因分析

　　海南省教育移民政策自 2009 年实施以来,在城乡教育一体化建设的背景下,突出教育资源效率和教育公平的教育理念,针对全省 14 个县市进行了大范围的教育改革,通过撤点并校把地处偏远农村的中小学生整体迁移到教学条件更好的城镇上学,不仅让少数民族地区的贫困学生享受到更好的教育条件,也大大提升了移民学生的升学率和就业出路,使得移民学生通过教育移民的渠道实现了向上流动,也使得移民家庭通过教育的扶贫功能实现了整体移民城镇的外向型迁移。从经济和社会效益上来看,教育移民政策为少数民族贫困地区斩断思想贫困的穷根发挥了重要的作用,促进了贫困地区移民尽快地融入城镇生产和生活,也为城镇经济社会建设提供了不竭的人力资源。从教育场域来看,教育移民政策大大提升了各市县教育水平的提升,为中小学高水平教学师资队伍的建设、省级规范化校园的建设起到了积极的促进作用,也让少数民族贫困地区的学生实现了梦寐以求的大学梦;教育移民政策不仅改变了移民学生的命运,也给少数民族贫困地区的教育发展起到了极好的示范效应。总的而言,教育移民政策是当地政府结合实际情况针对少数民族贫困地区发展推行的一项得民心的系统工程,它为少数民族地区的教育扶贫、经济发展、文化建设等都起到很好的促进作用;这既反映了政府补齐经济社会发展短板的决心,加强了对弱势贫困人口的社会兜底保障,为我国 2020 年实现小康目标,不让一个贫困人口掉队提供了很好的实践经验;也为少数民族贫困地区实现教育跨越式发展,促进城乡教育一体化、保持城乡教育均衡发展提供可供参考的宝贵经验;也极大地丰富了少数民族教育理论研究和适用范围,为我国推进县域内城乡义务教育一体化改革提供了很好的经验素材。

为了更好地完善现有教育移民政策,本章在现有研究的基础上,从城乡教育一体化可持续发展的角度上,针对不同主体所呈现出来的问题和矛盾冲突,本着教育发展规律的内在要求,实事求是地对所产出的问题进行分析,以期为政府完善现有教育移民政策提供有益的政策参考和建议。

第一节　海南民族地区与非民族地区教育移民政策存在的共性问题

通过对教育移民政策的内在逻辑分析,我们可以较为全面地发现教育移民政策过程中不同主体在教育场域中的内在矛盾冲突和利益博弈,但在实际操作的过程中,政府主导的主体地位并没有改变,政策的完善还需要政府结合不同受众体的利益诉求在现有政策的执行中不断纠错和完善。海南教育移民政策在推行的十年间,政策实施范围从民族地区向非民族地区不断推进,其所取得的成绩已经得到社会和民众的认可,但教育政策的实施还需要久久为功的耐心和不懈的坚持,才能达到其预想的目标。现在各市县教育主管部门和移民学校已经出现一定程度的“高原反应”,教育移民政策实施到现在已经出现发展瓶颈,地方政府、教育主管部门和移民学校在现有成果的基础出现了一定程度的懈怠心理,这种心理上的变化更多是对现有政策所衍生出的问题而不知所措所致。究其根本,这些问题的解决既有体制机制上的障碍,也有自身利益诉求不能得到满足的抱怨;更重要的是这些问题的解决需要各方达成价值认同的共识,需要各主体相互作用、协调配合才能保障教育移民政策得以持续有效地达成既定的目标。为了更好地促进教育移民政策的完善,课题组在现有研究的基础上,对民族地区和非民族地区存在的共性问题进行梳理分析:

2014 年海南省教育厅针对 15 个移民县市①的教育局和移民学校组织座谈会,让各市县针对目前教育移民推进过程中存在的问题进行汇总反馈,从反馈的情况来看,民族地区和非民族地区虽然在推进教育移民过程中的方式有所不同,但反馈的问题主要集中在学校管理、经费保障、人事编制、教师待遇、学生管理等几个方面,其中民族地区存在的问题更为严重。

一、学校教师缺编与超编并存

15 个县市关于教师问题主要集中在以下几个方面:

1. 各县市教师缺编与超编并存现象严重

如定安县现有人口 33 万人,省编办给予定安县 2801 个教师编制,而定安县现有教师 3257 人,还有 176 名师范毕业生遗留问题人员没有入编,超编人数如果按自然减员,需要 8—10 年时间才能消化,也就意味着该县 8—10 年不能招聘教师。而与此同时,东方市 2012—2013 年计划招聘 130 名教师,但真正招聘到校仅有 93 人,比计划招聘人数缺 37 人,为了保障学校正常运转,县政府利用县财政聘请 8 名代课教师,才勉强保障开课,而民族地区市县更面临着学校撤并后的教师安置问题,如乡村教育的超编安置,副科教师严重不足等问题。

2. 教师利益问题

主要突出在两个方面,一是反映引进教师调动手续繁琐、承诺待遇不能及时发放。如澄迈县、屯昌县反映引进教师调动手续繁琐,配偶工作与户口随迁子女学籍难办,引进校长和教师的津贴、交通和降温补贴等未能及时发放;民族地区陵水自治县反映新进教师的住房紧张。二是教师工作量大,待遇上不能给予体现;各市县反映移民学校由于教辅人员缺编严重,很多教师身兼数职,工作量大,但待遇上没有体现,教师有抵触情绪。三是教师两地分居问题,部分市县反映引进教师和乡村教师的两地分居问题未能有效解决,影响教师的积极性和稳定性。

---

① 海南省教育移民政策实施的 15 个县市包括:白沙黎族自治县、保亭黎族苗族自治县、昌江黎族自治县、澄迈县、儋州市、定安县、东方市、乐东黎族自治县、临高县、陵水黎族自治县、琼中黎族苗族自治县、屯昌县、万宁市、文昌市、五指山市。

3. 教辅岗、工勤岗严重不足

各个市县都不同程度地反映撤点并校后,移民学校的管理面临着教辅和工勤人员不足的问题,特别是校医、保安、宿管等工勤人员缺编严重,这些问题的主要症结在于移民学校的管理经费紧张,而地方政府对于公益性岗位的资金预算不能及时拨付,导致学校教师工作负荷加大。

二、经费保障严重不足

15 个县市的教育移民学校都不同程度地反映存在经费保障不力的问题。主要表现在以下方面:

1. 寄宿制学校与非寄宿制学校应执行不同的义务教育经费保障政策

目前各移民学校大多是寄宿制学校,寄宿制学校的管理不仅增加了水电费、生活设施维修费、后勤服务人员的工资等,其运营的成本明显高于非寄宿制学校,目前把移民学校执行跟非寄宿制学校一样的义务教育经费保障政策,明显不能满足寄宿制学校的经费要求。

2. 学校基础设施维护和建设资金不足

目前有些移民学校已经运行了 5—6 年,有些学校配备的多媒体电脑、水电设施、楼房等都出现一定程度的老化和损害,还有些学校计划修建的教学附楼、校园附属绿化工程、多功能阶梯教室等由于后续资金问题一直未能及时建设和维修,严重影响了学校教学有序展开。如民族地区琼中自治县教育局反映该县自 2009 年以来,为建设两所思源学校,县政府已配套建设资金达 7780 万元,但目前计划的运动场、大型阶梯教室、校园附属配套绿化工程、教学楼维修等还缺乏建设资金达 1200 万元,如果单靠贫困市县自身的经济财力,如期建设将非常困难,期待省政府协调解决资金问题。

3. 学校公用经费紧缺

移民学校所反映的公用经费主要是用于寄宿制学生安装太阳能热水器、食堂宿舍维修、教师职业培训等,如屯昌县政府反映该县移民学校以上一年的水电费将近 40 万—50 万元,食堂宿舍维护需要 30 万元,教师培训学习需要 15 万元,这些费用已经占到学校全部公用经费的 75%,如果学校再出现教学设施维护、校车配备管理、教师培训及加班补贴等,就无法确保学校的正常运转。而民族地区移民学校由于县政府财力的不足,更显得难以维持。因此移民学校提议省政府尽快出台全寄宿制学校公用经费标准,以保障移民学校的经费及时到位。

4.托管学校工作的经费保障不到位

目前各市县采取以移民学校托管1—2个乡村学校的管理模式,各市县虽然预算一定的托管经费予以保障,但实施过程中,托管经费显得明显不足。如屯昌县反映县财政每年预算30万—50万元作为托管学校工作经费,以帮助乡村学校提升教学水平和质量,但托管指导老师培训学习、交通和生活补贴,以及托管学校的配套建设等资金并不能及时到位,教育局反映2014年屯昌县由于财政困难根本就没有把托管经费纳入预算,更谈不上保障对托管学校的师资培训。

5.教师培训经费不足

目前各移民学校的师资有很大一部分是从乡镇学校撤并过来的中老年教师,还有一些是新引进的青年教师,这些教师的教学水平需要不断地加强业务培训,而目前学校的师资培训经费相当紧张,外派教师或者邀请专家来校指导的难度都很大,特别是学校向上级主管部门申请举办外出学习,教学比赛、拓展中青年教师培训等项目,都需要后续资金的支持,而单靠学校有限的财力很难以给予保障。

三、生源质量问题堪忧

关于生源质量的问题集中反映在移民学校接受的移民学生入学质量太差,以屯昌县思源学校为例,该校2012年录取的分数段为25分,但移民学生到校读书的学生有些仅有14分,50分以上的仅有150名学生。2013年高中录取最低分为375分,500分以上只有200名,学生整体文化素质基础较差。而且由于部分市县取消了移民学校的招考制,而采取了推荐制,导致乡镇学校有意保留生源较好的学生,而推荐分数较低的学生,导致移民学校的生源质量更低,教师的教学压力较大,且不利于学校的教学水平的提升。

四、学生生活服务保障有待加强

关于移民学生的问题主要集中在：

1. 应提高对移民寄宿学生的贫困补助标准。如定安县反映该县移民学生按照省财政的补助标准，小学生每生每年 750 元，初中生每生每年 1000 元，交通费每生每年 160 元；按在校 10 个月时间计算，小学生月补助仅有 75 元，初中生月补助仅有 100 元，如按移民学生每天的伙食 10 元计算（两正一早），每月基本的生活消费也得要 200 元，如果一个移民家庭有 2—3 个孩子上学，其每月负担的生活成本将达到 400—600 元，这对于很多贫困地区的移民家庭而言是个不小的负担；其中民族地区白沙自治县提到希望政府的贫困补助不要按照人均发放，而应该根据移民学生家庭的贫困程度和需求来发放，他们认为这样能够保障贫困补助能真正帮助那些深陷贫困陷阱的学生，贫困补助也更加公平和合理。

2. 移民学校反映大多数移民孩子正处于身体发育阶段，每天不到 10 元的伙食费补助让学生的营养很难跟上，希望政府考虑免费提供营养餐给贫困学生。

3. 希望给移民学生配备校车，民族地区移民学校反映大多数的移民学生都来自全县的偏僻乡镇，离学校路途较远，有些学生需徒步 10 里山路才能到集镇乘车，每周末放学，接送的公共交通较少，车辆严重超载，安全隐患多，需要政府解决学生乘车难的问题。

五、学校的办学自主权的"悬空"

大多移民学校校长反映在学校的办学自主权上，校长有名无实，特别在关于师资引进、经费使用、教学改革、后勤管理等方面都受到地方教育主管部门的掣肘，如东方市移民学校反映假期想组织骨干教师进行教研培训，但由于要向教育主管部门申请资金配备因久拖不决最后无疾而终，还有学校申请维修体育设施、校园维护等也由于地方政府主管部门的层层审批最后也难以得到有效维护。移民学校校长突出反映希望政府能从政策层面上真正下放管理权限，允许学校根据具体情况自主创新管理并制定教师激励机制；鼓励学校通过民主集中的原则讨论教学改革方案报请上级主管部门备案,校党委可根据学校实际情况厘定学校特色发展方向,制定适合教师发展的激励机制;由学校自主根据实施方案去推动教学改革,并给予学校领导一定的人事调配权和项目资金的自主权。地方政府和教育主管部门可根据学校提请的教学改革的方案和目标进行监督考核,在政策和管理体制机制上给学校适度地松绑,激活学校的教育资源,提升教学管理水平。

以上是 15 个民族地区和非民族地区市县教育局和思源学校集中反馈的共性问题,大多是从地方政府、教育局和思源学校组织的角度反馈教育移民政策不够完善的地方,主要集中在思源学校的资金缺口、学校领导的办学自主权、师资管理的遗留问题、学生的贫困补助和校车配备等方面;从各市县针对教育移民政策所反映的问题来看,地方政府、教育局和学校组织更多地希望上级政府组织能给予他们更多的资金支持、适当的剩余裁量权和治校自主权,在争取上级政府的政策支持方面,他们的利益诉求是一致的,而民族地区相对于非民族地区资源更为薄弱,显现的问题也更为突出。而这些问题的解决不仅需要从体制机制、人事制度、资金投入等多方面进行调整,还需要上级政府从他们面临的困境中去完善现有政策的不足,并调动他们的积极性,以保障教育移民政策按照既定的目标发展。

第二节　海南民族地区教育移民政策存在的问题分析

在教育移民政策的实践过程中,民族地区是政策全过程实践的主要试验区,不管是政策覆盖的广度和执行的深度都远远大于非民族地区。相对而言,其与非民族地区的主要区别在于:一是从政策的发生原点来看,教育移民政策从最初的设计和试点就是根据民族地区的深度贫困开始着眼,从移民村的整体迁移、移民村的征地置换和村民的生存就业、移民学校的建设和移民学生的安置,再到移民学校的撤并重组、移民村民的生态补偿和移民学生的生活补贴,以及移民学生的就业安置等,无不是围绕着民族地区的深度贫困来制定。二是从政策执行的覆盖面来看,全省六个民族贫困县市全部涵盖,并依托民族贫困县市的试点经验向非民族地区开始推广。民族地区相对于非民族地区而言,其一贫困的深度和广度相对严重;其二大多居住在生态条件恶劣、交通极为不便的偏远地区;其三民族地区的贫困是根源性的人的贫困,并衍生成群体代价的恶性贫困循环。这也是教育移民政策的重点所在,突出教育的扶贫功能在民族深度贫困地区的全面开展,培养人的素质和技能,改变其恶性贫困的生活观念和方式。三是从教育移民政策的内容来看,民族地区的少数民族学生基本都纳入了教育移民的政策范畴,除居住在生态贫困区的整体移民到城镇外,其他民族地区的教育移民根据村民意愿都移民少数民族学生,乡村教学点撤并或者部分保留,乡村中心学校和完小基本都纳入全省中小学的布局结构调整中,实行整体上移。移民学生从三年级以上开始整体住校寄宿,周末由校车接送往返。同时民族地区移民学生享受全额的助学生活补贴和交通补贴,以保障移民学生的迁得出、留得住。而相对于非民族地区而言,学生不享受移民的生活和交通补贴,并且城镇新建的移民学校(思源学校)和民族中学限定接纳民族地区教育移民学生,部分接纳教学片区内因布局结构调整影响的贫困学生,包括孤儿和单亲家庭孩子,这些城镇孩子大多不住校,属于走读生,也不享受交通补贴。而非民族地区因布局结构调整的汉族学生都纳入到县市中心学校层级序列,学生不享受教育移民政策的政策补助和政策优惠。四是民族地区教育移民学生培养与职业教育的无缝衔接,移民学生如升不上高中,可免试免费入读县市职业中学,由政府全程资助对接,在职业中学培养毕业后由学校推荐就业。五是城镇教育移民学校(思源学校)的建设和规划由省级政府统筹主管,包括学校的建设、师资的引进、学校校长的选聘、教师的培训以及师资待遇和编制的划定等。地方政府按照一定配套比例出资建设和维护,并由县政府驻点委派一名工作人员协助处理相关教育移民问题。因此,总的来说,教育移民政策的主要政策区域集中在民族地区,非民族地区虽纳入全省布局结构调整之中,但并不享受教育移民政策的政策补贴和优惠。相对于非民族地区而言,民族地区由于教育资源的不足和基础设施条件的落后,以及地方政府财政负担等因素影响,其反映出的共性问题也更为严重。

　　为了进一步分析海南民族地区教育移民存在的问题,笔者通过深入民族地区的调研走访,发现教育移民政策虽然给民族地区村民的生活观念、生计方式和教育观念都带来了积极的变化,但也存在着一些不容忽视的新问题。

一、民族地区乡村教育的两极分化

　　从教育资源的均衡发展来看,教育移民政策虽然通过撤点并校整合了乡镇学校,集中资源做大做强了城镇学校,最大化地发挥了教育资源的效率,但也产生了一些新的问题。这些问题在民族地区显得更为严重。

　　1. 新的校际差距的产生

　　所谓新的校际差距主要集中在城乡学校之间的新差距,如各地通过教育资源的整合,政府通过集中优势资源大量投入到城镇中小学校,而乡村学校的整合仅仅是实现了资源的合并,并没有得到城镇学校同等条件下的资金投入;他们的弱势和边缘的地位并没有在教育移民政策中得到凸显,所产生的结果是现有乡镇学校与城镇学校的新的校际差距。主要表现在乡村学校相比城市学校的教学设施落后、教学条件不足、师资水平不高等方面;特别是在师资安置上,更多是把教学能力较弱、被城市学校筛选后的中老年教师安置到乡镇学校。从生源质量的录取来看,各城镇学校从乡村学校录取的学生的平均分数基本反映了乡村学校的教学水平和学校管理能力;乡村学校的教学质量并没有在教育移民政策中得到较大的提升,反而在与城镇学校的比较中形成了巨大的反差。

　　2. 乡村有条件的农村家庭"飞走了"

　　有鉴于乡村教育水平的落后,在农村地区很多的家庭开始有选择地集体迁移到城镇工作和生活,希望把孩子送到城镇享受更好的教育条件。但这种有经济条件家庭的整体迁移造成了乡村教育的两极分化,有条件的家庭把乡村的田地承包给村民,举家搬迁到城镇打工生活,有选择性地为孩子提供相对较好的教育条件;而乡村中因为各种原因不能搬迁的家庭只能选择相对城镇较差的教育条件,这种新的教育代际分化,导致城镇教育变成了一种有偿的优质教育;具体体现在如果村民要享受较好的教育条件,就需要付出更多的教育成本代价把孩子送到城镇上学,反之,你只能被动地选择条件相对较差的乡村教育。导致乡村教育两极分化的结果,显然违背了教育移民政策中教育公平理念的初衷,但现实是城乡教育质量的差距却迫使着乡村村民在城乡教育差距之间进行艰难的选择。

3. 辍学率的提升

教育移民政策虽然让学生的入学率提升了,升学率提升了,但也让民族地区乡村移民学生的辍学率提升了。从民族地区各移民村庄的调研来看,教育移民政策使乡村村民对教育的重视程度较以往有较大的提升,但随着乡村学校的撤并,很多的移民学生过早地寄宿生活,家庭教育对其的影响并不能起到很好的管束作用,大部分的辍学学生集中表现在初中阶段,并有集体辍学的现象;有些移民村庄的辍学比例达到移民学生总数的20%以上,且很多初中毕业未升上高中的学生大多放弃去就读职业中学,而过早地选择外出打工。为了解各地辍学的情况,我特意选取了昌江黎族自治县 2008—2010 年昌江中小学入学情况做一比较分析,昌江2008—2010 年全县初中阶段的辍学率保持在 2.2%以上,以在校生总数来计,平均每年辍学的学生达 300 人以上(见表 5-1);高中阶段的辍学生数较初中阶段的辍学生数有明显减少,2008 年高中辍学生仅 118 人,且逐年递减;但从普通高中的入学率来看,2008—2010 年高中的入学率仅保持在 32%以上,这反映了有将近 57%左右的适龄学生没有考上高中(见表 5-2),这些学生是否都去读职业中学还是外出打工了,值得进一步的跟踪,但从昌江职业中学的录取情况来看(见表 5-3),其每年录取率仅为报考人数的 30%,录取的初中毕业生数每年仅为 1000 人左右,且 2012年录取人数仅为 650 人,按昌江每年应届初中毕业生 1400 人计算①,可以预测应该有上百的初中应届毕业生选择了辍学外出打工或者进入了城镇的加工厂工作,更有甚者沦落为社会无业游民,这势必给地方经济社会发展产生了不稳定的因素。

---

① 昌江职业中学所录取的学生大部分为应届初中毕业生,也有少部分的往届毕业生,以昌江县教育局提供的数据统计,昌江 2008—2012 年每年初中毕业生人数分别为 1402 人、1600 人、1633人、1397 人、1297 人,我们以平均值 1400 人为参照标准,扣除升高中的 30%和升职业中学的 30%,预计还有将近上百人选择了辍学。

表 5-1　2008—2010 年昌江县初中入学情况①

学年度	在校生	入学率	辍学率	辍学生数	农村平均班额	城区平均班额
2008	15020	97.6%	2.7%	405	61.9	63.5
2009	14691	97.7%	2.3%	338	55.9	61.6
2010	13138	97.45%	2.29%	301	53	53.4

表 5-2　2008—2010 年昌江县高中入学情况②

学年度	在校生	普通高中入学率	辍学率	辍学生数	平均班额
2008	4063	33.18%	2.9%	118	58.9
2009	3919	32.5%	1.2%	47	56.8
2010	3705	33.02%	0.56%	21	61.7

表 5-3　2008—2012 年昌江职业中学录取情况③

学年度 内容	2008	2009	2010	2011	2012
报考县职业中学人数	3687	3581	3915	4214	3871
县职业中学录取人数	1098	1081	1206	1244	650
县职业中学录取率	29.78%	30.18%	30.8%	29.52%	16.79%

　　从教育局、学校和移民村委会各方的解释来看,移民学生辍学的主要原因有:一是移民学生的学习基础较差,进入移民学校后跟不上教学进度,很容易出现厌学和逃学情绪;二是有部分移民学生因为家庭的经济困难,导致不能完成学业,特别是孤儿、低保户等家庭尤为突出;三是移民学生过早地寄宿生活使得学生自我管理的意识较差、在面对城镇学生上网等不良诱惑时无法把控自己,对学习渐渐失去兴趣,出现集体逃学等现

① 资料由昌江县教育局资料提供。
② 资料由昌江县教育局资料提供。
③ 根据昌江县教育统计资料整理。

象;四是学校对移民学生的管理存在疏漏,移民学生经常打架、酗酒等违规现象频发,教师反馈对这类学生的管理他们只能引导,不敢体罚和过重言语侮辱,怕学生出现心理问题或者自杀倾向,且大多移民学生的行为习惯在移民新学校前就已形成,很难及时矫正;五是部分移民学生有着"教育无用论"思想,虽然政府对初中毕业后升不上高中的提供免费就读职业中学的机会,但仍有大部分的学生选择了辍学外出打工,这让教育局和学校教师很是无奈。

二、民族地区教师队伍的职业困境

从教师的职业发展来看,教育移民政策对于民族地区教师教学水平的规范化管理还亟待完善,从调研的思源学校来看,关于教师职业发展的困境主要集中在以下几个方面:一是教师的归口管理不顺,引进教师的岗位编制和人事关系管理部门不一致,如教师的管理考核是教育局,而人事编制管理却归县编办,导致教育局无法根据各学校的需求情况进行统筹招聘和考核管理,多头管理导致教师有些待遇和福利难以落实,如政府引进教师方案中规定的政府补贴和三年期满后骨干津贴是否继续发放等,没有一个具体的部门进行落实;还出现部分引进教师到岗后,市县人社局无法办理调进其职前工龄纳入缴费年限等事宜。这些问题反映出政府职责不清,多头扯皮的乱象。二是教师教学的规范化管理不完善,引进教师和年轻教师入职学校后,教育局没有相关教学管理的规范化文件,教师怎么教、如何教全凭个人的教学经验;教学比赛和教学质量的规范化提升没有可供参考的标准;而与此同时,教师的规划化培训没有系统、显得杂而乱,没有给予教师真正有效的指导,各市县教育局应该成立专门的师资培训部门来统筹教师师资培训,集中教师工作中的意见,有针对性地做好教师培训。三是教师一岗多责,不能全身心投入教学;目前很多学校的教师身兼数职,既是专业教师,又要扮演家长、保育员和心理医生等多重角色,教师的身心压力较大,抱怨情绪较多。四是乡村教师"走教"现象严重,所谓的"走教"现象指的是教师像学生一样每天早早来学校上课,下课后跟学生一起放学回家,课后学生很难找到教师,教师也没有真正地融入学校。五是乡村教师的安全责任重于教学责任,乡村教师最担心的是移民学生的安全责任,害怕学生上学、放学的安全;害怕学生游泳、爬树等安全事件,他们俨然成为学生的全职保姆,在学校管理学生的日常生活,包括洗衣、洗漱、宿舍卫生等,周末要护送移民学生回家;相对于教学而言,教师更担心上级部门对他们学生安全考核的一票否决制。六是教师主管部门的服务意识不强,作为教师应该突出教学水平的提升,尊重教学规律,让教师成为某个专业的优秀教师;但在移民学校管理中,教师的职业发展没有方向,年轻教师不知如何从事教学科研,不知如何把实践教学中的问题进行总结和反思。教育主管部门更注重的是学生的及格率、升学率的考核,而往往忽略了如何为教师提供更多专业发展的平台,教学主管部门的行政考核管理意识高于教师的服务意识,使得教师积极性不高,应付上级检查心理较为普遍。

三、少数民族移民学生的文化适应

通过调研观察,民族地区的移民学校都反映少数民族移民学生的不良行为习惯问题突出,如酗酒、抽烟、打架、破坏公物以及心理逆反等违规违纪事件频发,原本以为只是个案,但普遍反映让我更多地深思其背后的文化适应问题,大多的移民学生都属于少数民族学生,他们从小的生活环境和家庭教育让他们养成散漫而不受拘束的生存状态,很多移民学生家庭对孩子疏于管束,个人行为习惯也没有很好的引导;在有些移民地区,妇女都出去打工挣钱,而男人在家教育孩子,因此很多孩子从小就养成了喝酒、抽烟的行为习惯。由于不知如何管教,他们更多地把教育孩子的责任托付给了移民学校。从各个学校反映的移民学生的不良行为来看,我认为移民学生的教育和引导应重点放在乡村学校,要把基础教育和德育教育的重心下移,从孩子的行为习惯来看,小学阶段是孩子培养良好行为习惯和道德教育的重要阶段,从教育移民学校来看,大部分的移民学生从小学一年级就开始寄宿到乡村学校,而乡村教育的师资较弱、管理较为松散,对学生的德育教育重视程度不高,且没有形成良好的教学和校园文化氛围;大多数的乡村教育由于师资不足、资金有限,更多的重心放在学生的安全责任上,而弱化或者忽视了学生的道德教育。如果移民学生在小学没有形成较好的行为习惯和道德认知,转到城镇新的移民学校后,面临更加严格的管理和教学要求,会产生出极大的不适应,特别是在与同龄的城镇孩子进行比较时,会出现自卑、逆反的心理情绪,当面对教师的批评和学习上的受挫,更会表现出逆反、厌学的心理情绪。同时,移民学生过早地寄宿生活对学生的心理影响很大,在移民学校观察到,很多一年级的寄宿学生每周一来上学都哭哭啼啼,显得尤为可怜,面对家庭教育的提前"断奶",很多孩子在学校要过早地独立生活,容易养成不良的生活习惯,且大多家庭观念较为缺失,与父母沟通的不畅,导致移民学生在面临困难时心理压力较重,逆反情绪较大。尤为显得重要的是,在各个移民学校的教师眼里,他们并没有认识到移民学生行为反常是文化适应导致,他们更多片面地认为移民学生的素质较差是黎族文化的劣根性所致,这种先入为主的观念使得移民学校对待移民学生的心理问题并没有引起较大的关注,因此,在面对移民学生的不良行为反应时,我们应更多地从人文关怀的角度去思考教育的方式,反思我们教育的缺失,而不应追责于孩子本身文化出身,这本身就带有一种文化和身份的歧视。

四、民族文化和乡村教育的没落

民族文化是少数民族学生心理层面的文化构建,民族文化通过家庭文化的涵养、社区生活的交互实践构建起自我的文化认同。随着教育移民政策的深入,移民学生过早地脱离了家庭文化的涵养,割裂了与社会文化生活的交互实践,融入一个相对异文化冲击的学校文化之中,异文化与自我文化的认同冲击在移民学生心理产生一种心理层面的文化重构。民族文化的传承和创新需要移民学生的载体加以延续,而过早地割裂移民学生与家庭和社区之间的文化联系,会导致移民学生的文化适应和断裂问题。从教育移民政策场域中来看,学校文化层面的干预已经产生较大的影响,民族地区移民学生不管是从生活习惯、习俗、服饰,以及生活观念都与汉族学生相差无几,其对于自我民族文化的认同和理解也呈现出碎片化的趋势;除了黎族语言的先天习得,其对黎族文化的传承和认知感悟在学校文化的干预下逐渐迷失。为了保存民族文化的印记,传承优秀的民族文化课程开始在部分民族地区学校开设,黎族的竹竿舞成为移民学生的必备课程,还有黎锦、刺绣等。但由于民族文化传承师资的缺乏,以及黎族文化校本课程开发的不足,大多的民族文化课程仅仅流于形式。需要创新体制机制在学校的文化场域中进行融合创新,让民族文化在学生的心理层面形成自我认同的文化自信。

与此同时,民族地区的乡村教育也面临着重要的转折点。教育移民政策所秉持的教育效率优先的理念在大范围的乡村学校的撤并过程中表现得淋漓尽致,原本由农村村民一砖一瓦所建设的校园由于学生的迁移而成为闲置的校舍,集中的教育资源更多地倾向城镇学校的建设,标准化的移民学校充分发挥出教育资源效率的优势,为农村培养了一批又一批的大学生。同时越来越多的农村学生期待着能进入教育资源更加集中的城镇学校,移民家庭和学生带着对未来的期待和知识的渴望义无反顾地举家搬迁到城镇;由此所导致的乡村教育的萧条和败落,乡村学校不再被村民所重视,即使它曾经是乡村的文化中心,而现在却面临着身份认同的错位,乡村教师不仅找不到自身的职业定位,在城镇化教育改革的洪流中,他们变得无所适从,不知所措。他们曾经为之坚守和奋斗的教育事业,现在却成为教育改革和乡村舍弃的牺牲品。在调研过程中,乡村教师对自我身份的认同感降低了,他们的学历和职称不如城镇年轻教师,他们的教学水平不如城镇教师,他们的工作得不到乡村村民和学生的认同,他们有的仅仅是对教育事业和乡村教师的职业的坚守。乡村教育曾经琅琅的读书声已经成为过去的回忆,空空荡荡的乡村校园昭示着乡村教育的没落,随着城乡一体化的进程他们是否将成为教育改革的"弃儿",或者仅仅成为乡村留守家庭的"托儿所",乡村教育到底该何去何从,显得尤为尴尬,让人唏嘘。

第三节 存在问题的归因分析

教育移民政策所产生和衍生出的问题可能是政策制定者所始料未及的,也反映出在政策目标制定、政策执行与政策效果之间存在着"偏差",在政策研究中我们把这种执行的偏差认定为正常状态,重点是要分析是什么影响了教育移民政策的运行轨迹的。从教育移民政策所设定的政策目标来看,集中在提升教育资源效益、实现城乡教育均衡发展、方便教育管理、提升教育质量、促进教育公平的实现。其本质是通过教育资源的再分配,改善目前教育现状。但结果是教育资源越来越向城市集中,城市的规范化校园建设越来越完善,原本羸弱的乡村教育资源被政策所吸引实现了向城市的单一流动。造成了城乡教育资源的"新"二元结构,这种结构的产生使得民族地区乡村学校出现大面积的撤并重组,基础教育逐步向城乡上移,乡村学校的师资队伍向城市流转,走读、走校现象极为普遍。乡村学生上学不便、过早寄宿、辍学率的上升、家庭教育的缺失以及移民学生心理、文化适应问题的频发与城乡学校的优质建设形成了鲜明的对比。教育移民政策所期待实现的城乡教育均衡发展并没有在现实中有所好转,反而在政策运动中丧失了仅有的生存根基。乡村已不再期待在家门口兴建学堂,因为城乡的教育差距已让他们无法企及,只能选择随着城镇化的浪潮,在城市学堂边租片瓦之地"陪读",也不能让孩子在教育起点上输在"起跑线"。

　　教育移民政策的试点经验和设定的初衷都是为了边远贫困学生的向上流动、实现其教育起点的公平而动用全省之力的教育系统工程,为何在执行实践中出现了效果的偏差,并衍生出很多始料未及的新问题。这反映出教育政策问题的复杂性和不可预知性,结合本研究的调查,认为其根源主要有:

一、政策结构场域中的制约与反制约

　　教育政策的执行模式一般分为"自上而下"模式、"自下而上"模式和教育政策的执行网络模式(也称为整合模式)①。从教育移民政策场域来看,基本属于"自上而下"的执行模式;即按照省级政府的动员和部署,集中多个政府部门的政策合力,形成规范化的政策文本,开展"自上而下"运动式的政策执行模式。从政策的制定到执行来看,省政府和省级教育主管部门是教育政策的制定者和监督者,地方政府和教育部门是政策的具体执行者和实施者。它们之间的关系从横向来看,教育部门不仅要接

---

① 彭虹斌:《三代政策执行模式研究的方法论基础解析》,《清华大学教育研究》2011 年第5 期。

受地方政府部门的行政领导,其财政预算、人事晋升和考核等都受其管辖;从纵向来看,教育部门不仅服从上级教育主管部门的政策指令,在具体项目的推进中还要接受其现场检查和监督;这种通过行政科层组织的行政命令式的管理,我们可以称之为程序制约。同时,为了指导下级有效开展教育移民政策,保障政策的目标不走样,省级政府和教育主管部门通过制定政策文本对下级政府和教育部门提出任务要求、指导实施和监督评估标准。而教育移民政策的本质制约应该是教育资源的分配,其现有教育资源该分配给谁、如何分配、分配多少,这是对下级政府和教育部门的实质制约。可以说影响教育移民政策的主要因素应该包括教育政策的主管部门、科层行政命令制约、政策文本制约、教育资源制约,以及影响教育政策的外部环境。

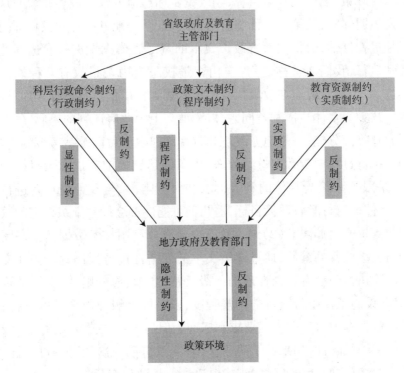

图 5-1　教育移民政策"自上而下"模式示意图

那么"自上而下"模式中上级与地方政府之间是如何相互制约与反

制约呢？在教育移民政策的实施中,省级政府和教育主管部门是政策的制定者和监督者,不仅对下级政府和教育部门具有绝对的行政领导权,也把握着教育资源的重要分配权;省级政府及教育主管部门通过科层行政命令、政策文本和教育资源的分配权等技术工具对地方政府和教育部门进行行政制约(见图5-1)。其中的科层行政命令制约具有显性的特征、政策文本制约具有程序性的特征,教育资源的分配是最根本的实质性制约;同时地方政府也受制于政策环境的隐性制约,如当地政治、经济和文化条件的制约,以及政策受众群体的舆论制约等。地方政府和教育部门是教育移民政策的具体执行者和实施者,在面对上级政府的制约时也具有一定程度的反制约手段:(1)当上级政府的政策目标与地方政府的政策意愿、利益目标驱动一致时,地方政府和教育部门将会积极地、创造条件地执行政策,以达到政策目标;当政策目标与地方政府或者政策受众者利益发生博弈时,政策执行面临着阻力或难度时,地方政府和教育部门会适时地进行评估,会根据教育政策文本的宽泛和模糊性进行有选择性的阐述和执行,我们通常称之为"自由裁量权";自由裁量权有几种操作的可能性,一是地方政府在政策执行中把收集到技术信息有选择性地过滤,或者与政策受众体达成利益同盟,以增加与上级政府谈判的筹码,争取更多的教育资源分配;二是地方政府和教育部门限于目前政绩考核的要求,把相关执行过程中的数据进行修改,以争取达到提前完成政策目标的假象;三是限于政策受众体的利益诉求和执行阻力,与政策受众者进行妥协,有条件地执行教育政策目标,这几种可能性都会导致上级设定的政策目标与效果产生偏离。(2)地方政府也会充分利用技术数据信息垄断权增加与上级谈判的筹码,通过政策文本的变通性进行反制约。如地方政府在政策执行中会有选择性地向上级反馈地方政府的财政困难、师资不足、基础设施条件亟待改善的困难程度,以争取上级政府对其的支持,调整其政策文本中对其的考核要求和标准。但通过正式公文渠道与上级谈判有一定的风险性,如果被上级否决,基本没有第二次谈判的可能性,因此,地方政府一般会先通过非正式渠道进行活动和充分沟通后,才会选择这种方式,所谓的非正式渠道大多是通过与上级主管部门领导的口头汇报、日常交往或者在非正式场合的酒桌场合中争取得到上级的理解和支持,以达到实现政策文本的变通。(3)还有一种反制约手段是通过教育资源的交换,所谓教育资源的交换是上下级政府和教育部门进行的一种利益妥协,上级政府为了确保政策目标顺利实现,有条件地满足下级政府和部门的要求,而与此同时,下级政府和部门会通过资源交换的形式以换取上级对其的支持力度和帮助;如当地政府通过项目土地置换换取上级政府更多的资金投入等。地方政府和教育部门通过自由裁量权、政策文本的变通性和教育资源的交换性手段以应对上级政府及教育主管部门的行政制约,也必然会增加教育政策设定目标与实施效果之间存在偏差的可能性。

二、结构场域中规则与资源不匹配

在政策结构场域中,规则的制定和资源的分配是相对稳定的制约因素,也是社会结构的运行和再生产的方法性程序,不同的资源和规则组合形成不同的社会结构体系,它反映了政策的价值取向、政策目的和政策的实施框架,也是结构主体进行自我意识沟通的转换性中介。规则的制定内在地包含了地方政治、经济、文化和主体意识的关系,也反映了政策主体在政策体系中的相互关系。在教育移民政策的实施过程中,政府主导着规则的制定,也是权力意志的直接反映。从移民的试点、实施方案的制定、整体的规划到推广,以及在政策实施过程中的总体协调和保障,无不反映出政府主体对教育移民政策的权威性控制。从政策实施的价值导向来看,突出教育资源效率、兼顾公平是政府主体基于民族地区教育现状的改革主线,政策的目的是改变落后民族地区的教育质量,给学生提供一个公平享受教育、实现向上流通的竞争平台。在政策的实施过程中,政府突出教育资源的整合和弱势群体的政策补贴,保障移民学生迁得出、留得住。从政策的目的来看,政府基于民族地区移民学生的现实状况所做的政策善意之举理应得到学校主体的支持和拥护。但在政策实践过程中,我们更多看到的是政府的身影,而没有政策受众体的实践表达,政府包办了政策的所有流程,却忽略了政策实践过程中受众体的行为主动性,政府的政策善意并没有调动政策受众者的主体意识表达,他们在政策实践过程中仅仅是被动地选择适应。对于政策受众体而言,政策主体的政策意愿并没有与政策受众体形成有效的意识沟通,从政策实践的结构场域中来看,移民学生、教师和家长群体处于一个相对松散、没有形成统一意愿的弱势地位,他们在政策规则的制定上不仅被动地服从,而且还有着依赖性的依附。如移民学生在学校突发疾病等事故,家长并没有形成主动地服务配合,而是责怪学校没有照顾好他们的孩子。这种主动包干的政策善意,不仅让政府和学校在教育移民政策的长期运行中难以持续,也让移民学生和家长丧失了主动参与的积极性。

与此同时,教育资源的分配与主体教育需求的不匹配也是影响教育移民政策可持续发展的关键因素。在结构场域中,资源的分配是社会结构体系的能动变量,也是权力实施的基础。在教育移民政策场域中,资源不仅包括对人的权威性资源分配也包括物质资源的分配,民族地区教育资源的匮乏和不足是限制其教育发展的关键因素。为了大力发展民族地区的教育事业,教育移民政策通过外向资源的投入和内在资源的效率整合试图改变民族地区的落后面貌。外向型资源包括思源学校的高标准建设、师资的引进、基础设施的投入、后勤服务的保障等。内在资源包括民族地区学校的撤并重组、师资的合编内退、地方政府的教育经费补助等。教育资源的分配内在保障着教育移民政策的顺序实施,但在教育移民政策场域中,教育资源的分配突出集中在政府的权威性配置,与政策受众体的需求存在一定程度的不匹配。在人力资源方面,教师群体的资源分配服从于政府的例行性文件和制定性实践,却忽略了教师主体的能动选择和自我发展,教师群体在教育移民政策中被动性地合编内退,使得民族地区乡村教师面临着职业的重新选择,在东方江边乡民族学校的乡村教师不仅对坚守多年的乡村教育感到失望,内心里也无声地抵抗着教育移民政策中的权威性分配,他们更希望是政府加大对民族乡村教育的投入,而不是把民族地区乡村学校的优秀教师集中汇编到城里学校,他们认为这种突出城市资源弱化乡村教育的做法不仅不利于乡村教育的发展,还会造成新的两极分化。同时,移民学生和家长对教育资源的分配也有些许的无奈,如水富村村民他们原本希望政府能持续加大对村小学的资源支持,而随着教育移民政策的深入,他们通过多方筹措新建的村小学不仅没有得到政府人力和物质的资源支持,反而因为教育质量不高被无情撤并沦为了教学点,教师和学生的分流导致原本希望在家门口读书的村民,只能被动地选择走读和寄宿。政府权威性资源的分配过多地强调宏观的整体划一,在民族地区过于"一刀切"的做法不仅不利于发挥政策主体的主观能动性,也会忽略了微观上各地区的实际情况。

在政策的结构场域中,规则和资源的分配左右着社会结构体系的运动方向;处于结构场域中的主体通过对规则和资源的运行延伸到日常的实践过程之中,并在一定的心理层面上形成自我意识的重塑,并指导着自己的例行化活动。不同主体在规则和资源的限制性整体框架下,寻求一种自我的本体安全感和适应性的相互关系。政府政策主体基于优先发展城市教育的价值导向,主导着教育资源的权威性的配置,无形中忽略或者是弱化了政策受众体对政策实践的利益表达,同时,政策受众体在一定的社会文化背景下,由于群体本身的松散性和依赖性,以及自身的知识和感悟视角条件的限制,形成一种自愿处于安全和低成本付出的心理意识,并且习惯于政府的制定性安排,愿意被动地接受和适应政府的政策调整。即使对政府主导的规则和资源分配有些许的不满意,政策受众体也难以形成利益表达的合力,只能在政策结构体系中保持着自我意识的被动适应和无声的抵抗。而相对弱势的底层民众由于群体利益的分化,只能带着"胳膊扭不过大腿"的现实逻辑开始自我命运的底层复制。

三、家庭文化的断裂与身份认同的错位

政策场域中的结构关系不能脱离了在一定条件下的社会文化干预,结构关系中规则和资源是影响社会结构的关键因素,同时也需要结构主体的能动运用,结构主体对资源和规则的运行是基于在一定政治、经济和文化层面的心理理解和感悟。结构主体的这种心理感悟不是凭空想象,也不是被动灌输形成的,而是主体在一定的社会背景下通过文化层面的干预逐渐形成的。这种文化层面的干预是主体由内而外的心理镜像的反映,也是影响主体社会日常实践逻辑的内在因素。在教育移民政策实施的过程中,政府试图改变民族地区贫困落后的面貌,其内在的逻辑是希望通过学校文化层面的干预改变落后地区民众的生活观念和生存方式,并最终通过主体的自我感悟形成自我脱贫的行动实践。可以说,学校文化

层面的干预不仅是教育扶贫功能的直接体现,也是教育移民政策得以成功的关键。

但是,在教育移民政策实践过程中,过早集中地把民族地区的乡村孩子集中到城里学校接受教育也会造成其与自身家庭文化的断裂,这种家庭文化的断裂会无形中导致乡村孩子缺失了家庭文化和民族文化的涵养,割裂了其与文化根源的联系;也会过早地让孩子失去了自我文化的认同和自信,乡村孩子出生于乡土,成长于乡土,民族文化和乡土文化是其赖以生存的文化印记,如果割裂民族文化和乡土文化的涵养,民族地区其特有的文化也就失去了自我传承、自我复制、自我创造和自我超越的载体。学校文化层面的干预应该要兼顾民族地区文化的教育,还要融入家庭文化的亲情和关爱,让民族学生能从文化层面去感受父辈生活的不易和家庭归宿的生命意义。在思源学校的教学过程中,民族文化校本课程的开发是相当缺乏,不仅缺乏师资也缺乏真正适用的教材,如何加强民族文化校本课程的开发是一个刻不容缓的课题。同时家庭文化的教育在部分学校得到了有效的开展,如昌江思源学校开展的家庭教育感悟课程,让学生在父亲日给父亲写信,突出家庭"孝"文化,给父母洗脚,让学生感恩父母等,这种形式家庭文化教育给学生产生较大的心理影响。但是相对家庭的关爱而言,过早地寄宿学生总会有着家庭教育缺失,如移民学生在学校破坏公物事件的频发、心理问题学生的出现,以及移民学生文化适应等问题,都暴露出移民学生在心理层面上得不到正确调适的行为宣泄。特别是还缺乏独立生存能力的三年级左右的学生过早地寄宿会导致学生心理上缺少关爱,在学校与教师的行为抵抗、抽烟、酗酒等问题的发生都与家庭教育有着重要的内在联系。

同时,从文化冲突的角度来看,教育移民政策中所突出的城市中心主义文化思想也会与移民学生的文化认同产生冲突。随着城镇化和城乡教育一体化战略的推进,民族地区乡村生活的空间逐渐被城市的繁华所吸引,相对于民族地区乡村的凋敝和民族文化的碎片化,以经济利益至上和充斥着城市现代化文化符号的"繁华异乡"日益成为移民学生追随的文化新时尚,城市给他们打开一扇通向外面世界的窗户,他们通过上网、媒体等互联网手段接触到更为异样的世界,异文化的冲击从不同的方向给移民学生灌输着城市文明的优越性;也吸引着来自乡村的学生过早地脱离自我的文化根基投入异文化的怀抱。其中移民学生在初中阶段的集中辍学现象大多是带着一种向往城市生活的自我命运挑战,他们开始摒弃原本赖以生存的乡土,陶醉于城市繁华的边缘世界。移民学生文化认同的错位逐渐让其失去了民族文化本身的认同,从民族地区乡村的调研来看,村民认为大多毕业学生和辍学在家的学生不愿在从事农活,他们宁愿在城里跑"摩的"、打短工也不愿种家里的几亩农田。回顾历史,曾经试图通过乡村教育实现国家振兴的教育学家陶行知、梁漱溟、晏阳初在民国时评价当时的乡村教育"它教人离开乡村往城里跑,教人吃饭不种稻,穿衣不种棉,住房不造林";时至今日,仍然让人唏嘘感叹!

而与此同时,乡村教师也存在着文化认同的困惑,随着教育移民政策和城镇化战略的推进,民族地区乡村学校从原来在乡村的封闭驻守上浮到城镇,小规模的乡村学校被大范围撤并,大规模的乡村学校沦为了教学点,乡村教师也在政策转向的洪流中面临着自我职业发展的再次选择,乡村教育文化的凋敝与城镇教育的规模化发展,迫使乡村教师日益抽离出原有的乡村,与此同时,城镇教育以打造更高教育质量标准的名义对乡村教师进行筛选,使得乡村教师呈现出老龄化和年轻化的两极结构,老龄化的教师大多是以前的代课教师转正后驻守农村的"文化人",随着乡村教育的上浮,他们大多也把自己的家安居在县城,逐渐疏离于乡村,成为往返与城乡之间的职业教育人;而驻守乡村教育的年轻教师大多是新进安置的师范毕业生只把乡村作为短暂停留的驿站,为了保障乡村教师的稳定,很多的县级教育部门要求新进教师必须在乡村驻守3—5年方可向城镇调动,但这种硬性的规定并没有阻碍年轻教育向城镇转移的意愿,他们试图通过各种社会资源实现向城镇的转移,他们不仅觉得在乡村教学没有前途和希望,更让自己在家族和社会上没有"面子";事实上,相对于乡村而言,他们更熟悉城市,也很难在教学中实现国家普遍性知识与地方文化知识的相互融合,更难在乡村学校办出本土化的特色教育项目。乡村学校和教师俨然成为城市教育的附属品,在教育资源和行政资源的双向制约下,乡村教育复制着以城市发展主义的教育模式,在政策设定的解释框架内做着艰难的努力。随着城市中心文化的不断浸润,民族地区公共文化被标签为城市文化的次生物和附属品,乡村教育的落后性亟待接受城市教育的"被改造",缺乏独立公共精神的民族文化转向城市中心的经济至上主义,乡村教师已不再是村民眼中的值得尊敬的"文化人",而成为村民和学生眼中经济收入微薄的"社会竞争淘汰品";乡村社会传统公共文化的崩塌,也导致教师在城市与乡村的双重文化空间中迷失了自我的身份认同。

四、教育资源无法实现城乡的双向流动

在教育移民政策的实施过程中,由于乡村人口不断地向城市聚集,城市教育相对优势的吸引力也导致乡村人口不断地向城市迁移,乡村与城市的推拉作用也迫使着地方政府有选择性地做大做强城镇教育,使得城乡教育资源的分配呈现出一边倒的单向流动的状态,也导致乡村教师往城镇转移。随着乡村教育资源的不断抽离和乡村教育投入的不断缩减,原本羸弱的乡村教育失去了赖以持续发展的土壤和生存条件。而留守在农村的大多是 40 岁以上的民办教师队伍,大量的年轻教师不愿或者不想驻守农村。乡村教师队伍的不稳定和教师队伍的老龄化,让乡村基础教育发展状况堪忧。而与此同时,由于乡村教育的师资条件不足,基础设施的落后,使得乡村教育质量陷入了一种恶性循环的发展境地,乡村孩子不愿到乡村学校就读,乡村教师不愿到乡村学校教书,这也导致乡村教育成为乡村难以言说的伤痛。随着教育移民政策的深入,城乡教育资源单一流动的趋势并没有减弱,而是加速了乡村教育走向没落的边缘。

城乡教育资源的差距不断拉大,其根源还在于城乡教育资源双向流动的机制没有建立,乡村教育缺乏不断发展的资源,也缺乏教育质量的保证。从民族地区乡村移民到城镇的孩子,不仅学习基础差,更缺乏与城市孩子同台竞争的自信。由于乡村基础教育的缺失,导致很多移民学生到城镇上学后,跟不上学习的进度,也就渐渐丧失了继续学习的动力和自信。特别是在移民学校的初中阶段,因基础较差选择辍学的孩子显著增加,这些孩子由于感受不到学习上升的希望,只能选择过早地打工改造留守农村的命运,也就出现教育移民政策的效果与教育目标出现了"延迟

性的背离"①;导致这种现状,其根本的症结应该要重新审视导致城乡教育资源单一流动的体制机制,如何创造性地搭建城乡教育资源双向流动的平台,让乡村教师找到应有的职业尊严,如何保证乡村学校走好启蒙教育的第一步,如何让乡村教育成为乡村人们精神的家园,是一个值得深刻思考的时代命题,也是政府责无旁贷的义务和责任。

五、政策场域中的主体信息反馈不畅

在教育移民政策场域中,还有一个重要的隐性资源就是信息。随着教育场域主体的多样化、多元化,不同背景下的主体信息也成为一种重要资源。它不仅是政府政策制定和执行的依据,也是不同主体之间是否能够有效沟通的重要媒介。信息资源在网状的结构场域中通过主体的互动进行着时间和空间的转换,同时主体也根据对不同信息的理解进行着日常性的社会性实践。主体不同信息交流转换的效率也决定着教育移民政策运行的效率和目标达成的程度。从目前来看,教育资源信息数据在结构场域中存在一定程度的反馈不畅,政府科层组织体系与教师队伍之间的信息交流是不畅的、移民学生及家长与政府主体的信息交流也存在一定的信息失真、信息截留的情况。信息流动不畅的根本是政府还没有真正重视主体信息在政策场域中的隐性作用,没有一个有效信息沟通的平台来反馈,致使政府以为自己了解的情况其实并不清楚,也导致在教育移民政策中有效基础较好、群体满意度较高的乡村学校也面临着"一刀切"的撤并重组。这种信息失真或者反馈不畅不仅仅是政策主体之间的缺乏主动沟通,而且是缺乏了一个网络的流动信息平台。信息通过主体进行信息筛选和自主选择,也通过主体进行信息反馈或上报,也必然会产生信息的自我阐述和信息处理的自我选择。因此,有必要建立较为完善的信息处理系统,从源头上保障移民学生信息、教师信息、乡村学校信息和教育信息管理系统在一个透明、可控的平台上运行,保障信息的有效性和客观性,为政策主体的政策决策提供重要的信息参考。

---

① 延迟性的背离是指教育政策的实施要在三五年后才出现效果,而这种效果与当初的政策目标出现了偏差。这里特指移民学生在小学阶段的基础较弱,在初中阶段与城镇学生出现较大差距,导致群体辍学的现象。

　　教育移民政策过程中信息反馈不畅的主要表征集中在教育资源数据的反馈不畅,这种反馈不畅的根源在于其信息数据在结构体系中没有平等有效的沟通平台。一是地方政府在数据信息收集和筛选上具有重要的话语权。地方政府可以有选择性地筛选数据信息以满足上级对其的考核和要求,同时也通过对数据信息的垄断以争取与上级政府博弈中更多的资源和支持。正因为省级政府的决策和调研数据信息采集来源于地方政府,而关于乡村教育群体的诉求和信息反馈也是通过地方政府及教育部门进行反馈。地方政府及教育部门会由于政府科层管理考核的顾虑,或者为增加与上级谈判的筹码,会有选择性地过滤到部分数据信息及政策受众者的利益诉求,使得省级政府和教育主管部门无法及时监控教育移民政策在执行中发生的偏离,也就错失及时调整政策的时机和方式,导致最后的教育移民政策目标与政策执行出现偏离。二是教师和学生家长主体的信息反馈缺乏有效的沟通平台,他们不能及时地根据掌握的信息有效地反馈给决策层,如乡村教师的合编内退问题,教师的职业晋升问题、移民学生的家庭教育问题,这些问题不仅需要一个专业的咨询团队进行有效分析和处理,也需要充分调查不同的资源进行研究。在调研中,我发现一些长期工作乡村或者城镇的中小学校长其实是一个重要的团队力量,他们不仅了解地方情况,也熟悉教育规律,可以充分调查乡村教育家的教育热情,对相关问题进行调研了解并汇总给政策主管部门,搭建一个双向的信息流动渠道。

六、教育政策场域中网络结构的复杂性

　　在教育移民政策场域中,涉及省级政府及教育主管部门、地方政府及教育部门、学校校长、教师、移民学生及家长,以及乡村村委会等教育利益相关者,他们不同的利益关系导致教育移民政策场域是一个复杂的社会网络结构,使得教育政策执行面临很多的不确定性;他们之间相互制约和影响,应该来说,如此复杂的社会结构网络导致教育移民政策目标与结果之间的偏离理应是正常状态,因为无法及时监控和把握动态的影响因素。但通过系统分析,我们能发现其主要的影响因素包括教育政策部门、教育政策文本、教育资源的分配、教育政策环境,他们之间是通过科层组织显

性制约、程序制约、实质制约和隐性制约来实现。更为重要的因素是要认真分析教育移民政策网络结构中主体之间的互动关系及行为动力的逻辑。因此,只有全方位、多维度地了解政策主体的互动结构关系,才能把握政策运动的规律,保障教育政策目标和执行效果偏差发生在可控的范围之内。

第 六 章

进一步完善教育移民政策的意见建议

通过结构主义的理论方法来研究教育移民政策场域是本书的一个大胆的尝试,我希望在研究教育移民政策实践运行的过程中,去设身处地地体察政策场域中各主体的意见和看法,尤其是理解其所处的生存环境、社会关系以及在利益冲突中所建构的认同意识和行为策略。在城镇化和城乡教育一体化的历史背景下,少数民族地区的教育发展面临着前所未遇的发展机遇,也让民族教育的受众体卷入了一个更为复杂的结构场域中,他们既要维护自身在权力结构中的权利和地位,又要通过对已有规则和资源的运用来重塑自我意识的再生产,并在政策实践的过程中通过洞察和认同形成自我特定的行为逻辑,各种行为逻辑在政策场域中形成相互交织和利益博弈的结构关系,在看似复杂的结构体系中保持着相对的平衡,也重构了少数民族教育发展的新秩序。

社会结构的再生产是基于特定的政治、经济和历史文化背景下主体的自我实践,政策制度对主体所产生的直接影响,将通过文化层面的干预使主体产生自我洞察和认同的行为逻辑,这种行为逻辑在整体结构场域的空间局限中进行自我的调整和被动选择,在政策限定的框架中保持着一定的张力,既维持着结构的再生产,也产生着利益冲突的变革动力。政府主导的政策并不能让所有的主体都整齐划一地满足于限定的框架体系,主体基于地方文化的互动与政府产生着一种相互交织的互动模式,它会带来可预期而不常见的结果,如教育移民村庄出现的学生选择性的辍学,教师群体对移民政策的无声反抗等。研究教育政策不能把它简单作为一个个体来研究,而应该涵盖政策场域中的主体诉求。但作为国家意识形态的代言人不可能推行满足不同需求的意识形态,其核心的目标应该是趋同。他们通过政府委托代理人运用规则和资源的主导,用科层组织和实用主义的行为逻辑来推行着官方的意识形态,当政策受众体与主体意识形态发生碰撞时,势必会在限定的框架内进行被动的适应,如教育移民政策场域中乡村教育出现的新的两极分化,让一部分弱势的移民学生自愿地选择过早地辍学打工来改变自我的命运。这并不是对教育政策改革的反对和批判,而是任何教育政策的转变,都会在外部结构和自我认同的客观需求下发生不可预知的矛盾的再生产形式。任何政策的设定目标并不会都按照良好的意愿向前发展,我们必须考察在进一步的意外情境下,政策受众体或者弱势群体在社会结构的再生产过程中是否会产生阶级的再循环。

从教育移民政策研究所反映的问题来看,其内生性的结构性矛盾不容忽视,地方政府及教育部门、学校组织、移民学生及家庭在教育场域中有着不同的利益诉求,各自不同的内在行为逻辑相互交织、相互制约,并影响到教育移民政策最终目的实现。从实施的效果来看,教育移民政策虽然整合了教育资源,发挥了教育资源的最大化效率,却造成了新的教育两极分化,导致了乡村教育的衰败;移民学生不得不在有偿的优质教育资源与没落的乡村教育之间进行艰难的选择。同时,教育移民政策并没有给予学校组织更多的学校自主权,反而通过行政命令的干预严重影响了学校治校自主权,校长成为地方政府行政工具的代言人,乡村教师成为教育移民政策改革的"牺牲品"。从教育管理体制来看,基础教育原有的城乡三级教育网络整合两级教育管理;基础教育的整体上移、城乡教育理念的整体趋同化,乡村教育在改革中成为乡镇学校的附属教学点,让原本就近上学的村民和乡村教师变成了寄宿生和走教教师。这些问题的产生或许超出了政策设定的预期,但如果随着时间的影响,其对基础教育的影响将是深远的;我们应该正视教育移民政策中存在的问题,及时地调整我们原有政策的方案,让教育移民政策真正兼顾各方面主体的利益诉求,使得这项得民心的系统工程可持续地造福于当地群众,让少数民族的贫困移民真正通过教育启迪心智、实现自我的人生价值。

一、加强顶层设计,在民族地区试点构建城乡教育发展的共同体

鉴于民族地区教育移民政策场域中的政府主导、主体意识弱化,以及教育资源分配的合理性问题,建议在民族地区可试点实行"政府把控、校长治校、教师治学、村民监督、社会参与"的实践模式。一是充分调动教育移民政策场域中各主体参与的积极性,改变地方政府和教育主管部门在教育移民过程中唱"独角戏"的情形,也让其跳脱出繁杂的事务体系,专职负责乡村教育的整体调控和政策制定,严格质量控制和过程评价,以及后勤服务保障工作,搭建多元主体的参与模式,给予移民学校校长和乡村教师充分的治校自主权和治学自主权。二是政府严格移民学校校长的准入条件和考核机制,移民学校校长专职治校,充分发挥其乡村教育家的职能,明确移民学校的发展理念,鼓励其进行教育改革探索,政府和社会团体可根据一定时期学校的发展状况进行考核评价。三是移民学校和乡村学校教师是乡村教育发展的灵魂,要充分发挥乡村教师的主体性作用,在民族地区树立起乡村教师的文化权威,促使乡村尊师重道的伦理和乡村"走教教师"的回归,培育教师教书育人的职业精神,搭建乡村教师职业素质的提升渠道。同时,要大幅提高乡村教师的待遇水平,让驻守乡村的"文化人"找回职业的尊严和事业的归属感;鼓励乡村教师大胆创新专研教学,借鉴城市教育理念但不能简单移植和复制,应引导他们重新认识乡村教育发展的独特性和培养找寻乡土文化精神的探索思维,编制乡土教材和开设乡土课程。四是把民族地区乡村主体纳入政策制度和评价体系之中,充分发挥教育受众体的主观能动性和政策参与权。让乡村村民和村委会参与学校的质控评价和监督,定期反馈教学意见和建议,并作为政府评价移民学校教学质量的意见参考。五是移民学校建设和运营资金由政府主导、村委会和社会团体共同参与集资建设。充分调动地方乡贤和社会主体支持移民学校和乡村教育,形成乡村教育发展的共同体,共同促进乡村教育良性可持续发展。

二、突破教育体制、机制壁垒,实现城乡教育资源的双向流动

目前乡村教师向城镇单一流动问题已亟待解决,这不仅关系到乡村教育发展的未来,更关系到整个基础教育发展的根基。解决好乡村教育的基础问题,才能更好地为高层次教育培养更好的人才。而目前海南基础教育的羸弱,最为关键的问题是乡村教育资源的短缺,政府要创造条件,发挥体制、机制的导向作用,补足乡村教育发展的短板。建议政府要充分发挥现有的青年教师支教、城乡教师队伍的定期轮岗、教师队伍互聘等制度平台,完善现有体制、机制,让现有青年教师队伍真正下沉到基层,为当地的基础教育做出示范和引领作用。同时建立双向流动的社会机制,鼓励年轻人的个性化流动,把乡村青年教师队伍纳入到城乡教育一体化建设中,在待遇和职称晋升上给予政策通道。改变人才流动的限制性措施,充分关注乡村青年教师发展的期待和利益诉求,真正通过体制机制留住人才。对于乡村教育队伍,国家、省级和地方政府可以"开小灶",与城镇教师区别对待,给予其更多的事业关照,鼓励能干事、想干事的年轻人竞争学科带头人和教研室主任,打破学校领导职位的年限和工龄限制,充分发挥有能力的"乡村教育家"和青年骨干的智慧,让其在乡村教育的试验田做出成绩。同时,政府要鼓励多渠道吸引社会资本投入到乡村教育和幼儿教育,设立乡村教育发展基金,鼓励村集体和社会资本的双向合作,弥补政府教育投入的不足的问题,补齐乡村学校基础设施不完善、待遇不高的短板问题。最后要强化城乡教师流动管理的问责机制,把推进城乡教师双向流动一体化纳入到地方政府的政绩考核评价体系中,确保地方政府有动力、有责任积极推进城乡教师双向流动的落实。

三、充分利用信息技术,建立城乡教育资源数据库平台

完善城乡教育资源数据库建设,就是为了打破城乡教育数据信息孤岛的问题。省级政府应该主导教育信息化平台的建设,充分利用信息化技术,完善教育信息数据的收集和采集工作,建立城乡教育资源数据库、教师基本信息库、乡村教师基本信息库、重大项目推进数据库、精品课程数据库、学生基本信息数据库,以及关于学校后勤管理、校车配备、危房改

造、图书建设、多媒体课程建设等方面数据库建设。让省级政府可以全程跟踪和了解全省教育资源的分布和建设情况,能及时甄别各地市教育主管部门反馈信息的真实性,及时把控教育重点项目的进展情况,通过信息技术手段及时反馈政策执行中存在的问题,以把握最佳时机调整政策执行中的偏差。同时也可以通过信息监控的方式,对部分县市教育政策执行不力的情况,及时下派调研组了解实际的困难,深入了解下级部门和政策受众体的利益诉求,并形成自评报告及时反馈给政策制定部门。同时也有助于教育政策主体之间自下而上的信息反馈,让上级主管部门能及时了解问题、调整政策,压缩地方政府及教育部门不作为、乱作为的权力寻租空间。城乡教育资源数据库的建设不仅能提高教育政策执行的效率、也可以通过项目回溯做到责任倒查和项目整体评估,有利于政策制定和执行部门总结经验,完善现有的管理体制和机制。

四、加大民族地区乡村教师的培养力度,完善青年教师队伍梯队建设

省级政府要结合目前各市县教育移民政策推进过程中的实际情况,提前谋划乡村青年骨干教师的梯队建设。目前各市县民族地区乡村教师中大多是40岁以上的老龄教师,如果不及时补充教师队伍,未来乡村教师队伍将面临后继无人。因此,省级政府要对全省民族地区乡村教师队伍做一个全面的摸底,了解乡村教师队伍的年龄结构、学历情况、任课教师师资队伍情况等,形成较为全面的乡村教师师资评估报告;同时多措并举,鼓励各市县加大乡村教师引进的力度,通过与省内高校订单培养、外省招聘和竞争选拔等方式及时补充乡村教师队伍的不足。做到老、中、青师资队伍结合合理,计划在3—5年培养一批青年骨干教师满足乡村教育发展的不足。特别是在体制机制上要创新引进机制,充分发挥现有师范学生支教政策优势,提高引进政策待遇、破除人事晋升和职称评定的不合理约束,把想干事、能干事的年轻人留下来。

五、建立省市"移民学校教育发展"智库组织,搭建双向沟通平台

在笔者深入调研过程中,我发现有一群人把乡村教育作为自己职业的归属,把做好基础教育作为自己职业发展的方向。也正是这一群人对教育移民政策提出了很多具有建设性的意见和建议。在几个市县的走访中,我发现这群有着共同价值理论的"乡村教育家"一直在为海南乡村教育的发展探索,并保持着紧密的民间联系。而与此相反的是,各市县分管教育的主管部门很少与他们有过多的思想交集和研讨,教育主管部门和乡村教育家一条战线上的同志,却有着相互之间不可言喻的"隔阂"。我曾经就这个问题,请教过一位学校校长,他们的回应让我思考良久:一是两者的立场不同,一个是官本位,一个是以学生为本;二是两者的价值理念不同,教育主管部门是要管理和约束人,学校校长是要教化人说服人。虽然同是从事教育事业,但两者在工作中可能有着更多是不妥协和难以言语的矛盾。因此,我建议省级政府成为"乡村教育发展"研究智库,各市县成立乡村教育发展工作室,每年举办一场较为广泛的乡村教育发展研讨会,省级政府和各市县划拨一定的运营经费和课题招标经费用于智库建设。把一批在业界有一定威望的乡村学校校长、移民学校校长、已退居二线的教育主管领导和学者吸纳到工作室,承担省市县教育主管部门迫切需要调研的相关课题,由这群乡村教育家深入到乡村学校和基层去了解和调研,并把发现的问题和他们集体的智慧汇总成报告,以反馈给省市教育主管部门,以提供政策参考。这样不仅能充分调动"乡村教育家"的职业热情,同时也能充当教育政策主体之间的沟通桥梁,还能给予政策制定者和执行者一定的政策参考依据。最为重要的是,他们能让教育政策的执行者与移民学校的教育者在共同的事业上,凝聚共识、形成合力,共同为海南乡村教育的发展提供真知灼见的意见和建议。

六、合理规划乡村学校覆盖范围,增强民族地区乡村教育的文化功能

从现有教育移民政策所出现的问题来看,民族地区农村学校的大量撤并是导致学生过早寄宿、教师走教的重要原因,我们应该及时调整原有政策中的不足,要重新反思和调整原有布局调整中的规划,一定要本着方便学生入学、不能过早寄宿的原则,尽可能保留村级小学覆盖 3 公里左右的乡村。对已经撤并的学校,如果条件允许,要结合民族地区乡村村委会

和村民意见原地恢复学校;确有必要撤并的学校校舍要补齐幼儿教育,政府要把乡村幼儿教育纳入基础教育的服务范围。同时,乡村教育要凸显乡村特色,把乡土教材、乡土文化特色融进课堂,把德育基础教育做到整体的文化下移,地方政府要加大对民族地区乡村学校的德育教育管理。花大力气调机制、转方式,鼓励优秀的年轻教师下乡村学校驻点教学,开创能上能下的用人体制,把新进师范生的教师培养纳入到城乡教育一体化的进程中来,让民族地区乡村教师有更多的获得感和成就感;提升乡村学校校长的待遇水平,可以根据条件考虑让乡村学校校长与城镇校长享受同等待遇水平,鼓励有一定教学管理经验的优秀校长到基层去管理学校,提升基础教育的软实力。同时要调整地方政府把基础教育的重心转移到乡村学校,加大乡村学校的投入力度,按照城镇学校标准和教学条件配备乡村学校,建设乡村教师的宿舍楼,彻底改变民族地区乡村学校的"走教"现象,让乡村教师以学校为家,增强其对乡村学校的归属感和主人翁精神。省级教育管理部门要把乡村教师的长效培训机制建立起来,建立专项资金保障地方政府在乡村教师的培训和教学水平上有较大的提升,把城乡教师的教学服务管理纳入地方政府的考核内容,保障教学培训的常态化和有效性。

七、转变政府服务职能,充分给予移民学校校长治校自主权

校长治校是尊重校长的治学理念和教学规律的应有之义,校长的治学理念和治学方案经校党委讨论通过后报备县教育主管部门和地方政府,地方政府应该切实转变政府管理职能为服务职能,避免行政命令干预和以检查为名过多干预校长治校,充分给予校长在治校过程中的人事调配权和资金使用权限,让校长把主要的精力放在提高教学质量和学校管理上,培养一批能干事、愿干事的年轻教师队伍,改变目前教师人浮于事的消极状态。要充分尊重校长的治校自主权,重点抓好学生的德育、教师的教风、学校的校风,以及学生的日常管理,鼓励年轻教师经常性参加教学比赛和教学科研,结合实践中的教学经验,针对性对移民学生的文化适应、基础薄弱等硬伤进行集中讨论和创造性地开展教学。地方政府的服务职能转变要结合校长和乡村教师的现实困难,有针对性的做好服务工

作,如引进教师的待遇遗留问题、师资科研培训问题、教师两地分居问题、学校后勤保障资金问题等,让校长和教师没有后顾之忧地从事教学改革和教学创新。地方政府可根据学校拟定的教学方案逐项监督学校落实情况,了解各项教学改革的进展情况,定期组织校长和教师的座谈会,了解和监督学校教学改革进度按照预期目标实施,针对学校教学改革存在的困难和问题要设立台账,限期要给予答复,并提供解决方案,帮助移民学校校长和乡村教师及时处理存在的困难,避免出现扯皮、拖沓现象,杜绝问题悬而未决。

八、创新管理方式,提升民族地区乡村教师待遇,改进教学方式

目前民族地区乡村教师的日常管理责任大、学生安全心理压力较重,其主要的症结是学校的后期管理人手不足,过多移民学生的寄宿住校导致教师的日常管理工作量大,不能专心地从事教学。地方政府和教育主管部门可通过政府购买社会服务的方式把学校的后勤管理外包出去,包括校车配备、后勤管理、校卫生室和宿舍管理等;乡村学校的重点要转移到教学管理和德育教育上,让乡村教师重视专业领域的教学方式和方法,创造条件让城乡教师实现定期交流机制,把专业教学和创新教学方式方法作为教师的主要工作领域,对部分年龄较大、不适合教学的中老年教师实行体制内退或者转服务型岗位,把愿意从事基础教学、有一定专业素养的乡村教师培养起来,省级政府要结合乡村教师的群体数量及面临的生存困难,创造条件提升乡村教师的待遇水平,真正让乡村教师能留得住、用得上、走得出;地方政府要改变目前师范生限定五年留守基层的行政措施,可改为限定 3 年乡村学校班主任工作,如教学工作突出或取得县市教学比赛名次成绩的,可根据个人申请推荐到城镇学校教学,鼓励年轻教师能上能下。地方政府对民族地区乡村学校的管理要因地制宜,不能搞一刀切,第一,得提升待遇保障愿意留守乡村的教师,发挥他们对乡村教育的热情和能力。第二,要在事业平台上给乡村教师搭平台,鼓励其创新性地改进教学方式和方法,鼓励乡村教师发挥集体智慧申报乡土课程,组织师资编写乡土教材,让民族地区乡村教师在乡村学校的试验田上创造性开展教学工作。第三,发挥现有城乡教师互换机制作用,定期派城镇学校

的教师与乡村教师进行互换学习一年,让城镇教师有目的有任务地到乡村学校指导教学和参与管理;乡村教师要做好去城镇学校学习计划,有目的地根据自己的不足加强教学实践和科研培训;使得原有城乡"大手牵小手,互帮互助"机制持续发挥有效作用。第四,鼓励乡村学校校长搭班子、带队伍,地方政府给予乡村学校校长教师的绩效考核权,鼓励其按照地方政府的考核要求,明确教师的职责和任务,针对民族地区乡村学校的实际困难和学生情况有重点地开展教学管理,对人浮于事、教学应付、心不在基层的教师,校长可根据具体情况退回教育主管部门进行重新竞聘,让乡村学校教师队伍凝心聚力,专心做好乡村教育建设。

九、注重学生德育建设,破除"唯升学率至上"教育理念

目前教育移民学校(思源)的学生大多是民族地区移民学生、孤儿、低保和残疾家庭学生,对他们的教育不仅是社会保障的兜底工程,也是我们教育的重要责任。从昌江思源的实践来看,重视这些学生的德育教育,不仅能启迪学生的心智,也能促进学生的升学率,从教育的本质来看,德育是教育的落脚点,它与学生的升学率是相互促进而不是相互冲突的。我们应该转变城镇学校"唯升学率至上"的教育理念,突出学生的德育建设,特别是大部分的移民学生过早地寄宿到城镇学校,从小染上很多不良的行为习惯,如抽烟、酗酒、打架等,以及厌学情绪严重、家庭观念淡薄等,如昌江思源学校是一个很好的范例,他把"做一个合格的城市公民"作为教育理念,从学生基本的行为习惯开始抓起,从培养基本的道德养成开始,学校专门成立的德育部对学生的德育教育效果进行评价,他们通过制定德育考核标准,要求教师要引领学生对家庭、对学校、对国家的认同感,通过示范引领、活动教学、个人展示以及团体辅导等方式让学生对父母有感恩、对学校有归属感、对国家民族有认同感。以这样看似偏离升学为导向的教学理念,不仅让昌江思源学校在三年内成为省级规范化校园,也从全县最差的入学成绩成为全县高中考试最好的学校。昌江思源实践证明教育的导向不在于升学率的高低,而在于培养学生基本的道德和良好的行为习惯。

从教育管理上来看,德育建设应该潜移默化在学生日常管理中,在课

堂之外；如昌江学校德育管理部门组织学生检查宿舍卫生、打扫校园、校园勤工俭学、开展学生课外活动等，让学生积极参与到学校的德育项目中，使学生以校为家、爱学爱教，让学生从校园文化环境中感悟自我的不足，并通过行为的外化转化为对家庭的关爱，如回家帮父母干家务活、跟父母分享自己的成长，布置学生写感恩作文，组织德育成果展等。昌江思源所坚定的教学理念是培养学生具有基本的公民道德，让学生成长为一个对社会有用的人，让教育最大限度地减少和降低未来社会的犯罪率。从这点来说，昌江思源不仅通过德育教育培养了学生好的行为习惯，也让移民学生影响到他们的家庭，更帮助学生找准了未来的方向。

从实践经验来看，我们应该及时转变教学理念，更加突出和重视德育建设，弱化以升学为导向的考核标准，让移民学校的校园文化建设更突出德育和行为习惯教育，把启迪移民学生的心智，具有基本公民道德作为我们教育的根本宗旨，深入研究和细化德育管理和考核办法，让移民学校建设真正落实到学生的全面发展。

十、建立政府三级乡村教育经费制度，切实减轻民族地区市县教育财政压力

从 2001 年我国实现农村税费改革，把过去由乡级政府和当地农村集资办学改为由县级政府举办和管理农村义务教育，教育经费统一纳入县级财政。2005 年，海南省推行教育移民工程后，为保障政策的实施，省级政府财政加大了对农村义务教育的支持力度，由省级财政、地方财政和社会资金三方共同出资保障了教育移民政策的实施，并安排了专项资金用于农村中小学危房改造和校舍建设。从目前的情况来看，移民学校的后期管理和维护资金，以及乡村学校的建设和教师待遇等问题，以现有少数民族贫困市县的财政承受而言，显得尤为紧张。因此，中央和省级政府要提高一定比例的专项教育经费预算，特别是加大对乡村教育的投入力度，减少贫困市县的教育财政压力，建议从国家层面设立乡村教育发展专项经费，以五年为一个评估周期，每年划拨一定份额的专项经费给西部少数民族贫困省份发展乡村教育，省级政府和地方政府根据各市县经济情况按一定比例给予经费配套，保障乡村教育发展有一个长效的保障机制。

建议海南省政府要积极完善现有教育移民政策的不足:一是要加强民族地区乡村学校的标准化建设,照顾乡村教育的弱势群体,满足留守乡村儿童的教育需求;二是要提高民族地区农村小规模学校的公用经费拨付标准,加大生均拨款的权重;三是要提高民族地区地方政府财政的教育经费预算比例,保障学校的水、电后勤管理,校车配备和学校基本运营成本的及时拨付;四是提高农村学校教师的收入和福利待遇,让乡村教师在工资收入上更具竞争力;五是提高对民族地区农村移民学生的贫困补助标准,包括交通费、生活费补助和营养午餐供给等方面的困难;六是省级和地方政府可充分调动乡镇政府和民众对教育的支持热情,吸引社会资本加大对乡村教育的支持力度,减少因城区教育资源短缺而导致的"大班额"现象,帮助乡村教师解决蹲点住校的生活问题;七是建立民族地区移民学生的利益补偿机制,对移民学生中出现的额外教育成本负担,如交通、住宿、生活照顾及家长陪读等额外增加的教育成本,可建立公共财政的补偿机制,按照一定的标准给予补偿,切实减轻农村移民学生的经济负担;如昌江大仍村村民建议政府给予在学校陪读1—3年级学生家长一定程度的经济补偿。

十一、采用政府购买导向的城市教育反哺农村模式,补齐民族地区乡村教育短板

　　城乡教育的一体化不是要把农村教育城市化,也不是把边远的乡村学校撤并整合,而是要推进城乡教育的一体化,即在乡村学校布局调整达到一定规模的饱和、稳定阶段后,通过破除城乡二元教育体制和机制的障碍,推动各类教育要素在城市和农村之间双向流动,实现教育资源的优化配置、教育要素的合理流动和城乡教育的互动发展,并建立起城乡教育双向一体化的制度体系[①]。现有城乡教育一体化过于突出教育资源的效率优先方向,导致移民学生只能在有偿的优质教育和衰败的农村教育之间进行选择,对农村移民学生就近入学机会的剥夺极大地违背了教育的公

---

① 邬志辉:《农村教育不能一味城镇化——对农村义务教育学校布局调整的思考》,《基础教育论坛(文摘版)》2013年第1期。

共属性。城市教育的市场化取向并不能使得城市教育资源要素向农村教育逆向流动,反而导致乡村学校的教育要素不断地向城市流动,最终导致农村教育的衰败和没落;而这又成为地方政府不断撤并乡村学校的理由,形成了乡村教育进入自我覆灭的恶性循环。因此,我们要转变城乡教育的市场化取向,采取政府购买导向的城市教育反哺农村教育模式,形成由政府购买城市的优质教育要素长期支援服务农村,通过地方政府任务考核、教育政策倾斜、资金投入等制度性安排激励地方政府教育部门、个人和群体反哺农村教育,依托科层组织的行政考核激励地方政府转变职能,花大力气补齐乡村教育的短板。

同时,民族地区乡村教育的发展要结合自身区域和民族特色,突出民族文化和乡土特色,避免乡村教育与城市教育发展的同质化,让乡村教育贴近农村生活实际;特别是在海南少数民族地区各地移民学校和职业中学所编写的乡土教材要继续发展,如黎锦、苗绣、打柴舞、原生态民歌等特色文化传承项目可以融入乡村校本课程,打造海南的"强镇教育"和特殊职业教育,选聘少数民族文化传承人融入乡土教材的编写和教学,让乡村教育有着浓厚的乡土记忆和民族特色。

讨论与总结

　　社会现象总是充满了悖论,中国社会的教育问题也有着其内在的实践逻辑,单纯从宏观或者从某一个学术角度去观察和研究社会现象总会有着顾此失彼的理论缺陷,如何解决现象动态发展和静态观测的联系、单一分析框架中不同主体的关切是一个很复杂的问题。从中国社会现象的实践出发,尤其通过人类学的田野观察得来的第一手资料和感性认识,能让我们更深刻地了解社会现象发展的动态过程以及不同主体的利益关切,从实践中感悟更能触动我们对事物本质的认识,也有可能区别于我们以往的规范性认识——从实证研究反思既有概念,并找到社会现象认识悖论的事实。从以往的教育政策研究中,我们借鉴西方教育政策研究的理论范式,突出教育政策执行效率以及政策执行过程中执行者与执行对象之间的博弈;或者从制度学派的角度把主体的利益获取作为研究的理论起点,却忽视了中国社会实践的历史背景和教育政策执行的内在的社会结构主体的行为逻辑。通过社会结构主义的理论框架,我们可以跳脱出单一的教育政策角度或城镇化发展的研究局限,从更加宏观的角度把研究领域串联起来。本书的两条逻辑主线,一是从城乡教育一体化的实施背景出发,通过对教育移民政策中执行主体的教育价值理念分析、教育政策的实施、执行的效果及存在的问题进行梳理;二是从教育移民政策中不同社会结构主体的利益博弈和内在行为逻辑冲突作为研究重点,试图把原来对教育移民政策的静态分析改为动态分析,通过人类学的田野观察从微观的角度把隐含在教育移民政策过程中的内在行为冲突揭示出来,为我们研究政策实施目的与政策执行效果之间的偏差提供更为有力的逻辑解释;通过对教育科层组织逻辑的分析我们可以理解教育政策"自上而下"执行模式为何会出现现实的"中梗阻",各利益主体如何有选择性地放大自我利益而选择性地执行相关政策,导致教育移民政策目的与实施效果之间存在偏差与错位;同时,教育政策所秉承的市场价值取向背离了教育公平的本质属性,导致了城乡教育的两极分化,剥夺了政策受益者享受平等教育的机会,进而导致乡村教育走向了衰败和没落的结局。

通过对现有教育移民政策的研究和反思,就是对个人生存境况的批判反省,我们所秉持的教育为了个人全面发展的宗旨,如何在不同社会背景和社会实践逻辑中保障其不偏离我们的最终方向。从教育移民政策的实践来看,城乡教育一体化的实施在不同地区的执行部门中还存在片面的理解,单纯通过中小学布局结构的调整和资源整合要实现城乡教育资源要素自由的市场流通还有很多的体制机制障碍。从不同主体的内在行为逻辑来看,政府主导的教育政策推进虽然保障了政策的顺利推进,却也严重干预了教育场域的教育教学,学校组织丧失其治校的自主权,乡村教师的生存困境反映出教师自我身份认同的错位和对教育管理部门的消极抵抗,政府主管部门应当要适时地转变教育管理职能为服务职能,充分尊重教育教学规律,放权让学校组织做好教育教学管理,履行监督职能和服务职能,特别是要做好学生安全兜底和后勤保障,把学校组织人事和一定的资金的管理权限适时下放,盘活学校组织的内生活力。在乡村教育与城市教育的发展上,我们应摒弃城市教育的中心地位,花大力气补齐乡村教育的发展短板,切实关照乡村教师的生存状态,让乡村教师留得住、用得上,也要出得来,乡村教育不应一并的撤并,要重点关切乡村村民和家长的教育需求,不能强加移民搬迁的政策善意而放弃孩子就近入学的权利;政府要打破城乡教育资源要素流动的体制机制瓶颈,通过政府购买导向鼓励城镇教师自由向乡村教育流动;实现城乡教育资源的双向良性互动应是教育移民政策的最终目的所在,这也是缩小城乡教育差距的重要实践路径。我们在总结教育移民政策经验的同时,也应该不断地反思我们所做的教育改革,到底是谁的知识? 谁的公平? 我们应该切实服务的主体到底是谁,我们是否有过越俎代庖的行为,政策主导者所理解的教育公平是否契合受教育者的内在诉求,教育的受众体的主体地位才是我们一切教育政策的落脚点。在教育场域中,我们要关注不同利益主体的利益诉求,教育行政主管部门、学校组织、教师群体、学生及家长的内在行为构成了教育结构的网络关系,他们相互交织、相互影响,要全盘考虑不同政策所导致的联动效应,不能顾此失彼,也不能蜻蜓点水;他们之间的利益博弈和内在行为方式决定了教育政策自上而下执行的效果,因此,教育政策的制定和执行不能缺席了不同的主体,要把他们的利益诉求在政策文本中予以反映,集合最大公约数的利益诉求才能保障教育政策执行的一致性。

总的来说,相对于全国其他地区的移民研究来看,教育移民已经成为一个较好的实践范式,如在广西、贵州因为水土流失和生态环境恶劣而实施的生计移民,因库区工程导致的三峡库区移民;还有在内蒙古地区和青藏三江源地区因草原退化和资源保护工程导致的生态移民;这些在全国其他地区所进行的移民实践,都不同程度出现因缺乏移民主体主动作为的可持续性而陷入了返贫的境地,最后都开始借鉴或者创新地引入了教育移民的实践范式,教育的扶贫功能得到了学界的充分认同。从海南民族地区教育移民的实践来看,不管是从经济效益还是社会效益来看,都是一个较为成功的实践范式,也取得了较好的实践效果;从海南民族地区所产生的变化来看,它不仅实现了民族地区教育在较短的时间内的跨越,也让民族地区的大部分孩子享受到较为公平的教育环境;更为重要的是它真正改变了贫困地区人的观念的转变,加速了民族地区乡村向城镇的聚集,也割断了民族地区贫困的代际传递。但其产生的问题也值得密切关注,移民学生的辍学率的回升、民族文化和乡村教育的没落、乡村教师的身份认同和待遇问题、教育主体的利益诉求和冲突、教育主体的能动积极性的调动等,这些问题都会影响教育移民政策的最终效果和未来发展的可持续性。因此,建议政府主导者要切实放下身段、倾听民情,集中精力搭建好城乡教育资源的共享平台、建立城乡教育人才双向流动的体制机制、突显民族文化和乡村教育特色等,加大力气对民族地区乡村教育的资源投入,让民族地区乡村教育真正成为贫困地区人口实现向上流动的重要阶梯,为地方经济建设发展提供不竭的人力资源。通过对海南教育移民政策的深入研究,不仅可以给全国其他地区的教育移民实践提供必要的参考路径,也可以为全国其他地区的教育移民实践提供针对性的政策建议。总之,由于笔者个人的学术资质及理论水平受限,所处的理论视角和学术角度还有局限,在后续的研究上,我将进一步加强教育移民政策场域内结构主体互动过程的动态研究,分析结构主体在不同环境下能动选择的可能性,特别在城镇化和乡村振兴战略的背景下,要进一步分析民族地区乡村发展的未来走向,注重政策耦合可能带来的变化趋势,并进一步加强对少数民族学生的文化适应、乡村教师的生存困境和城乡教育一体化的实践路径等问题的研究,以保障教育移民政策的可持续性发展。

通过本次研究,让我更加深入地体验到农村教育发展的不易,在每次调研的过程中,我都有过在心灵上的震颤,就像一次内心的心灵洗礼。让我从局外人真正融入田野中的"现场人",从调研提纲的撰写,到写作过程中的多次易稿,我曾一度陷入一种生不如死的写作困境,当写作在磕磕绊绊中一路成形,最后付诸成稿时,也心生一种欣慰和喜悦,但更多的是意犹未尽,总感觉有些东西没有表达清楚,或许这种遗憾是我本身的资质所无法启迪的,只能留待以后继续思考。虽然本书还有很多的不足,但却是我在学术生涯上的一次蜕变的过程,我期待着这次的研究成果作为我学术生涯的一次里程碑,不断地聊以自慰和驱动我前行,也希望我的研究成果能为相关领域的研究同行提供有益的参考。由于本身来自农村,对农村教育我有着深深的眷念之情,当我设身处地地处于现在农村教育的场域中,一种悲怆和难以释怀的感触油然而生。我希望我的研究也能勾起与我同龄人一样的成长记忆和感悟,乡村教育曾抚育了我们,我们现在更应该在现有的历史环境中,为农村教育的发展尽我们自己的应有之力,哪怕是从最初的呐喊开始。我认为我国的农村教育还将在看似曲折的道路上艰难前行,希望我们不忘初心、砥砺前行,在曲折和困境中为农村教育的未来发展出谋划策,让农村教育真正成为我国教育发展最坚强的磐石。

附　件　1
2008年海南省教育扶贫（移民）
工程实施方案

一、实施原则

实施教育扶贫（移民）工程，重点是把自然条件差、基础设施薄弱，至今没有通路、通电、通广播电视等的贫困自然村和处于生态核心保护区的边远村庄的小学生转移到就近条件较好的乡镇中心学校或县城九年一贯制学校就读，把初中生集中到人口较多、经济文化条件较好的乡镇中学或县城中学就读。

二、实施范围目标

2008年教育扶贫（移民）工程定在陵水、保亭、五指山、琼中、白沙5个国家扶贫开发重点县（市）和昌江、屯昌、定安、乐东、东方5个省扶贫开发工作重点县实施。通过改、扩建10所主要用于接收教育扶贫（移民）学生的九年一贯制学校，2009年春季开学投入使用，新增用于接受教育扶贫（移民）的优质学位16200个。通过实施教育扶贫（移民）工程，为贫困山区的孩子提供与城镇孩子同等的教育条件，为贫困山区经济社会发展打下坚实的人力资源基础。

三、资金筹措

教育扶贫（移民）工程资金分为一次性建设资金（学校建设资金）和经常性资金（学生的交通及生活费补助）。一次性建设资金主要由财政和香港言爱基金会捐赠的资金构成；经常性资金由财政纳入年度部门预算安排。2008年一次性建设资金（学校建设资金）19440万元，其中省级财政安排 6150 万元、香港言爱基金会资助 10600 万元、原安排的中西部农村初中校舍改造工程专款 711 万元、市县配套 1979 万元。经常性资金(学生的交通及生活费补助)按照 7∶3 的比例由省财政和市县财政共同分担。

四、实施计划

(一)琼中民族寄宿制学校。该校在现琼中民族中学基础上改扩建,占地面积 100 亩。2008 年投资 2180 万元,其中省级财政 700 万元,香港言爱基金资助 1200 万元,琼中县配套 119 万元,原安排的中西部农村初中校舍改造工程专款 161 万元。新增用于教育扶贫(移民)的学位 1800 个。

(二)陵水民族寄宿制学校。该校在现孟果坡中学基础上改扩建,占地面积 74 亩。县配套 280 万元。新增用于教育扶贫(移民)的学位 1800 个。

(三)白沙民族寄宿制学校。该校在香港言爱基金会捐建的县二小基础上再征地 7 亩进行改扩建,2008 年投资 1000 万元。

(四)五指山市普爱学校。该校为新建学校,占地 80 亩。原安排的中西部农村初中校舍改造工程专款 280 万元。新增用于教育扶贫(移民)的学位 1800 个。

(五)保亭实验学校。该校在现香港言爱基金会资助的保亭一小和现保亭二中基础上整合组建保亭实验学校。

(六)屯昌实验学校。该校在现加密红小学基础上改扩建,占地 80 亩。2008 年投入 2180 万元,其中省级财政 750 万元,香港言爱基金资助 1200 万元,县配套 230 万元。新增用于教育扶贫(移民)的学位 1800 个。

(七)定安仙沟寄宿制学校。该校在原仙沟中心学校基础上改扩建,占地 86 亩。2008 年投入 2180 万元,其中省级财政 500 万元,香港言爱基金资助 1200 万元,县配套 210 万元,原安排的中西部农村初中校舍改造工程专款 270 万元。新增用于教育扶贫(移民)的学位 1800 个。

(八)昌江实验学校。该校在原石碌镇中心学校基础上扩建,占地 100 亩。2008 年投资 2180 万元,其中省级财政 500 万元,香港言爱基金资助 1200 万元,县政府配套 480 万元。新增用于教育扶贫(移民)的学位

1800 个。

（九）乐东民族寄宿制学校。该校 2008 年投资 2180 万元，其中省级财政 800 万元，香港言爱基金资助 1200 万元，县政府配套 180 万元。

（十）东方实验学校。该校 2008 年投资 2180 万元，其中省级财政 500 万元，香港言爱基金资助 1200 万元，县政府配套 480 万元。办学规模 1800 人，新增学位 1800 人。用于教育扶贫学位 1800 个。

五、保障措施

（一）建立工作机制，加强对教育扶贫（移民）工程工作的领导。

成立工作领导小组……

（二）落实工作责任制，确保工程按时按质完成。各有关市县要按照与省政府签订的目标责任书，……

（三）建立健全工程管理办法，确保工程管理规范有序。由省教育厅、省财政厅制定《教育扶贫（移民）工程项目管理办法》……

（四）配置高素质师资，确保教育扶贫（移民）学校办成优质学校。……项目市县要将教师聘用方案作为教育扶贫（移民）工程实施方案的重要组成部分，聘用教师工作要与工程建设同时启动，教师学历要求达到本科。

（五）建立教育扶贫（移民）长效助学机制，确保教育扶贫（移民）学生上得起学。教育扶贫（移民）学生的交通及生活费补助，初中学生每年分别补助 160 元、750 元，小学学生每年分别补助 160 元、600 元。所需资金按照 7：3 的比例由省与市县财政共同分担。补助标准视物价上涨等因素可适时作出调整。教育扶贫移民学校每 50 名寄宿学生聘请 1 名厨工，聘请厨工费用由市县财政安排专项经费解决，具体标准由市县按不低于当地最低工资标准确定。

附 件 2
关于思源实验学校教职工配备工作指导意见
海南省教育厅　海南省财政厅

　　思源实验学校是贯彻落实省委、省政府"教育扶贫"政策,由政府举办、社会资助,以迁移农村边远贫困地区义务教育阶段的中小学生而设立的九年一贯制寄宿制学校。为实现思源实验学校"高质量、创特色、争一流"办学目标,力争在 3 到 5 年内将其建成省级义务教育规范化学校和我省农村寄宿制示范性学校,现就思源学校教职工配备工作提出如下指导意见:

一、思源实验学校的办学规模

　　思源实验学校办学规模为 2700 名学生左右(其中校本部 1800 名学生)。校本部从小学四年级开始至初中三年级,每个年级设 6 个平行班,班额控制在 50 人以内。三年级以下在相关乡镇设思源实验学校教学点,思源实验学校在学校管理和教育教学工作上给予对口支持。

二、思源实验学校教职工的核编定编

　　……按照《海南省人民政府办公厅转发省编办、省教育厅、省财政厅〈关于中小学教职工编制标准的实施办法〉的通知》(琼府办〔2002〕56号)精神,对思源实验学校教职工的基本编制和附加编制进行核编定编,并于 2009 年 2 月底前完成该项工作。

三、思源实验学校的岗位设置

　　……在设定岗位时,要按寄宿制学校要求,加强后勤人员配备,小学、初中男、女生宿舍各配备 1 名生活指导老师兼宿舍管理员;医务人员配备

2 至 3 名,其中 1 名为有处方权的医生。另外,要根据实际情况配备校警和厨师。

四、思源实验学校学生和教职工的来源

(一)学生的来源

1. 各市、县民族寄宿班迁入思源实验学校;

2. 重点迁移偏远、贫困、处于生态核心区的乡镇中小学校学生到思源实验学校入学,原则上以学校为整体迁移;

3. 今后的招生主要以思源实验学校教学点的学生为主体;

4. 一般不安排学生就近入学。

(二)教职工的来源

1. 面向全国公开招聘。(1)每所学校招聘校长 1 名,学科带头人 8 名;(2)从 2009 年国家义务教育阶段学校"特岗教师"中为每所思源实验学校配备 50 名教师。

2. 从撤并的中小学校教职工中调剂人员。(1)选拔符合条件的优秀教师任教;(2)思源实验学校实验室、图书馆、生活老师、其他后勤等岗位人员原则上安排撤并学校的教职工。

五、思源实验学校教职工的配备办法

(一)思源实验学校教师的配备条件

……

1. 校长和学科带头人条件。

……

(2)校长应具有本科学历、中学高级教师职务和任正、副校长经历且工作成绩显著,学科带头人应具有中级以上教师职务,并且获得当地县级(含县级)以上骨干教师称号;

(3)在职人员年龄男 50 岁以下、女 45 岁以下,退休人员(只限在学科带头人中招聘)年龄男 63 岁以下、女 58 岁以下。

2. "特岗教师"条件

……

（2）全日制普通高校应届本科毕业生，以师范类本科毕业生为主，师范类专科应届毕业生可参加竞聘（不超过 10%）。

（3）全日制普通高校本科往届毕业生，但必须取得教师资格，具有一定教育教学实践经验，年龄在 30 岁以下……

3. 从撤并学校调剂人员条件

初中教师应具备全日制专科毕业以上学历；小学教师具有全日制普通师范学校毕业以上学历，且是本学校教学骨干；非教学人员必须是在编在岗人员，且适应岗位工作要求。

在思源实验学校任教人员，凡不具备本科学历的，要在 3—5 年通过各种学历教育途径获得本科学历。

（二）思源实验学校教职工的配备工作步骤

1. 由相关市、县政府在核编定编的基础上拟定本地思源实验学校教职工配备方案，并于 2009 年 3 月 10 日前报省教育厅。

2. 省教育厅根据各地上报的招聘计划统一组织面向全国公开招聘校长、教师工作，录取工作由相关市、县负责。

3. 本次对思源实验学校教职工的配备采取先招聘校长和学科带头人后招聘其他教职工的做法。

4. 思源实验学校的校长和学科带头人配备工作于 2009 年 3 月底前完成。其他教职工的配备工作于 2009 年 6 月底前完成。

（三）招聘程序

……

六、思源实验学校教职工待遇

（一）校长和学科带头人待遇

1. 校长待遇。公开招聘的校长岗位薪金（暂定 3 年），由香港言爱基金会资助按年薪 12 万元标准发放，3 年后视其工作业绩再给予重新核定。在聘期内享受此项资助的校长不再享有其他工资待遇和绩效工资。

2. 学科带头人待遇。按海南当地同等条件教师工资和教师绩效工资标准发放。此外，前 3 年多加享受 5 千元/年的教师绩效工资待遇。本次招聘的学科带头人中属于退休人员的，按年薪 4 万元的标准发放，不再享受教师绩效工资;省外退休人员每年可报销一次探亲路费(乘飞机可报经济舱机票)。

(二)"特岗教师"待遇

"特岗教师"工资每人年工资收入 18960 元人民币,同时享受中小学教师绩效工资待遇和必要的交通补助,并按规定纳入当地社会保险体系、享受相应的社会保障待遇。

(三)**凡被本次招聘录用到思源实验学校的教师,学校给予每人安排单独宿舍。其中,校长安排不低于 60 平方米的套房作为生活宿舍**

七、思源实验学校教职工配备的相关保障政策

(一)公开招聘的校长和学科带头人作为正式教师由市、县政府调入(退休人员除外)。学科带头人的工资、岗位津贴和退休教师薪金由所在市、县财政负担,校长薪金由香港言爱基金会资助 3 年。"特岗教师"前 3 年的工资性补助资金及应由用人单位负担的社会保障缴费由中央和省财政负担。

(二)相关市、县政府应在省编制部门核定的编制总额内解决本次招聘的校长和学科带头人的入编问题,并预留足够编制,用于接收聘请(3 年)已满、考核合格、愿意继续留下任教的本次招聘"特岗教师"。

(三)招聘岗位实行校长负责制、全员聘任制和考核奖惩制管理。……

(四)聘任期内,被招聘人员户口可根据本人意愿留在原籍或迁往受聘市、县。档案关系统一转至任教学校所在地的市、县政府教育行政部门负责管理(退休人员除外)。

附　件　3

海南省民族地区教育移民调查问卷(政府卷)

〔县(市)、乡(镇)教育行政部门负责人问卷〕

尊敬的县(市)、乡(镇)教育行政部门负责同志:您好!

为了客观把握海南省教育扶贫移民的真实情况,以便为今后的相关政策提供可靠的依据,特组织本次学术调查。此次调查以匿名的方式填答,所有信息仅供研究使用。您只需根据实际情况在选项上打"√"或在_____上填写相应信息。衷心感谢您的支持和协助!

1. 您的基本情况是:

1)性　　别:①男　　②女

2)年　　龄:_____周岁

3)民　　族:①汉族　②少数民族:_____族

4)文化程度:①高中(中专)以下　②高中(中专)③大专　④本科
⑤研究生

5)职　　务:①教育局长(副局长)②科长(股长)③乡镇教育站长
(干事)

2. 您所在县(市)或乡(镇)从_____年开始实行教育扶贫移民工程
(请填写具体年份)

3. 您认为当地实行教育扶贫移民工程的主要原因是:(可多选)

①按省里的教育政策要求　②农村学龄人口减少,教学点招生不足
③解决当地乡镇与城镇教育水平的差距,实现教育均衡发展的需要
④提高教育质量的需要　⑤方便教育管理的需要　⑥实现教育资源合理配置的需要　⑦教育扶贫的需要　⑧减少生态保护区人口,保护生态保护区的环境需要　⑨税费改革导致的地方政府教育经费的不足　⑩城镇化的要求　⑪其他_____

4.当地政府在教育扶贫移民工程中采取的方式主要是:(可多选)

①建立示范学校的方式 ②强制撤并教学点方式 ③劝说示范集中办学方式 ④鼓励和强制相结合方式 ⑤其他＿＿＿＿＿＿＿＿＿＿

5.当地教育扶贫移民工程采取的主要形式是:(可多选)

①完全合并式 ②兼并式 ③三年级以上集中到县城集中上学,三年级以下保留教学点 ④集中分散式 ⑤其他＿＿＿＿＿＿＿＿＿＿

6.您认为当地实行教育扶贫移民工程取得的成效是:(可多选)

①提高了学校规模效应 ②实现了教育资源的合理配置 ③提高了教育质量 ④减轻了教师的负担 ⑤减轻了学生家庭教育成本的负担 ⑥有助于教育的均衡发展 ⑦加快了本地教育的发展 ⑧其他＿＿＿＿＿＿＿＿＿＿

7.您认为当地教育扶贫移民工程存在的问题是:(可多选)

①学校配套建设资金的不足(如校车、后勤保障、学生伙食、住宿等) ②政府学校建设资金不到位,管理缺乏监督,学校运营成本高 ③教师引进、住房、待遇资金存在缺口 ④学生上学路程太远 ⑤学生家长教育成本负担加重 ⑥班级规模过大 ⑦少数民族学生学习生活压力加大,在学校存在不适应(产生叛逆、逃学、心理问题等) ⑧教师的工作负担加重 ⑨教育质量有所下降 ⑩长效助学机制存在补助不足 ⑪学校教育管理制度不健全 ⑫其他＿＿＿＿＿＿＿＿＿＿

8.您认为实行教育扶贫移民工程的困难是:(可多选)

①撤并教学点村民不支持 ②学生家长不理解 ③教师怕下岗失业,工作不安心 ④部分学校的不配合 ⑤学生担心上学路途太远,存在安全隐患 ⑥其他＿＿＿＿＿＿＿＿

9.当地实行教育扶贫移民工程后入学率、辍学率和升学率与以前相比:(请在符合项下打"√")

	①增加	②减少	③大体相当
入学率变化情况			
辍学率变化情况			
升学率变化情况			

10.当地实行教育扶贫移民工程后学生上学是否方便：

①是　　　　②否

11.您认为解决农村中小学上学路途过远问题最好的途径是：(可多选)

①寄宿制　　②定点班车接送　　③家长接送　　④学校配套建立校车车队　⑤其他_____

12.您认为建立思源学校的好处在于：(可多选)

①农村学生可以享受到优质的教育资源　②有利于学校集中管理③有利于农民工子女的学习和生活　④有利于提高学校的教育质量⑤ 其他_____

13.您认为思源学校存在的主要问题是：(可多选)

①低年级学生寄宿生活不方便　②学校教师编制过紧　③缺少必要的配套经费　④引进外地教师与当地少数民族学生家长存在文化冲突，学生家长对教师的教学管理不理解。⑤少数民族贫困学生家庭负担增加⑥少数民族文化特色课程开发不足　⑦边远少数民族学生在县城上学存在不适应　⑧学校缺乏保育人员和工勤人员　⑨对贫困家庭学生的资助不足　⑩师资不足,无法开展双语教学　⑪其他_____

14.您认为学校的布局结构应该是：(请在下表中填写相应的数字)

合理布局指标项	小学	初中	高中
学校服务范围大约多少公里合适			
学校服务人口大约多少人合理			
理想的学校规模大约应该多少个班			
理想的学校规模大约应是多少个学生			
最低应该不少于多少个学生			
生师比保持在什么样的比例为合理			

15.您认为当地农村是否应当保留教学点：

①是　②否　理由是：_____

16.当地农村被撤并的教学点的闲置校产的处理方式是：(可多选)

①开展学前教育　②交由村委会处理　③发展校办产业　④收归教育部门　⑤交由乡镇处理　⑥由学校变卖后补充教育资金　⑦其他_____

17.您认为当地教育师资富余学科是_____,短缺学科师资是_____

①语文　②数学　③外语　④体育　⑤艺术(音乐、美术)　⑥计算机　⑦心理健康　⑧科学　⑨品德与生活　⑩品德与社会　⑪思想品德　⑫历史与社会　⑬综合实践活动　⑭双语教师　⑮其他_____

18.您认为职业教育实行"四免一补"政策对当地教育扶贫有哪些帮助?

①有利于农村学生的升学　②有利于当地学生掌握一门技能　③有利于学生就业　④有利于减轻贫困学生家庭的负担　⑤有利于减少贫困地区人口,使其向城镇流动　⑥其他_____

19.您对当地的教育扶贫移民政策的态度:

①支持　②不支持　③无所谓

20.您认为当地教育扶贫移民最需要解决的问题是:

①增加经费投入②加强思源学校建设③合理配置师资和加强师训④增加贫困学生的补助⑤其他_____

21.您对教育扶贫移民工程还有哪些建议?_____

附 件 4

海南省民族地区教育移民调查问卷(学生家长卷)

尊敬的学生家长们:您好!

为了客观把握海南省教育扶贫移民的真实情况,以便为今后的相关政策提供可靠的依据,特组织本次学术调查。此次调查以匿名的方式填答,所有信息仅供研究使用。您只需根据实际情况在选项上打"√"或在_____上填写相应信息。衷心感谢您的支持和协助!

1. 您的基本情况是:

1)性别:①男②女

2)年龄:____周岁

3)民　　族:①汉族　②少数民族:____族

4)身份或职业:①务农　②经商　③干部　④教师　⑤医生　⑥外出打工　⑦其他_____

5)家庭一年纯收入大约是_____元。

2. 您家有_____个孩子,其中上学的有_____个,他(她)们现在上:

①小学　②初中　③高中　④其他____

3. 每年负担孩子教育成本占到家庭收入的____%。

4. 您家孩子上学要走____里路,要花____小时。

5. 您家孩子所上学校是否撤并过:

①是　　　　②否

6. 现在孩子上学您最担心的问题是:

①孩子的安全问题　②家庭经济负担加重　③孩子学习成绩下降④孩子的住宿生活问题　⑤其他_____

7. 您认为现在孩子上学是否方便:

①是　　　　②否

8.与教育扶贫移民前,您认为现在学校的老师对学生:

①更负责任　　②没有以前负责　　③说不清楚

9.您认为解决当地农村孩子上学路程过远的最好办法是:(可多选)

①让学生住校　②定点校车接送　③家长接送　④孩子自己做班车

⑤其他_____

10.您家里是否有孩子住校:

①是　　②否

11.您家里孩子每学期住宿费是_____元,每月生活费大约是_____元。

12.您家负担孩子上学的住宿费和生活费是否有困难:

①有困难,负担不起　　②有点,但能勉强支撑　　③一般,属于承受范围　④没有问题

13.您认为在当地农村孩子上学最远不超过_____里为好;初中生上学最远不超过_____里为好;高中生上学最远不超过_____里为好。

14.您认为农村中小学集中办学后,是否应当保留当地的教学点?

①应当保留　②不用保留　理由是:_____

15.当地在实行教育扶贫移民后,对孩子的教育起到什么帮助?（可多选）

①教育水平得到了提高　　②孩子的成绩得到了提高　　③政府对孩子教育的补助比以前提高了,减少了家庭的教育负担　④学校的教学设施比以前好了　⑤使孩子能享受到跟城里孩子相同的教育条件　⑥孩子上学的兴趣提高了　⑦其他_____

16.政府对当地中小学的撤并过程是进行宣传动员,还是强制手段:

①宣传动员　　②强制手段　　③说不清楚

17.当地在进行农村中小学的集中办学是否征求过当地村民的意见:

①是　　②否

18.您认为当地实行教育扶贫移民工程的主要原因是:(可多选)

①按省里的教育政策要求　②农村学龄人口减少,教学点招生不足

③解决当地乡镇与城镇教育水平的差距,实现教育均衡发展的需要

④提高教育质量的需要　⑤方便教育管理的需要　⑥实现教育资源合理

配置的需要　⑦教育扶贫的需要　⑧减少生态保护区人口,保护生态保护区的环境需要　⑨税费改革导致的地方政府教育经费的不足　⑩城镇化的要求　⑪其他＿＿＿＿＿＿＿＿＿＿＿

19.您认为当地教育扶贫移民政策存在的问题是:(可多选)

①学校配套建设资金的不足(如校车、后勤保障、学生伙食、住宿等)　②学生上学路程太远　③学生家长教育成本负担加重　④班级规模过大　⑤少数民族学生学习生活压力加大,从家里到学校学习存在不适应(产生叛逆、逃学、心理问题等)　⑥教育质量有所下降　⑦长效助学机制存在补助不足　⑧学校教育管理制度不健全　⑨其他＿＿＿＿＿＿＿＿

20.您认为当地实行的教育扶贫移民政策,迫切需要解决的问题是:(可多选)

①学生上学距离太远,有安全隐患,希望能提供定点校车接送　②学生的教育负担太大,希望增加对困难家庭孩子的教育补助　③学生的住宿条件太差,希望改善住宿条件　④希望学校加强对学生的教育管理　⑤学校教育与少数民族文化脱节,希望学校增加关于少数民族文化的课程　⑥增加心理辅导课程　⑦其他＿＿＿＿＿＿＿＿＿＿＿＿＿＿

21.您对当地实行的教育扶贫移民政策是什么态度?

①支持　②不支持　理由是＿＿＿＿＿＿＿＿＿＿＿＿＿＿

21 您对当地实行的教育扶贫移民政策有什么建议?

＿＿＿＿＿＿＿＿＿＿＿＿＿＿＿＿＿＿＿＿＿＿＿＿＿＿＿

附　件　5
海南省民族地区教育移民调查问卷(学生卷)

亲爱的同学们:您好!

　　我们是"海南教育移民研究"课题组的研究人员,为了客观把握海南省教育扶贫移民的真实情况,以便为今后的相关政策提供可靠的依据,特组织本次调查。您的意见对于我们调查研究具有非常重要的价值。因此,特请您支持我们的调查。此次调查以匿名的方式填答,您只需根据实际情况在选项上打"√"或在_____上填写相应信息就可以了。谢谢您的支持和帮助!

　　1. 你的基本情况是:

　　1)性别:①男②女

　　2)年龄:____周岁

　　3)民　　族:①汉族　②少数民族:____族

　　4)你父母的情况是:

　　①都在家务农或者其他工作　②父亲或母亲一人在外地打工　③父母都在外地打工　④其他_____

　　2. 你是在县城住校就读还是在教学点走读:

　　①住校　　　②走读

　　3. 你每学期要交_____元学费,如果是住校的话,交_____元住宿费,每月_____元生活费。

　　4. 你家里负担你的学费、住宿费和生活费是否有困难:

　　①有困难　②没有困难　③不知道

　　5. 你住校后是否得到过生活补助:

　　①是　②否　③每学期得到_____元生活补助和_____元交通补助

6. 你认为在家里还是在学校住宿好：

①家里　　②学校　　③差不多

7. 你每星期要在学校住 ＿＿＿＿＿＿ 天；你们学校一个房间一般住 ＿＿＿＿＿＿ 个同学；一张床铺一般睡 ＿＿＿＿＿＿ 个同学。

8. 你主要从家里带菜吃还是从食堂买菜吃：

①家里带菜　　②买食堂的菜

9. 你认为学校的食堂的饭菜怎样：

①跟家里差不多　　②不太合胃口　　③有点贵

10. 你家离学校＿＿＿＿＿＿里；您一般是坐车上学，还是走路上学？

①坐车，到学校＿＿＿＿＿＿时间　　②走路，到学校＿＿＿＿＿＿时间

11. 一般情况下，你是怎样上学的：

①自己上学　　②父母接送　　③与同学结伴上学

12. 你们所在学校是否与别的学校合并过：

①是　　②否

13. 一般情况下，你上学时：

①步行　　②骑自行车　　③坐公共汽车　　④坐校车　　⑤其他＿＿＿＿＿＿

14. 你现在上学是否比以前方便：

①比以前方便　　②没有以前方便

15. 现在你所居住的村里，上学的同学与教育扶贫移民之前相比：

①多了　　②少了　　③差不多

16. 你认为现在老师与同学们在一起的时间比以前：

①多些　　②少些　　③差不多

17. 1）你现在所在班上有＿＿＿＿＿＿个同学。

　　2）现在的班与教育扶贫移民前所在的班相比：

①大些　　②小些　　③差不多

3）你喜欢：

①大班上课　　②小班上课　　③无所谓

18. 你喜欢所有的课由一个老师上还是分开由多个老师上：

①一个老师上　　②多个老师上　　③无所谓

19.你现在的学习成绩与教育扶贫移民之前相比：

①提高了　　②下降了　　③说不清楚

20.你喜欢以前的学校还是现在的学校：

①以前的学校　　　②现在的学校

21.你现在上学最担心的问题是：(可多选)

①路远不安全　②受别的同学欺负　③加重了家长的负担　④不适应学校环境 ⑤害怕与老师的交流和沟通　⑥住宿和吃的不习惯　⑦离家时间太长,想父母　⑧ 其他_____

22.你认为解决上学路程太远问题的最好办法是：

①住校　②定点校车接送　③家长接送　④自己坐公共汽车　⑤其他_____

23.你认为现在所在学校在哪些方面需要改善？

①校车接送　②学校伙食　③住宿条件　④卫生医疗　⑤学校课程太多、课外活动太少　⑥教学水平　⑦对贫困家庭的学生补助　⑧学校教育管理制度不健全　⑨其他_____

24.您对集中到县城上学的政策是什么态度？

①支持　②不支持　理由是_____

25.您对学校的教育管理有什么建议？

_____

附件 6

海南省民族地区教育移民调查问卷(学校卷)

尊敬的校长、老师们:您们好!

为了客观把握海南省教育扶贫移民的真实情况,以便为今后的相关政策提供可靠的依据,特组织本次学术调查。此次调查以匿名的方式填答,所有信息仅供研究使用。您只需根据实际情况在选项上打"√"或在_____上填写相应信息。衷心感谢您的支持和协助!

1. 您的基本情况是:

1)性　　别:①男　　②女

2)年　　龄:____周岁;教龄____年;是否外地引进教师:①是②否

3)民　　族:①汉族　　②少数民族:____族

4)文化程度:①高中(中专)以下　②高中(中专)③大专　④本科⑤研究生

5)职　　务:①校长(副校长)　②学校中层干部　③教师　④其他_____

6)您所带的年级:____年级(初中请按照7—9年级填写)

2. 您目前所在的学校:

1)①小学　　②初中　　③九年一贯制学校　　④高中

2)①寄宿学校　　②走读学校　　③走读寄宿混合学校

3. 您所在县(市)或乡(镇)从_____年开始实行教育扶贫移民工程(请填写具体年份)

4. 您认为当地实行教育扶贫移民工程的主要原因是:(可多选)

①按省里的教育政策要求　②农村学龄人口减少,教学点招生不足

③解决当地乡镇与城镇教育水平的差距,实现教育均衡发展的需要

④提高教育质量的需要　⑤方便教育管理的需要　⑥实现教育资源合理配置的需要　⑦教育扶贫的需要　⑧减少生态保护区人口,保护生态保护区的环境需要　⑨税费改革导致的地方政府教育经费的不足　⑩城镇化的要求　⑪其他＿＿＿＿＿＿＿＿＿＿＿＿＿＿＿＿

5. 当地政府在教育扶贫移民工程中采取的方式主要是:(可多选)

①建立示范学校的方式　②强制撤并教学点方式　③劝说示范集中办学方式　④鼓励和强制相结合方式　⑤其他＿＿＿＿＿＿＿＿＿＿＿＿＿＿＿＿

＿＿＿＿＿＿＿＿＿＿

6. 当地教育扶贫移民工程采取的主要形式是:(可多选)

①完全合并式(两校或多校完全合并)　②兼并式(一所学校兼并另一所或几所学校)　③三年级以上集中到县城集中上学,三年级以下保留教学点　④集中分散式(一所中小学校带几个教学点)　⑤交叉式(几个年级在甲村,几个年级在乙村,彼此独立运行);　⑥其他＿＿＿＿＿

7. 您认为当地实行教育扶贫移民工程取得的成效是:(可多选)

①提高了学校规模效应　②实现了教育资源的合理配置　③提高了教育质量　④减轻了教师的负担　⑤减轻了学生家庭教育成本的负担　⑥有助于教育的均衡发展　⑦加快了本地教育的发展　⑧其他＿＿＿＿＿＿

＿＿＿＿＿＿＿＿＿＿

8. 您认为当地教育扶贫移民工程存在的问题是:(可多选)

①学校配套建设资金的不足(如校车、后勤保障、学生伙食、住宿等)

②政府学校建设资金不到位,管理缺乏监督,学校运营成本高　③教师引进、住房、待遇资金存在缺口　④学生上学路程太远　⑤学生家长教育成本负担加重　⑥班级规模过大　⑦少数民族学生学习生活压力加大,在学校存在不适应(产生叛逆、逃学、心理问题等)　⑧教师的工作负担加重　⑨教育质量有所下降　⑩长效助学机制存在补助不足　⑪学校教育管理制度不健全　⑫其他＿＿＿＿＿＿＿＿＿＿＿＿＿＿＿

9. 您认为实行教育扶贫移民工程的困难是:(可多选)

①撤并教学点村民不支持　②学生家长不理解　③教师怕下岗失业,工作不安心　④部分学校的不配合　⑤学生担心上学路途太远,存在安全隐患　⑥其他＿＿＿＿＿＿＿＿＿＿＿

10. 当地实行教育扶贫移民工程后入学率、辍学率和升学率与以前相比:(请在符合项下打"√")

	①增加	②减少	③大体相当
入学率变化情况			
辍学率变化情况			
升学率变化情况			

11. 当地实行教育扶贫移民工程后学生上学是否方便:

①是　　　　　　　②否

12. 您认为解决农村中小学上学路途过远问题最好的途径是:(可多选)

①寄宿制　②定点班车接送　③家长接送　④学校配套建立校车车队　⑤其他_____

13. 您认为建立思源学校的好处在于:(可多选)

①农村学生可以享受到优质的教育资源　②有利于学校集中管理③有利于农民工子女的学习和生活　④有利于提高学校的教育质量⑤其他_____

14. 贵校学生上学最远的路程大约是_____里,最长时间到校大约是_____个小时。

15. 当前贵校共有_____个班,共有_____个学生,平均每班_____个学生,生均建筑面积_____平方米;教育扶贫移民实行前,贵校共有_____个班,_____个学生,平均每班_____个学生,生均建筑面积_____平方米。

16. 贵校少数民族学生有_____人,所占比例大概为_____%。

17. 当前寄宿制小学1—3年级_____个住校生、4—6年级_____个住校生、中学_____个住校生,共配备了_____名保育人员或生活管理人员。

18. 当前贵校的服务范围是_____个村,服务人口是_____人。

19. 贵校对寄宿学生每人每学期补助_____元生活费,_____元交通

费。(没有补助的可以不填)

20.您认为思源学校存在的主要问题是:(可多选)

①低年级学生寄宿生活不方便　②学校教师编制过紧　③缺少必要的配套经费　④引进外地教师与当地少数民族学生家长存在文化冲突,学生家长对教师的教学管理不理解。⑤少数民族贫困学生家庭负担增加　⑥少数民族文化特色课程开发不足　⑦边远少数民族学生在县城上学存在不适应　⑧学校缺乏保育人员和工勤人员　⑨对贫困家庭学生的资助不足　⑩师资不足,无法开展双语教学　⑪其他_____

21.您认为学校的布局结构应该是:(请在下表中填写相应的数字)

合理布局指标项	小学	初中	高中
学校服务范围大约多少公里合适			
学校服务人口大约多少人合理			
理想的学校规模大约应该多少个班			
理想的学校规模大约应是多少个学生			
最低应该不少于多少个学生			
生师比保持在什么样的比例为合理			

22.您认为当地农村是否应当保留教学点:

①是　②否　理由是:_____

23.当地农村被撤并的教学点的闲置校产的处理方式是:(可多选)

①开展学前教育　②交由村委会处理　③发展校办产业　④收归教育部门　⑤交由乡镇处理　⑥由学校变卖后补充教育资金　⑦其他_____

24.当前贵校各科教师的配备情况是:

①恰好配齐　②富余　③短缺

教育师资富余学科是_____,短缺学科是_____

①语文　②数学　③外语　④体育　⑤艺术(音乐、美术)　⑥计算机　⑦心理健康　⑧科学　⑨品德与生活　⑩品德与社会　⑪思想品德　⑫历史与社会　⑬综合实践活动　⑭双语教师　⑮其他_____

如果师资短缺,你认为短缺的原因是什么?

①待遇低招不到人 ②外地教师主观上觉得条件差,不愿意来少数民族地区教书 ③存在生活上的不适应 ④缺少发展平台 ⑤其他_____

25.您认为职业教育实行"四免一补"政策对当地教育扶贫有哪些帮助?

①有利于农村学生的升学 ②有利于当地学生掌握一门技能 ③有利于学生就业 ④有利于减轻贫困学生家庭的负担 ⑤有利于减少贫困地区人口,使其向城镇流动 ⑥其他_____

26.您对当地的教育扶贫移民政策的态度:

①支持 ②不支持 ③无所谓

27.您认为当地教育扶贫移民最需要解决的问题是:

①增加经费投入 ②加强思源学校建设 ③合理配置师资和加强师训 ④增加贫困学生的补助 ⑤其他_____

28.您对教育扶贫移民工程还有哪些建议?_____

附 件 7
教育移民调查研究访谈提纲

对象一:教育局领导

1.该县教育移民政策是在什么样背景下实施的?

2.教育移民实施前经历过哪些考虑和思考? 实施的主要目的是什么?

3.教育移民政策在实施过程中出台了哪些方案,具体是怎么考虑和设计的?

4.教育移民政策的实施主要包括哪些方面? 如教育经费、师资引进、后勤保障、教育质量提高,它们具体是怎么实施?

5.在实施的过程中,遇到过哪些困难,主要集中在哪些方面?

6.教育移民政策还有哪些亟待解决的问题? 哪些方面需要支持?

7.教育移民过程中是否有过移民学生家长、学校老师和相关教育干部有不同的反对意见,具有表现在哪些方面? 你们又是如何进行应对的?

8.教育移民政策实施以来,你认为取得了哪些成效?

9.你是否觉得教育移民模式的经验可以在全省其他地区进行有效推广? 为什么?

对象二:移民学校校长

1.你是否是教育移民学校的第一任校长? 从哪年开始任职? 通过什么样的程序来任职的?

2.对于移民学校的校长,你认为学校的教育理念是什么?

3.作为校长,你是怎么进行移民学校的管理的? 相较移民前学校,贵校取得了哪些成效?

4.移民学校与其他学校有什么样的区别?

5.教育移民学校的经营管理是怎样的组织程序? 收支是否由学校自

我管理？

6. 在学校的管理中,你采取了哪些卓有成效的方式和方法? 与其他市县的移民学校有何不同?

7. 在学校的管理中,你认为面临的最大困难是什么? 有过哪些困惑? 如宿舍管理、卫生室、学生伙食、学生上学的不方便等?

8. 学校引进的师资,以及移民学生对新环境是否存在不适应?

9. 在学校管理上,你认为还有哪些不足? 如师资培训、后勤管理、教育质量提高、学生文化的差异冲突等?

10. 贵校现在有多少学生? 其中多少少数民族移民学生? 有多少师资? 师资比是多少? 最缺乏的师资是哪些?

11. 在你的管理过程中,你还有哪些困难,需要得到上级部门的支持,或者是学生家长的理解?

对象三:移民学校村委会及村民

1. 请问教育移民前,贵村是否有学校或者是教学点? 对于教育移民,贵村的村民是否支持?

2. 主要的意见有哪些? 不同意见的出发点是什么?

3. 以前贵村的学校或者教学点现在怎么处置?

4. 学生去移民学校上学要多长时间,一般是什么交通工具?

5. 教育移民实施后,学生家长的教育成本是否较以前有所下降?

6. 教育移民给你们村教育带来的主要变化是什么? 村里孩子的升学率是否有提高?

7. 你是否支持教育移民? 你的看法是?

8. 政府实施教育移民,是否征求过你们的意见,主要是宣传动员,还是强制执行?

9. 你认为政府实施教育移民的出发点是什么? 给你们带来了哪些实惠? 还存在哪些弊端?

10. 学生去移民学校后,大多是返乡务农,还是在城镇就业? 乡里的劳动力减少,是否影响农民收入。村民是怎么看的?

11. 学生在移民学校是否存在不适应等问题? 返乡后是否不适应乡间生活?

参 考 文 献

一、外文文献

[1] Townsend, P., "Deprivation", *Journal of Social Policy*, 1987.

[2] Noble, M., Wright, G., Smith George, etc, Measuring Multiple Deprivation at the Small-area Level", *Environment and Planning*, 200.

[3] Hoy, D.C. and T.McCarthy: Critical Theory.Cambridge.Mass: MIT Press, 1994, p.9.

[4] Kant, I., Critique of Pure Reason, New York: St.Martin Press, 1961, p.9.

[5] Asia Pacific Civil Society Forum, 2003, Statement of the Asia-Pacific Civil Society Forum on Millennium Development Goals and Eradication of Extreme Poverty and Hunger, Bangkok: Thailand.

[6] Bruner J.S., On Knowing Cambridge, Harvard University Press, 1962, p.98.

[7] Comte, A., System of Positive Pofity, London: Longmans Green, 1975, pp.241-242.

[8] Spencer, H., The Principle of Sociology, Volume 1.New York: D.Appleton and Company, 1925, p.505.

[9] Durkheim, E., The Division of Labor in Society, New York: Free Press, 1964b, Chapter 2-3.

[10] Parsons, T., Social System, New York: Free Press. 1951, pp.5-6.

[11] Lévi-Strauss, C., Structural Anthropology, Garden City, New York: Anchor, 1967, p.271.

[12] Foucault, M., The Care of the Self, New York: Pantheon Books, 1986, p.149.

[13] Baudnillar, J., For a Criitique of the Political Economy of the Sign, St.Louis: Telos Press, 1981, p.185.

[14] Gough Noel, Geophilosophy and Methodology, The Presentation for Institute of Curric-

ulum and Instruction,Shanghai:Oct,21th.,2005.

［15］Easton D.,The Political System,an Inquiry into the State of Political Science,New York:Knopf,p.129.

［16］Ricoeur,P.,Hermeneutics and Human Sciences:Essays on Language,Action and Interpretation,Edited by J.B.Thompson,Cambrige University Press,1981,p.145.

［17］Fairclough,N.,Analysis Discourse:Textual Analysis for Social Research,London:Routledge Falmer,2003,pp.2-17。

［18］Habermas,Jurgen,On the Logic of the Social Sciences,Cambrige,Mass.:MIT Press,1988,p.11.

［19］Habermas,J.,Knowledge and Human Interests,Boston:Beacon Press,1997,p.196.

二、中文文献

［1］［美］迈克尔·W.阿普尔:《教育与权力》(第二版),曲囡囡、刘明堂译,华东师范大学出版社 2008 年版。

［2］吴永章:《黎族史》,广东人民出版社 1997 年版。

［3］刘平量:《城市化移民:解决我省农村贫困人口的根本途径》,《海南广播电视大学学报》2004 年第 1 期。

［4］辞海编委会:《辞海》,上海辞书出版社 2001 年版。

［5］葛剑雄:《中国移民史》,福建人民出版社 1997 年版。

［6］姜斯宪:《实施教育扶贫移民促进义务教育均衡发展》,《新教育》2008 年第 9 期。

［7］石秀慧:《海南省教育扶贫的实践与探索》,《新教育》2013 年第 11 期。

［8］杨跃俊:《"教育扶贫移民""学前教育免费"——昌江县创新办学模式的尝试》,《新教育》2011 年第 3 期。

［9］张西爱、严鑫华:《"教育移民"工程促进海南少数民族地区农村教育发展》,《内蒙古农业大学学报(社会科学版)》2009 年第 2 期。

［10］谢君君:《海南少数民族地区教育移民研究》,《广西民族研究》2012 年第 2 期。

［11］陈慧:《海南思源学校文化互动研究》,《鸡西大学学报(综合版)》2011 年第 10 期。

［12］孙玄:《海南思源实验学校的发展定位》,《新教育》2010 年第 11 期。

［13］杜井冈:《海南省农村城镇化进程中教育移民政策研究》,西南大学博士学位论文,2012 年。

［14］甘永涛:《教育扶贫看"思源"——对"教育移民"扶贫新模式的探索》,《民族论坛(时政版)》2013 年第 11 期。

［15］苏英博、韦经照、梁定基等:《中国黎族大辞典》,中山大学出版社 1994 年版。

［16］邢大胜主编：《黎族教育备忘录》，南海出版公司 1997 年版。

［17］韩达：《中国少数民族教育史》（第三卷），广西教育出版社 1998 年版。

［18］许士杰主编：《当代中国的海南》（上、下卷），当代中国出版社 1993 年版。

［19］齐见龙、范高庆等主编：《五指山基业——海南少数民族教育探究》，吉林人民出版社 2005 年版。

［20］黄德珍：《跨越历史的丰碑——海南民族教育五十年》，《中国民族教育》1999 年第 5 期。

［21］琼州大学改革与发展调研室：《琼南民族地区师资队伍建设论析》，《琼州学院学报》1999 年第 1 期。

［22］王亚保：《加快海南民族教育发展的思考》，《新东方》1996 年第 5 期。

［23］陈立浩：《民族教育开拓新局面社会和谐展现新面貌——海南建省 20 年来民族教育快速发展推动和谐社会建设》，《琼州学院学报》2008 年第 3 期。

［24］潘财军：《提高教师素质是培养人才的关键——浅谈海南教育现状及出路》，《亚洲人才战略与海南人才高地——海南省人才战略论坛文库》，2001 年 12 月 1 日。

［25］王文光：《少数民族教育与海南经济发展》，《亚洲人才战略与海南人才高地——海南省人才战略论坛文库》，2001 年 12 月 1 日。

［26］琼州大学"海南民族教育探究"课题组：《海南少数民族地区基础教育现状及其发展思路》，《琼州大学学报》2004 年第 1 期。

［27］袁春竹：《海南少数民族教育方式与文化建设研究》，《中华民族复兴与民族哲学发展研究——2013 年中国少数民族哲学及社会思想史学年会中国石油大学（华东）60 周年校庆学术研讨会文集》，2013 年 7 月 23 日。

［28］谢君君：《海南少数民族教育发展与文化传承》，《教育评论》2011 年第 3 期。

［29］张西爱、王李雄：《发展海南民族教育重在发展农村教育——"建设社会主义新农村"背景下的海南民族地区教育研究》，《洛阳师范学院学报》2008 年第 6 期。

［30］姚小艳：《海南少数民族地区中学生英语学习成绩学习动机与家庭背景关系研究》，海南大学硕士学位论文，2014 年。

［31］谢君君：《教育扶贫研究述评》，《复旦教育论坛》2012 年第 3 期。

［32］世界银行：《1990 年世界发展报告》，中国财政经济出版社 2001 年版。

［33］中国国家统计局农调总队：《中国农村统计年鉴》，中国统计出版社 1993 年版。

［34］董辅礽：《中国经济纵横谈》，经济科学出版社 1993 年版。

［35］叶普万：《中国城市贫困问题研究论纲》，中国社会科学出版社 2007 年版。

［36］刘小鹏、苏晓芳等：《空间贫困研究及其对我国贫困地理研究的启示》，《干旱区地理（汉文版）》2014 年第 1 期。

［37］周怡：《贫困研究：结构解释与文化解释的对垒》，《社会学研究》2002 年第 3 期。

［38］沈红：《中国贫困研究的社会学述评》，《社会学研究》2000 年第 2 期。

［39］［印］阿玛蒂亚·森：《以自由看待发展》，任赜、于真译，中国人民大学出版社

2002 年版。

[40]周丽莎:《基于阿玛蒂亚·森理论下的少数民族地区教育扶贫模式研究——以新疆克孜勒苏柯尔克孜自治州为例》,《民族教育研究》2011 年第 2 期。

[41]林乘东:《教育扶贫论》,《民族研究》1997 年第 3 期。

[42]龚晓宽:《中国农村扶贫模式创新研究》,四川大学博士学位论文,2006 年。

[43]沈红:《扶贫开发的方式与质量——甘肃、宁夏两省区扶贫调查分析》,《开发研究》1993 年第 2 期。

[44]杨华:《民族地区的经济发展与教育功能的强化——从宁夏吊庄开发性移民看教育的发展及其功能》,《西北民族研究》2004 年第 3 期。

[45]魏奋子、李含琳、王悦:《贫困县教育移民的政策意义与可行性研究——以西部地区四个干旱贫困县为例》,《人口与经济》2007 年第 3 期。

[46]甘永涛:《教育扶贫看"思源"——对"教育移民"扶贫新模式的探索》,《民族论坛(时政版)》2013 年第 11 期。

[47]陈美招、杨罗观翠:《理性选择与贫困缓解——基本国际 NGO 教育扶贫行为的分析》,《福建师范大学学报(哲学社会科学版)》2008 年第 2 期。

[48]魏向赤:《关于教育扶贫若干问题的思考》,《教育研究》1997 年第 9 期。

[49]孙文中:《创新中国农村扶贫模式的路径选择——基于新发展主义的视角》,《广东社会科学》2013 年第 6 期。

[50]《马克思恩格斯全集》(第 1 卷),人民出版社 1995 年版。

[51]《马克思恩格斯选集》(第 2 卷),人民出版社 1972 年版。

[52][美]彼特·布劳:《不平等和异质性》,王春光、谢圣赞译,中国社会科学出版社 1991 年版。

[53]文军:《西方社会学理论:经典传统与当代转向》,上海人民出版社 2006 年版。

[54]李幼蒸:《结构与意义:现代西方哲学论集》,联经出版社 1993 年版。

[55][英]安东尼·吉登斯:《社会的构成》,李康、李猛译,生活·读书·新知三联书店 1998 年版。

[56]杜玉华:《论马克思社会结构理论对西方结构主义思想的影响》,《江海学刊》2012 年第 3 期。

[57]杨生平:《逻格斯中心的毁灭——后结构主义思想评析》,《首都师范大学学报(社会科学版)》1999 年第 6 期。

[58]周怡:《社会结构:由"形构"到"解构"——结构功能主义、结构主义和后结构主义理论之走向》,《社会学研究》2000 年第 3 期。

[59]Best,S.& Kellner,D.:《后现代理论》,远流出版公司 1996 年版。

[60]李克建:《后结构主义与教育研究:方法论的视角》,《全球教育展望》2008 年第 10 期。

[61][美]乔纳森·特纳:《社会学理论的结构》(下),邱泽奇等译,华夏出版社 2001

年版。

　　[62]杜玉华:《论马克思社会结构理论对西方结构主义思想的影响》,《江海学刊》2012 年第 3 期。

　　[63]王坤庆:《教育研究方法论论纲》,《华中师范大学学报(哲学社会科学版)》1996 年第 3 期。

　　[64]叶澜:《教育研究方法论初探》,上海教育出版社 1999 年版。

　　[65][法]P.布尔迪约、J .-C.帕斯隆:《继承人——大学生与文化》,邢克超译,商务印书馆 2002 年版。

　　[66][法]P.布尔迪约、J .-C.帕斯隆:《再生产——一种教育系统理论的要点》,邢克超译,商务印书馆 2002 年版。

　　[67]李克建:《结构主义、后结构主义与教育研究:方法论视角》,华东师范大学博士学位论文,2007 年。

　　[68][法]P.布尔迪厄:《国家精英——名牌大学与群体精神》,杨亚平译,商务印书馆 2004 年版。

　　[69]高宣扬:《布迪厄的社会理论》,同济大学出版社 2004 年版。

　　[70]徐祥运、吴琼等:《论布迪厄教育社会学思想的理论渊源及理论框架》,《辽宁师范大学学报(社会科学版)》2014 年第 6 期。

　　[71]李克建:《后结构主义教育研究:路向与谱系》,《全球教育展望》2010 年第 12 期。

　　[72]李克建:《教育研究:从结构主义到后结构主义》,《全球教育展望》2011 年第 11 期。

　　[73]曾荣光:《理解教育政策的意义——质性取向在政策研究中的定位》,《北京大学教育评论》2011 年第 1 期。

　　[74]曾荣光:《教育政策研究:议论批判的视域》,《北京大学教育评论》2007 年第 4 期。

　　[75]韩清林、秦俊巧:《中国城乡教育一体化现代化研究》,《教育研究》2012 年第 8 期。

　　[76]蒋永甫、谭雪丽:《城镇化发展的中国道路——近年来国内城镇化研究述评》,《广西大学学报(哲学社会科学版)》2013 年第 6 期。

　　[77]张乐天:《城乡教育一体化:目标分解与路径选择》,《复旦教育论坛》2011 年第 6 期。

　　[78]李少元:《城镇化对农村教育发展的挑战》,《中国教育学刊》2003 年第 1 期。

　　[79]辜胜阻:《中国二元城镇化战略构想》,《中国软科学》1995 年第 6 期。

　　[80]巴曙松、杨现领:《城镇化:一个充满矛盾冲突的历程》,《社会科学报》2013 年 10 月 10 日。

　　[81]孔凡文、许世卫:《论城镇化速度与质量协调发展》,《城市问题》2005 年第 5 期。

［82］唐兴和:《从贫困到跨越的战略抉择——甘肃新型城镇化道路研究》,《兰州大学学报(社会科学版)》2014 年第 4 期。

［83］刘海峰:《我国城乡教育一体化改革的若干理论问题》,《教育理论与实践》2011年第 32 期。

［84］邬志辉:《当前我国城乡义务教育一体化发展的核心问题探讨》,《中国教育学会首届中国农村教育论坛论文集》,2011 年 8 月。

［85］褚宏启:《城乡教育一体化:体系重构与制度创新——中国教育二元结构及其破解》,《教育研究》2009 年第 11 期。

［86］凡勇昆、邬志辉:《试论城乡教育一体化的理论内涵及其政策意义》,《城乡教育一体化与教育制度创新国际学术研讨会——2011 年农村教育国际学术研讨会论文集》,2011 年 9 月。

［87］李强:《农民工与中国社会分层》,社会科学文献出版社 2004 年版。

［88］郭彩琴:《马克思主义城乡融合思想与我国城乡教育一体化发展》,《马克思主义研究》2010 年第 3 期。

［89］邵泽斌:《理念变革与制度创新:从城乡教育均衡到城乡教育一体化》,《复旦教育论坛》2010 年第 5 期。

［90］林存银、褚宏启:《城乡教育一体化及其制度保障》,《教育科学研究》2011 年第 5 期。

［91］周加来:《城市化·城镇化·农村城市化·城乡一体化——城市化概念辩析》,《中国农村经济》2001 年第 5 期。

［92］李斌:《中国的二元社会结构和城乡一体化问题》,《经济研究参考》2009 年第 35 期。

［93］褚宏启:《教育制度改革与城乡教育一体化:打破城乡教育二元结构的制度瓶颈》,《教育研究》2010 年第 11 期。

［94］邬志辉、马青:《中国农村教育现代化的价值取向与道路选择》,《中国地质大学学报(社会科学版)》2008 年第 6 期。

［95］刘娟、刘晓林、林杜娟:《发展主义逻辑下的农村教育:述评与反思》,《中国农业大学学报(社会科学版)》2012 年第 4 期。

［96］陈敬朴:《农村教育概念的探讨》,《教育理论与实践》1999 年第 11 期。

［97］张乐天:《重新解读农村教育》,《教育发展研究》2003 年第 11 期。

［98］张天保:《深化农村教育综合改革　全面实施素质教育　努力开创教育为农业和农村工作服务新局面》,《中国成人教育》1999 年第 7 期。

［99］王本陆:《消除双轨制:我国农村教育改革的伦理诉求》,《北京师范大学学报(社会科学版)》2004 年第 5 期。

［100］石爱虎、霍学喜等:《我国农村教育的困境及其成因分析》,《科技导报》1995 年第 10 期。

[101]吴庆智:《欠发达地区农村教育现状令人堪忧》,《经济论坛》2003 年第 24 期。

[102]张华侨:《农村教育在危机中呐喊》,《山东农业》2011 年第 1 期。

[103]葛新斌:《免费时代农村教育的"人财困局"》,《华南师范大学学报(社会科学版)》2013 年第 1 期。

[104]冼伟峰:《广东茂名为化解农村义务教育债务向债权人劝捐》,《南方农村报》2012 年 3 月 31 日。

[105]方征、葛新斌:《我国编外教师问题及政策启示》,《教育理论与实践》2010 年第 8 期。

[106]袁桂林:《农村基础教育发展的需求、推力与阻力》,《华南师范大学学报(社会科学版)》2013 年第 1 期。

[107]吕信伟:《成都在城镇化背景下推进城乡教育一体化面临的挑战》,《教育与教学研究》2014 年第 4 期。

[108]徐冰、戴晖:《成都市城乡教育一体化发展阶段分析及启示》,《教育与教学研究》2013 年第 9 期。

[109]柯玲、谭梅:《成都城乡教育统筹发展的路径选择》,《教育与教学研究》2011 年第 9 期。

[110]王庆伟、罗江华:《论城乡教育一体化建设的若干模式——以成都市为例》,《教育学术月刊》2012 年第 2 期。

[111]余善云:《城乡教育一体化:重庆实践的启示》,《重庆第二师范学院学报》2015 年第 1 期。

[112]余善云、苏飞跃、陈切锋:《重庆市城乡教育一体化发展状态研究》,《天津电大学报》2014 年第 1 期。

[113]刘钊军、胡木春:《海南特色的城镇化道路研究》,《城市规划》2012 年第 3 期。

[114]姚锐、曾纪灵:《海南农村义务教育均衡发展的经费保障状况——基于对生均教育经费支出变化的分析》,《新教育》2014 年第 1 期。

[115]教军章、张卓:《玛丽·道格拉斯的制度生产理论及其超越意义》,《理论探讨》2015 年第 5 期。

[116]曾荣光:《教育政策行动:解释与分析框架》,《北京大学教育评论》2014 年第 1 期。

[117]林小英:《理解教育政策:现象、问题和价值》,《北京大学教育评论》2007 年第 4 期。

[118]孟卫青:《教育政策分析:价值、内容与过程》,《现代教育论丛》2008 年第 5 期。

[119]茶世俊:《教育政策的权力分析刍论》,《庆祝中国高等教育学会成立 20 周年大会暨 2003 年高等教育国际论坛论文集》,2003 年 10 月。

[120]祁型雨:《教育政策价值取向的几个基本理论问题探讨》,《沈阳师范大学学报(社会科学版)》2006 年第 3 期。

［121］周小虎、张蕊:《教育政策分析的范式特征及其研究路径》,《教育理论与实践》2010 年第 10 期。

［122］王平:《教育政策研究:从"精英立场"到"草根情节"——兼论教育政策研究的文化敏感性问题》,《清华大学教育研究》2010 年第 4 期。

［123］［法］皮埃尔·布迪厄、［美］华康德:《实践与反思——反思社会学导引》,李猛、李康译,中央编译出版社 2004 年版。

［124］邵学伦:《关于中小学教师流动问题的思索》,《山东教育科研》2002 年第 8 期。

［125］陈坚、陈阳:《我国城乡教师流动失衡的制度分析》,《教育发展研究》2008 年第 3 期。

［126］彭虹斌:《三代政策执行模式研究的方法论基础解析》,《清华大学教育研究》2011 年第 5 期。

［127］邬志辉:《农村教育不能一味城镇化——对农村义务教育学校布局调整的思考》,《基础教育论坛(文摘版)》2013 年第 1 期。

后　记

　　本书是我 2013 年国家社科基金课题《海南少数民族地区教育移民研究》的最终成果，历经五年，书稿终于付梓。虽然还有些不尽如人意，但总算尽力完成了，了却了我的一番心愿。书中如有不足和瑕疵，请学界同仁批评指正！

　　本书的写作过程，经历了几次大的修订，几易其稿，其中过程五味杂陈。自课题申报以来，课题研究的压力一直伴随着我。迫使我深入到田野，经历了一段时间的自我调适后，内心才找到一种平静，开始从研究者转换成场域中客体，从他们的角度去体验和感悟。我开始感觉到我们不能局限于教育而谈教育，而应该把教育放到具体的研究场域中去讨论，它脱离不了"人"生存发展的社会结构变迁的背景，也不能忽略政策场域中结构主体的内在行为逻辑冲突。民族地区的教育发展有着自身的特殊性，其发展的滞后、资源的调配、文化的适应和城乡教育价值理念的冲突等都影响着民族地区的教育发展。以政府主体的善意去强加给民族地区的教育客体，是否能促进其教育的发展，这是值得讨论的。我们是否应该改变以往单一的思维方式，从受众体的角度去思考我们政策实施，并检验政策实施的效果，最后回归到教育本真的价值追寻，这是我研究的实质所在。

　　总的来说，该研究成果提供了一个思考的路径，供大家参考讨论。该书的写作是一个不断自我否定的曲折过程，既有搜肠刮肚的辛酸，又有江郎才尽的苦闷，深感自己底蕴不足，唯有不断学习充实自己。幸运的是，一路走来有贵人相助,感谢导师孟立军老师多次的点拨和无私帮助,感谢蔡文伯老师、金志远老师、钟海青老师、孙杰远老师对我提出的修改意见,再次深表感谢!

作为一个新时代的"青椒"青年,生活清贫而艰辛,感谢我的爱人王瞳女士不离不弃,给我创造了一个宽松的学习环境,并抚育着两个孩子,肩负着家庭的重任,分担我生活的压力,我自知学识浅薄,但你能包容我的不足,并不断地鼓励我继续前行。得之我幸,愿携手相依!

古人云"书山有路勤为径,学海无涯苦作舟",学无止境,愿以枯灯为伴继续前行,并以此自勉为后记!

谢君君

2019 年 6 月 15 日

责任编辑:吴继平

封面设计:胡欣欣

图书在版编目(CIP)数据

教育移民政策与海南民族地区实践/谢君君 著. —北京:人民出版社,2019.8
ISBN 978 - 7 - 01 - 020973 - 9

Ⅰ.①教…　Ⅱ.①谢…　Ⅲ.①民族地区-移民-少数民族教育-教育政策-
　研究-海南　Ⅳ.①G759.2

中国版本图书馆 CIP 数据核字(2019)第 122560 号

教育移民政策与海南民族地区实践
JIAOYU YIMIN ZHENGCE YU HAINAN MINZU DIQU SHIJIAN

谢君君　著

人民出版社 出版发行
(100706　北京市东城区隆福寺街 99 号)

环球东方(北京)印务有限公司印刷　新华书店经销

2019 年 8 月第 1 版　2019 年 8 月北京第 1 次印刷
开本:710 毫米×1000 毫米 1/16　印张:19.25
字数:284 千字

ISBN 978 - 7 - 01 - 020973 - 9　定价:59.80 元

邮购地址 100706　北京市东城区隆福寺街 99 号
人民东方图书销售中心　电话 (010)65250042　65289539